领导干部科学发展能力提升教程 丛书

主编：张全景　　副主编：刘海藩

谢志强等 / 著　＞＞＞＞＞＞

提升
维护稳定的能力

新形势　新要求　新能力

中共中央党校出版社
The Central Party School Publishing House

责任编辑　崔宪涛
责任校对　君　阅
封面设计　任燕飞工作室
版式设计　君　阅
责任印制　王维义

图书在版编目（CIP）数据

提升维护稳定的能力/谢志强等著．—北京：中共中央党校出版社，2009.10
新形势下领导干部科学发展能力提升教程
ISBN 978-7-5035-4222-0/D·2080

Ⅰ.提… Ⅱ.谢… Ⅲ.社会秩序－中国－干部教育－教材 Ⅳ.D668

中国版本图书馆 CIP 数据核字（2009）第 190406 号

中共中央党校出版社出版发行
社址：北京市海淀区大有庄 100 号
电话：(010) 62805800（办公室）　(010) 62805818（发行部）
邮编：100091　网址：www.dxcbs.net
新华书店经销
河北香河华林印务有限公司印刷装订
2009 年 11 月第 1 版　2009 年 11 月第 1 次印刷
开本：880 毫米×1230 毫米　A5　印张：10.5
字数：237 千字
定价：26.00 元

《新形势下领导干部科学发展能力提升教程》
编 委 会

主　任　　张全景　中共中央组织部原部长

副主任　　刘海藩　中共中央党校原副校长、教授、博士生
　　　　　　　　　导师、中国领导科学研究会会长

成　员　（按姓氏笔画排序）
　　　　　　李锡炎　中共四川省委党校原常务副校长
　　　　　　吴　江　中国人事科学研究院院长、党委书记、
　　　　　　　　　　研究员、博士生导师
　　　　　　洪向华　中共中央党校科研部副研究员
　　　　　　黄传武　北京邮电大学出版社副社长
　　　　　　谢志强　中共中央党校科社部教授、全国社科基
　　　　　　　　　　金项目同行评审专家
　　　　　　董振华　中共中央党校哲学部原理教研室博士
　　　　　　薛伟江　中共中央党校研究室副教授

《新形势下领导干部科学发展能力提升教程》编委会

主　任　张全景　中共中央组织部原部长

副主任　刘海藩　中共中央党校原副校长、教授、博士生导师、中国领导科学研究会会长

成　员　（按姓氏笔画排序）

　　　　　李锡炎　中共四川省委党校原常务副校长

　　　　　吴　江　中国人事科学研究院院长、党委书记、研究员、博士生导师

　　　　　洪向华　中共中央党校科研部副研究员

　　　　　黄传武　北京邮电大学出版社副社长

　　　　　谢志强　中共中央党校科社部教授、全国社科基金项目同行评审专家

　　　　　董振华　中共中央党校哲学部原理教研室博士

　　　　　薛伟江　中共中央党校研究室副教授

维稳工作人人是主体，人人有责任，谁是这项工作的主角呢？毫无疑问，应当是我们的各级党委和政府的各级领导干部。因此，维稳的一项重要工作是要解决"本领恐慌"问题，也就是要解决领导干部的维稳能力问题。本书从四个大的方面，即在发展中保持稳定、妥善处理我国现阶段的不稳定因素、坚守社会公正理念和创建维稳长效机制等四个方面，对我国社会转型期的稳定问题进行了较为深入、广泛的论述。谢志强设计了本书的总体思路和框架，明确了层次定位和写作要求，并负责组织实施。参加本书撰写的人员较多，主要是因为有的研究内容是以课题组、调研组的形式出现的，如大学生就业问题、收入分配问题等。撰写本书的有谢志强、徐宜仁、苏和、王新陆、张伟、彭钊、陈云、潘嘉、邓旭娴、郭厚禄、姜飞云、陈菊红、张建国、张天文、吕鹏、谢秀莲、王双清、王维佳。在书稿的部分整理和人员联络中，陈云、彭军、邓旭娴做了一定的工作。最后由谢志强对全书进行统改定稿。由于本书是多人合作的成果，全书在行文风格、归纳演绎、理论深度、对策建议等方面肯定还有不规范、未统一之处，特别是对于一些引用的研究文献可能有的还未注明，希望读者多多批评指正。

谢志强
2009年8月

第一章 在发展中保持稳定

第一节 要追求积极的发展中的稳定 /2

第二节 我国现阶段主要的不稳定因素分析 /7

第二章 妥善处理我国现阶段的不稳定因素

第一节 群体事件:标本兼治稳大局 /26

第二节 大学生就业:求解当务之急 /39

第三节 医疗改革:持续推进促医患和谐 /63

第四节 农民工工作:统筹谋划重发展 /71

第五节 社会治安:防微杜渐,正本清源 /89

第六节 安全生产:重在落实责任追究 /102

第七节 食品安全:主线是强化全程监管 /111

第八节 生态环境:社会稳定的新挑战 /123

第三章 坚守社会公正理念,促进社会稳定

第一节 提高劳动报酬在初次分配中的比重 /138

第二节 推进基本公共服务均等化 /155

第三节 增强基层政府公共服务能力 /174

第四节 构建和谐劳动关系是维护社会稳定的关键 /184

第五节 完善社会保障体系,夯实社会稳定制度基石 /202

提升维护稳定的能力

第四章 提升管理能力,创建维稳长效机制

第一节 提升管理能力,应对公共危机 /224
第二节 改善民生是稳定的基础 /238
第三节 协调利益关系,促进社会和谐 /247
第四节 深入研究社会问题,维护社会稳定 /263
第五节 创新社会管理体制,实现维稳体制支撑 /277
第六节 创新理念突出重点,全面推进社会建设 /298

附录 处理新疆"7·5"暴力犯罪事件的几点启示 /313

参考文献

第一章

在发展中保持稳定

提升维护稳定的能力

第一节 要追求积极的发展中的稳定

一、怎样理解社会稳定

面对全球性的金融危机,面对错综复杂的改革局面,中国需要积极的稳定,为新的发展和冲刺积蓄稳定的力量,谋得社会在总体上保持健康有序的稳定。

社会稳定是指社会系统中各组成部分相互间保持和谐、协调的运转状态,它是一个国家团结、安定、向上的象征。稳定是发展的前提和基础,发展是稳定的结果和目标,也是稳定增长的一种表现形式。稳定与发展是事物运动过程中的两种不同方式。因研究角度不同,对社会稳定有不同理解。从社会成员个体角度看,社会稳定是指人可以把握住自己的角色,预料自己的活动结果,对自己的未来作出一种有希望的安排;从社会文化的角度看,社会稳定是指社会文化模式没有突然的或激烈的大变动;从社会互动的角度看,社会稳定是指社会成员对社会主导思想和主导规范的认同与服从,以及对利益关系、社会冲突的非对抗性控驭与调节;从社会整体结构的角度分析,社会稳定是指政治、经济与文化之间的良好耦合,经济基础与上层建筑间的相互适合,社会生活实践与社会观念意识间的同步与一致;从状态与手段相统一的角度看,社会稳定是指社会发展过程中呈现出来的一种相对协调的可控状态,一种解决社会矛盾与冲突的方法和途径;从广义的角度看,社会稳定是指社会处于正常而平静的量变发展状态,包括社会的经济、政治、思想理论的稳定和人心的稳定;从狭义的角度看,可以将社会稳定理解为社会各部分协调合作、生产生活正常、治安秩序良好等状态;从不同的学科来看,哲学上讲社会稳定是与社会的矛盾变化和发展相联系的，社会稳定被理解为社会各种矛盾相互协调适应，保持质的规定性；政治学上讲社会稳定是与社会动乱对应的，它主要是指政治体系对于社会矛盾的变化具有较强的调适功能，能及时化解社会张力，有效控制社会不稳定因素；社会学上的社会稳定是指社会的一种良性运行与协调发展状态，它包括社会结构的有序性、社会行为的规范性、社会运行的常态性、社会政策的连续性、社会基本价值观念的认同性、社会成员的心里共识与社会控制的有效性等。

稳定可细分为多种形式：按社会文明形态区分，社会稳定有农业文明型稳定与工商业文明型稳定；依社会基本矛盾的运动方式划分，有经济基础主导型稳定与上层建筑主导型稳定；从与社会外部环境的关系区分，可分为开放型稳定与封闭型稳定；从社会发展目标看，可分为富裕型稳定与贫困型稳定，求生型稳定与发展型稳定；按社会结构划分，有群体本位型稳定与个体本位型稳定；从社会运行看，可分为竞争型稳定与平均主义型稳定；依社会控制划分，有内生机制型稳定与人为外控型稳定，自律型稳定与他律型稳定，人治型稳定与法治型稳定；从社会变迁看，又可分为变革型稳定与守旧型稳定；等等。在建设社会主义现代化的事业中，我们所追求的是包括政治、经济、文化与人民在内的全面的、长期的、积极向上的深层次稳定。

影响社会稳定的因素是多方面的，例如执政党的路线方针政策如果缺乏科学性，且左右摇摆、经常变动，就会影响社会稳定；改革过程中新旧体制并存与交替，改革中决策指导上的失误；经济与社会发展速度过快，或经济与社会、文化之间发展不平衡，也会引起社会的不稳定；新的分配不公、不正之风、就业不足与流动人口、社会分层以及收入差别的扩大、民意表达障

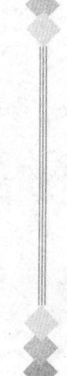

提升维护稳定的能力

碍、自然灾害、价值观念紊乱、社会失范、国内外各种敌对势力的干扰和破坏等等一系列因素，都会在不同程度上影响到社会的稳定与和谐发展。

　　实现社会稳定需要许多基本条件。落实好科学发展观，正确处理好人民内部矛盾是我国实现社会稳定的基本指导原则；坚持以经济建设为中心，大力发展社会生产力，保持经济的协调适度增长，是实现社会稳定的经济基础；建立健全社会主义的民主与法制是实现社会稳定的重要保障；进一步深化改革，扩大对外开放，是实现社会稳定的根本途径。解决好劳动就业问题、社会保障问题，文化市场问题、社会心理问题、家庭关系问题、社会预警问题，社会流动问题等等，也是实现社会稳定的重要途径。

　　一个社会是否稳定，怎样进行评估呢？对社会稳定的评估也是领导干部维稳能力的评估。社会稳定评估的必要性在于，科学、客观的社会稳定评估能为人们提供真实的社会状况图景，使人们清晰地参照客观现实，自觉恰当地作出应变对策。社会稳定的评估包括三个方面内容：一是社会稳定度的评价，二是类型完善度的评价，三是目标综合度的评价。社会稳定评估须有相应的指标作依据，否则就无法进行理性的和规范的评价。对应于社会稳定评价的三方面内容，社会稳定状况指标体系包括三个分类指标体系，即社会稳定度指标体系、类型完善度指标体系与目标耦合度指标体系。这三个分类指标体系又分别由各自的分指标组成。指标体系是人们在进行评估时的一个参照系，在此基础上，社会稳定评估还必须作社会自身的纵向比较，作与其他社会之间的横向比较，这两种比较往往更容易使人看清现实的社会稳定状况。社会稳定评估，从根本上说是一个实践检验的问题，但评估者自身的素质与态度倾向等因素也会影响到评估社会稳定的科学性，在一些人看来社会是稳定的，另一些人则可能否认这一点。由此可见，民意调查或民意测验应成为社会稳定评价工作的一项基础性工作，民意调查的结果应成为评估社会稳定的基本依据。①

二、我们需要什么样的稳定

讲稳定不是停滞，更不是退却，它是事物发展过程中的一次暂时休整，是对前一发展阶段中各种不稳定因素和不稳定关系的一次检查和清理，如官僚主义、腐败现象、经济结构扭曲、管理混乱、效益低下等，这些已经对社会正常发展构成严重阻碍，需要在深化改革中达到一种新的稳定态。不能为稳定而稳定，真正的、充满活力的稳定只能靠深化改革来实现。在这个意义上，稳定也是为新的发展、新的冲刺积蓄力量。

同时我们还应当看到，对于整个社会来说，稳定只是一种手段，并非最终目的。为稳定而稳定的思想，是一种消极的稳定观和发展观，只能与消极、僵化、保守、停滞、落后为伍，而与发展、进步无缘，在强调稳定的同时，必须将眼光牢牢盯住现代化目标。

稳定是相对的，不存在绝对的稳定。社会本身是个矛盾体，安定团结的局面、社会的全面稳定在于社会总体上保持有序状态。我们的责任是发现问题，利用矛盾，不使各种不稳定因素积累、蔓延、恶化，谋求保持社会的相对稳定与对不影响全局的各种非稳定因素的抑制与排除的最好途径，通过发展谋求新的进步与繁荣。

稳定中发展与发展中的稳定的思想，集中体现了我国深化改

---

① 谢志强：社会稳定与社会展，《党校科研信息》1991年第17期。

革的思路。无疑,只有恪守在发展道路上的寻求新的积极的更高层次的社会政治经济文化的持续、协调与稳定这一思想和原则,才能顺利实现富强、民主、文明、和谐的现代化强国目标。

三、领导干部是维稳的主角

从社会运行的一般逻辑来判断,稳定与发展在社会变迁的各个阶段,二者的关系应当是:当一个社会处于低谷之时,发展的问题变得异常迫切;当一个社会处于系统性的转型之时,稳定与发展的问题将同时成为人们考虑的重点;而当一个社会处于巅峰状态,稳定的问题自然应当成为首选。中国正处在企业转制、经济转轨、社会转型的巨变时期,发展的任务和维稳的任务同样十分重要,要完成这样两项历史性的伟大任务,又离不开不断推进的改革,不断深化的改革又会给维稳增加新的变数,于是在改革、发展与稳定之间形成了一种十分微妙的关系,需要我们用大智慧去把握。通常的理解是:发展是目标,稳定是前提,改革是手段,三者缺一不可。但在社会发展同一阶段的三个变量,在实际运行中如何把握好三者之间的平衡、明确其中的重点呢?为此需要正确判断一个社会所处的历史方位,进而确定它的长期发展目标和近期发展重点。中国正处在完善市场经济、工业化发展中期、城镇化加速、信息化推进和融入全球化的阶段,社会系统内的因素错综复杂,但对于我们来讲,重点始终应该是两个:国内的任务主要是发展,这是第一要务;国际上的工作主要是维护和平,为中国的发展和世界的进步创造良好的条件。从目前来讲,要特别处理好发展与稳定的关系,因金融危机还未走出低谷的世界经济,国内频发的群体性事件,不断扩大的收入差距都要求我们必须把维护社会稳定的工作放在十分重要的位置。

政治路线确定之后,干部就是决定的因素。深入研究中国社会转型期的社会问题,积极维护社会稳定,实现强国之伟大目标,提高领导干部的执政水平、维稳能力至关重要,这就是我们撰写此书的初衷。

第二节 我国现阶段主要的不稳定因素分析

维护社会稳定,提高领导干部的维稳能力,需要全面分析一个社会影响稳定的各种不和谐不稳定因素,只有把情况搞清楚了,才能对症下药。

一、我国社会转型期的特点

三十年来的改革开放使中国社会经济结构发生了巨大的变化,中国进入了一个社会经济发展变化的转型期。这一时期呈现出了一些不同于常规时期的显著特点。

我国社会转型表现在政治、经济、文化、价值观念等多个方面,是一次结构性的转换,是系统性的改变,而不是局部的变化。包括从最初党和国家工作重心转移、具体政策调整到经济体制由计划经济到市场经济转轨,政治体制由高度集权的传统政治向民主政治转变,思想观念由反映自然半自然经济和计划经济体制的精神文化向反映社会主义市场经济的现代精神文化转变,农业社会向工业社会的转变,由以乡村为主的社会向以城市为主的社会的转变,由传统社会向现代社会的转变。

在转型时期,我国社会经济的变迁表现出鲜明的特点。在转型前,中国是一个政治、经济、文化高度同质化的社会,国家对社会、经济活动和精神文化具有很强的政治整合力,个人的独立意识和能力都较弱。在高速转型期,经济领域和文化领域逐步从政治领域中分化出来并具有了相对的独立性。与此同时,政治领域本身也不再以全社会代表的身份,而以履行维护社会稳定和社会公平的职责,获得了自身的独立性。这样,经济、政治、文化三大领域由"大一统"向各自独立承担的功能分化,阶层分化。国家逐渐从许多社会领域退出,社会的自治化和组织化程度在提高。转型还使中国社会出现前所未有的分化,在政策机制和市场机制作用下,社会成员由原先的两个阶级和一个阶层迅速分化成若干阶层,利益群体大量涌现,社会成员之间的关系错综复杂。整合个人与国家、个人与社会的主导信仰体系和价值体系弱化,社会成员的观念和价值取向从一元向多元发展,新旧观念冲突激烈,许多社会成员行为上无所适从,角色转换十分困难,导致社会凝聚力和社会动员力下降。中国正面临着体制转型,国家、社会、个人关系重塑,生活节奏加快,竞争日益激烈,贫富差距拉大,破旧思想立新观念等一系列新问题。转型期的中国社会要求必须形成新的社会整合机制,这种整合机制,必须满足国家权力民主化、社会权力自治化、个人权利保障化的多元需求,实现公民对国家公共生活、社会生活的有效参与和监督,实现多阶层之间利益关系的协调,实现整个社会系统的和谐。

二、转型时期的若干不和谐不稳定因素

新中国成立后,我国社会的主要矛盾集中表现在生产力水平低下,物质匮乏,人民生产生活的基本需要得不到满足,不解决这一主要矛盾,其它社会矛盾便无法缓解和解决。正是基于这一科学判断,党的十一届三中全会后,拨乱反正确立了以经济建

设为中心的发展路线，因此增加经济总量，提高供给能力，满足人们最基本的物质需要，是压倒一切的中心任务。经过三十年的努力，我国的情况已经发生了明显的改变，经济总量不断跃升，2003年我国GDP总量超过11万亿，人均GDP突破1000美元，达到1090美元，成为我国经济发展新阶段的新起点，人民生活总体上达到小康水平。同时，按照国际发展的经验，当人均GDP从1000美元向5000美元迈进时，往往是产业结构剧烈变化、社会格局重大调整、利益矛盾不断增加的时期。在我国初步确立市场经济的时期，市场机制还没有成熟，多元的利益主体开始产生，追求利益的欲望被激发出来。在这样一个时期，社会不稳定、不和谐的因素在增长，由此引发的社会矛盾也是大量而复杂的。各种社会矛盾交织、磨擦、新旧体制胶着，利益分化显露，价值取向各异，文化碰撞加剧，使整个社会系统正在经历着急剧而深刻的变化。在这种情况下，基于物质匮乏所引起的社会矛盾相对减少，而其他因素引起的社会矛盾相对增多，社会和谐方面表现出的问题更加复杂化。今天的中国已进入一个社会问题的时代。各种表层的问题，深层的问题，隐性的问题，显性的问题以急促的大范围的集中的方式表现出来，具有明显的转型期特点。当前，主要在社会层面上，经济社会系统中的不和谐、不协调因素主要有以下方面。

（一）片面追求经济增长，导致整个社会系统失衡

坚持"以经济建设为中心"，强调"发展是硬道理"，是"第一要务"，这并没有错，而且经济发展确实带来了社会的繁荣昌盛，也解决了不少现实问题，这一思路和方针今后还必须坚持。中国不是发展得多了，而是还远远不够。问题在于，片面的经济增长带来了一些新的重大问题，如贫富差距问题、区域发展

提升维护稳定的能力

失衡问题、资源能源的过度消耗问题、环境恶化问题、贪污腐败问题、社会诚信问题、社会秩序问题等等。虽然这些问题的出现不能一概归结为经济发展，但至少警示人们，经济不是万能的，单纯用经济手段不能解决一切社会问题。市场规则和经济手段可以使财富涌流，但它并不能自然而然地保证这些财富被合理分配和使用。如果经济与社会的关系处理不好，社会矛盾的增长与财富的增长将会同步，当社会不能承受这种压力时，社会系统就会失去平衡，各种问题就会随之产生。

（二）收入分配差距过大，利益矛盾突出

贫穷不是社会主义，只能导致"共穷"，因此，要鼓励一部分人、一部分地区先富起来，以先富带动后富，最终达到共同富裕。三十多年的发展，我国虽然使贫困人口大大减少了，成功地使大多数人进入了小康生活，创造了了不起的成就。但是不可否认，我国目前出现了收入分配差距过大的局面。近几年来国家统计部门、权威调查和研究机构、著名专家学者公布和发表的大量数据及研究成果表明，我国的基尼系数已攀升至0.45左右，超过了国际公认的警戒线，而且这种差距还在扩大之中。由于没有真正理顺收入分配关系，城乡收入差距远远超过改革前的水平。行业之间、地区之间、单位之间的收入差距在不断扩大，一些垄断行业收入大大高于其他行业收入。不解决收入分配差距过分悬殊问题，社会财富总量的迅速增长，将使社会矛盾越积越多，成为社会经济健康发展的重大隐患。

（三）地区发展不平衡，区域发展水平相差过大

我国幅员辽阔，东西南北纵横几千公里，地理形态差别很大。由于历史地理原因，东部地区发展很快，中部和西部地区发展缓慢，尤其是广大西部地区，发展更是落后，造成了地区间发

展很不平衡的现实情况。同时,国家经济宏观政策的制定,使东部比中西部受益更多,造成地区间基础设施建设、经济水平、教育水平、社会保障等方面更大的差别,东西部发展问题更加显露出来,而且地区发展的差距也在不断扩大。地区发展不平衡,这是发达国家发展的普遍规律。但是差距过大,且长期得不到解决,有可能引发难以预料的政治危机。邓小平曾告诫说:社会主义最大的优越性就是共同富裕,这是体现社会主义本质的一个东西。如果搞两极分化,情况就不同了,民族矛盾、区域间矛盾、阶级矛盾都会发展,相应地中央和地方的矛盾也会发展,就可能出乱子。中国的情况是,东中西部之间一是经济总量的差距在扩大,而且有继续加速扩大的趋势;二是人均GDP之间的差距在扩大;三是省内市、县之间的差距,这种差距甚至大于东部与西部之间的差距。逐步扭转地区差距扩大的趋势,促进地区协调发展,不仅是重大的经济问题,也是重大的政治问题,不仅关系现代化建设的全局,也关系社会稳定和国家的长治久安。区域发展战略要讲两个大局,在什么基础上,以何种方式提出和解决这个问题需要好好研究。

　　未来中国区域发展,据国务院发展研究中心的有关专家指出,有十大发展趋势:一是地区差距在相当长时期内会继续存在并扩大,但采取积极有效的政策措施能够减缓差距扩大的速度;二是城市化水平迅速提高,城市在经济发展中的作用将进一步扩大;三是城市间的经济联系不断加强,大城市圈将成为区域经济发展的主导力量;四是企业日益成为市场主体,大企业在跨区域资源配置中的作用更加突出;五是网络形基础设施条件将进一步完善,地区之间的经济联系将更为便利;六是产业转移的速度有所加快,合理的产业分工体系将形成;七是跨区域经济交流与合

提升维护稳定的能力

作将进一步加强，区域发展有望形成新的格局；八是国内统一市场建设正在加强，但地方保护主义问题仍然相当严重；九是中央政府更加关注问题区域的发展，中西部地区有望加速发展，东北等老工业基地将形成新的经济增长极；十是全方位对外开放格局逐步形成，跨国区域经济合作将日益加强。

（四）"三农"问题仍然是影响社会稳定的重要因素

中国是一个地道的农业和农民大国，农业的基础性地位，农村的发展落后，农民占我国国民的大多数等现实问题，无一不凸显出"三农"问题的重要。"三农"问题与其他社会问题相比较，更具有基础性和连锁反应性的特点。目前，中国社会中的诸多不和谐现象，比如经济循环不畅、阶层矛盾加剧、政务摩擦不断、区域关系失衡、生态环境恶化等，都与棘手的"三农"问题纠缠在一起。研究和思考中国现实中一切重大社会问题，包括社会和谐问题，都必须从这一基本国情出发。"读不懂农民，就读不懂中国"，这是一句意蕴无穷的至理真言；同样，没有农村的现代化，没有农民的脱贫致富，就不是真正意义上的现代化，这也是一句振聋发聩的箴言。推进中国当前的现代化建设事业，如果不能恰当处理农业、农村、农民问题，就会导致社会的不和谐。国内战争和解放战争时期，我们党之所以能够站稳脚跟，夺取政权，重要的一点在于制定了一个科学而有效的土地革命纲领，赢得了农民的拥护和支持。一位专家指出，目前，中国农村面临五大问题：增收，粮食，土地，社会事业和权益维护。面对中国农村的现实，只有善待农民，中国才会有一个和谐与繁荣的未来。

（五）贫困问题是尚未解决的大问题

经济增长解决了很多人的温饱问题，但仍然有1479万人口处于绝对贫困。据报道,其中贫困母亲数量在900万人以上,繁杂的家务、拮据的生活使她们愁容满面,疾病的折磨、繁重的劳作使她们直不起腰杆;她们在抚育生命、赡养双亲的同时,自己的生命却越来越脆弱。[①] "幸福工程"是由中国人口福利基金会于1995年开始组织实施、以救助贫困母亲为主题的公益行动,其救助模式是:小额资助、直接到人、滚动运作、劳动致富。十多年来,"幸福工程"在全国417个县(市、区)设立了项目点,累计投入资金5.8亿元,救助贫困母亲家庭20.7万户,惠及人口95万人。照此计算,每个贫困母亲家庭平均救助额也只有2800元,14年累计救助率只有2.3%。此外,一些刚越过温饱线的农村人口,因灾返贫因病返贫的可能性又较大,国家用于援助弱势群体的资金又十分有限。以扶贫解困为例,2003年是公认的对城市贫困群体援助力度最大的年份,有800多万户、2300万人左右的城镇居民直接受益,进入了城市最低生活保障的范围。实际上政府支出也只有151亿元,而与之形成鲜明对照的是每年全国公车费用高达3000亿元之巨。据2009年7月的《新快报》报道,广州三成癌症患儿因贫放弃治疗。在广州,每年新增250名儿童患上癌症,儿童癌症以白血病最多见,10万人当中就有3~4名白血病患儿,尤其是白血病儿童,从发病到治疗、缓解病情、巩固治疗效果,起码一到两年,有五成儿童得不到系统治疗。2002年开始,广州的中山一院、中山二院、中山肿瘤医院等7家大医院曾进行白血病化疗联盟会议,到2007年为止,7家医院统计收治的617例14岁以下的患儿,平均病患流失率为25%~30%。据专家证明,其实部分患癌儿童的治愈率比成人高,如急性淋巴白血病,成人患上

---

① 人民网,2009年4月7日。

该病就要骨髓移植,但7成儿童不需要。经济原因成治癌拦路虎。经济问题是首要原因。轻度危险型癌症儿童化疗费用要花6~8万元,中度的需花10万元,重度的则要30万元甚至更多。由于费用高,治疗时间漫长,有家长失去了信心。靠民间团体资助有难度,广州市癌症患儿家长会会长却表示,协会目前只能通过心理辅导、举办联谊活动、提供医疗信息帮助癌症患儿家庭,但对于癌症患儿家庭最需要的医疗费用,则无能为力。按照2008年医保覆盖率来算,覆盖面虽然比较高,但支付比例仍很低,一次支付比例远不够一期治疗的费用。在大病治疗上,广州尚且如此,其它地方就可想而知。如果在扶贫解困、社会保障等直接关系到基本民生的头等大事不妥善解决好,将会直接影响到社会稳定。

(六)失业人员增多,就业压力持续加大

我国人口众多,又处在经济结构调整和世界性的金融危机、经济危机时期,就业面临城乡双重压力,总量与结构互相困扰,新生劳力与失业人员彼此交织的形势严峻。当前我国失业问题的主要特征是:显性失业与隐性失业并存,结构性失业与结构性紧缺并存,垄断性失业与市场竞争性失业并存,摩擦性失业大量存在,劳动力资源总量过大,就业岗位严重缺乏,就业形势极为严峻。农村结存下来的1.5亿左右的剩余劳动力,大量没有实现再就业的国有企业下岗人员,没有找到工作的农村进城务工人员,上百万工作尚无着落的大学生、研究生,城乡每年还有1000万以上新成长的劳动力……庞大的失业队伍的存在,给国家经济和社会发展形成了巨大的压力。当前,社会稳定方面出现的很多问题和矛盾都与就业问题相关联。就业是民生之本,在社会经济转型时期,就业压力增大,失业率居高不下是引人注目的不和谐因素。

（七）教科文卫体等社会事业发展相对滞后

近年来，随着我国经济总量在不断增长，经费投入的增加，教育、科技、文化、卫生、体育等社会事业都有了长足的发展。但是，相对于社会经济发展速度来说，教育投入明显不足，公共教育经费投入远远低于世界平均水平，不足国民生产总值的4%。办学条件得不到改善，办学水平得不到提高，造成了"上学难"、"难上学"的局面。医疗卫生方面，医院设施严重不足，布局不合理，药费居高不下，大病统筹和医疗保险措施不到位，人民群众有病不敢看，看不起，造成"看病难"、"难看病"的局面。2003年突如其来的非典疫情暴露出我国公共卫生方面的重大缺陷。这些问题，关系到人民群众的切身利益，如果处理不好，将会造成十分敏感的社会问题，成为阻挠社会经济发展，影响人民生活水平不断提高的重要障碍。

（八）腐败蔓延是转型时期重要的不和谐因素

腐败是文明社会的毒瘤，是党和国家健康肌体的腐化剂。中央曾严正指出，腐败现象是侵入党和国家机关健康肌体的病毒。如果我们掉以轻心，任其泛滥，就会葬送我们的党，葬送我们的人民政权，葬送我们的社会主义现代化大业。腐败的危害是巨大的，腐败会严重削弱党和政府的威信，直接危及政治稳定。腐败现象的滋生和蔓延，也为西方敌对国家对我国进行西化和分化提供了绝好的机会。腐败会制约社会经济发展，扰乱社会经济秩序，阻碍了社会经济改革的进程。一些人混淆腐败和改革的界限，把腐败行为归结为市场经济必须付出的代价，以"改革开放"作为腐败行为的挡箭牌，大肆贪污腐败，给社会经济发展造成了巨大的负面影响。腐败会削弱中央的权威，破坏国家统一和民族团结，腐败还会造成社会思想混乱，造成社会整体道德水平

提升维护稳定的能力

滑坡,对社会心理稳定造成冲击等等。人民群众对贪污腐化、以权谋私、权钱交易、司法腐败等现象深恶痛绝。目前,反腐形势依然严峻,有些地区和部门的问题还相当严重,易发多发的土壤和条件尚未根本消除。"交通厅长现象"、"科长秘书现象"、群体性腐败等成为了近些年来特别值得关注的情况。据报道,原温州高新技术开发区管委会主任戴国森,于1997年至2009年2月间,存在非法收受(或索要)他人财物数额巨大、违反廉洁自律有关规定、参与赌博、违反社会主义道德等严重违法违纪行为,已被检察部门批准依法逮捕,他是浙江省、市纪检部门在查处出国不归的原鹿城区委书记杨湘洪案中"拔出萝卜带出泥"而落马的。戴国森案发后,办案人员在搜查其家中时发现,他有十多本房产证、几十只每只价值上万元的名牌LV包(戴国森因此被网上戏称为"戴包包"),还有几十斤上等的冬虫夏草,有的已发霉。一些知情者还说,戴国森妻子到香港购物出手阔绰,买一件五六万元的商品就像"到菜场买菜一样","连眼都不眨一下",令同行人惊讶不已。许多社会经济问题都和腐败有着千丝万缕的联系。腐败问题不解决,将严重影响党的执政地位的稳固和社会的安定和谐。

(九)群体性事件是影响社会稳定的重要因素

由于社会矛盾的长时间积累,各地近年来经常出现一些突发性事件和群体性事件,给经济发展和社会稳定带来了冲击。尽管当前的社会矛盾大多是属于人民内部的矛盾,没有敌对的性质,但是,当自发的、零散的、轻微的利益矛盾不能得到及时解决时,就可能转化成自觉的、有组织的、严重的群体性对抗,会使矛盾摩擦上升为矛盾冲突,烈度与强度不断地增强,甚至引发更大范围内更加激烈的冲突。以信访为例,信访通常是普通老百姓因为利益受到损害，或人际矛盾与社会矛盾激化，通过正常渠道无法解决问题时所采取的一种手段，它本是人民群众发表意见、反映问题的权利，也是政府部门了解民情民意的重要途径；但是，现在随着矛盾的激化，信访变成了无休止的"上访"，成为普通百姓申诉冤屈而被迫采取的激烈方式，而这些"矛盾"、"冤屈"，大多是民众与政府机关和政府部门的矛盾纠纷。统计表明，1978年至1982年，全国法院处理民事申诉来信39800件，接待民事申诉来访43900人次，两者相加共83700件（人）次；而到了1998年至2002年，全国法院共接待处理群众来信来访4224万件（人）次，上升了近500倍。上述情况表明，在社会结构的微观层面积压着大量的人际矛盾和社会矛盾，也是社会结构基础层面不够稳定、不够和谐的信号。从深层看，当前影响社会稳定的一个重要因素就是某些领导干部身上存在的官僚主义，以及体制上存在的种种缺陷。

（十）能源生态危机是影响社会稳定的新因素

曾几何时，我们常常以我国"地大物博，物产丰富"而沾沾自喜，以占世界7%的耕地养活了占世界22%的人口而自豪；但实际上，我国的现实应该是人均资源占有量"相对不足"，这样才能反映我国能源和资源的本质。我国的土地资源、矿产资源、生物资源、能源资源、水资源、海洋资源等在总量上十分丰富，但人均资源却相对较少，甚至显得很贫乏。以水资源为例，我国的淡水资源总量居世界第六位，但人均占有量却仅为世界平均水平的1/4，列在世界第88位；现在全国600多个城市中，有2/3的城市供水不足，有1/3的严重缺水，面临着严重的水危机，不得不采取限制用水的措施或提高水价。如北京的生活用水价格几年来数度攀升。用水量的不断增加，地表水不够用，就大量开采地下水。北京地区由于连年超采地下水,全市平原地区累计超采40亿立方米,超采区面积占平原区面积的41%,其中一半为严重超采区,形成1000多平方公里的水位下降漏斗区,不仅使地下水面临枯竭,而且严重地威胁着地面建筑物的安全。同时,由于我国的农业生产条件落后,节水措施不到位,水资源浪费严重;加上工业生产用水对供水需求的扩大和城乡居民用水量的上升,导致供水用水更为紧张;水资源的紧张和严重污染,反过来又严重制约了经济的发展。此外,从联合国公布的数字上和我们国家的统计资料上提取的一些数据,非常值得我们注意。我们人均可耕地只有全世界平均水平的1/3,人均森林资源只占世界平均水平的1/16,石油储存量只占世界储存总量的2.4%,天然气更少,只占1.2%。GDP按外汇比价,我们现在是美国的1/7,如果按购买的标准是美国的1/2;人均GDP是美国的1/43,如果按购买的标准是美国的1/9;单位产值能源的消耗是美国的2~5倍。1997年工业固体的废弃物产量是10.6亿吨,累积的废尘是66.8亿吨,我们从卫星上看大中城市已经呈垃圾围城的趋势。

三、消除转型期不和谐不稳定因素的基本思路

指出问题是为了解决问题。研究不和谐不稳定问题,是为了建立和谐稳定发展的社会。在党的十六届四中全会上,我党第一次提出了"构建社会主义和谐社会"的新概念。这个新概念,使人们对科学社会主义的内涵有了新认识,对中国特色社会主义的基本特征有了新理解。它进一步丰富了"小康社会"的基本内涵,完善了中国的发展模式,把我国社会主义现代化建设的总体布局由原本的三位一体——物质文明、政治文明、精神文明,扩展为包括"和谐社会"在内的四位一体,把构建社会主义和谐社

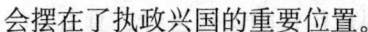

会摆在了执政兴国的重要位置。

和谐社会，是我们党经过深思熟虑后提出来的，它的基点是承认中国过去的经济发展的确造成了社会的失衡现象与社会不和谐的事实存在，以实事求是的精神反省检讨过去的工作失误，并决心在未来的经济发展中，用取得的经济成果作为杠杆，最大限度地完善社会保障体系，减少社会失衡，消除社会矛盾，建立和谐社会，达到政治稳定，国家长治久安。

"和谐社会"要求社会系统中的各个部分、各种要素要处于一种相互协调的状态。社会主义和谐社会，应该是一个科学发展的社会，一个公平的社会，一个法治的社会，一个有序的社会，一个以人为本、充满活力的社会，一个善于化解矛盾、自我完善的社会，一个人民利益至上的社会，一个有着崇高理想的社会。是一个人与人、人与社会、人与自然之间诸多要素相互兼容、相互依存、稳定有序、运作协调、共同发展的社会。

"和谐社会"实际上也是一种整体性思考问题的观点，要求我们在把工作视野拓展到政治、经济、社会、文化等各个方面，运用政策、法律、经济、行政等多种手段，统筹各种社会资源，综合解决社会协调发展问题。如何消除不和谐因素，建立社会主义和谐社会呢？2003年10月，在党的十六届三中全会上，党中央提出和确立了"科学发展观"的发展思路。指出要"坚持以人为本，树立全面、协调、可持续的发展观，促进经济社会和人的全面发展"；强调"按照统筹城乡发展、统筹区域发展、统筹经济社会发展、统筹人与自然和谐发展、统筹国内发展和对外开放的要求"，推进改革和发展。这样完整地提出科学发展观，是我们党对社会主义现代化建设指导思想的新发展。牢固树立和全面落实科学发展观，对于消除社会经济转型时期的不和谐

提升维护稳定的能力

因素，全面建设小康社会进而实现现代化的宏伟目标，具有重大而深远的意义。

胡锦涛同志指出："要树立和落实科学发展观，首先必须全面准确地把握科学发展观的深刻内涵和基本要求。坚持以人为本，就是要以实现人的全面发展为目标，从人民群众的根本利益出发谋发展、促发展，不断满足人民群众日益增长的物质文化需要，切实保障人民群众的经济、政治和文化权益，让发展的成果惠及全体人民。全面发展，就是要以经济建设为中心，全面推进经济、政治、文化建设，实现经济发展和社会全面进步；协调发展，就是要统筹城乡发展、统筹区域发展、统筹经济社会发展、统筹人与自然和谐发展、统筹国内发展和对外开放，推进生产力和生产关系、经济基础和上层建筑相协调，推进经济、政治、文化建设的各个环节、各个方面相协调。可持续发展，就是要促进人与自然的和谐，实现经济发展和人口、资源、环境相协调，坚持走生产发展、生活富裕、生态良好的文明发展道路，保证一代接一代地永续发展。"要落实科学发展观，消除社会转型期的不和谐因素，一是思路和理念。思路决定出路，而思路又受制于理念。是以人为本，还是以物为本，结果是完全不一样的，有几个重点必须考虑好；二是目标问题。我们要建立的是现代化的社会，是经济、社会协调发展的社会，是社会系统范畴内的大和谐社会；三是重点。要通过发展求和谐，通过解决问题求和谐，通过解决主要矛盾求和谐；四是主线。中国已进入结构性改革的关键时期，要以结构调整为主线推动其他方面的工作；五是方法和途径，具体来讲有以下几个大的方面：

（一）坚持发展是第一要务，用科学发展的思路解决发展过程中出现的不和谐不稳定问题

我国正处于并将长期处于社会主义初级阶段，社会主义初

级阶段的主要矛盾,始终是人民日益增长的物质文化需要同落后的社会生产之间的矛盾,根本任务是解放和发展社会生产力。我们党执政兴国的第一要务是发展,首先是要发展经济。只有不断解放和发展生产力,才能为社会全面进步和人的全面发展提供物质基础。因此,以经济建设为中心任何时候都不能动摇、不能放松。保持经济较快发展,是建立在优化结构、提高质量和效益的基础上的发展,实现速度、结构、质量、效益相统一。我国经济建设存在的突出问题是结构不合理,经营方式粗放,经济增长主要靠增加投入、扩大投资规模,资源环境的代价太大。为此,必须坚持走科技含量高、经济效益好、资源消耗低、环境污染少、人力资源优势得到充分发挥的新型工业化道路。必须加快转变经济增长方式,坚持以改革开放为动力,充分发挥科学技术作为第一生产力的重要作用,注重依靠科技进步和提高劳动者素质,加快推进经济结构战略性调整,显著提高经济增长的质量和效益。同时我们还要认识到,实现社会和谐必须保证经济和谐发展。经济发展的不协调,会加剧社会的不和谐;包括过剩与短缺、需求结构升级与经济结构调整滞后、经济增长与资源短缺、经济发展与扩大就业等在内的经济结构矛盾进一步激化,就会扩大为难以调和的社会矛盾。经济和谐发展必须是数量和质量、效益和速度相统一的发展,是国民经济的整体素质和竞争力全面提高的发展,是统筹协调的发展。

(二)坚持经济社会协调发展,是消除社会经济发展过程不和谐不稳定因素的根本立足点

经济发展是社会发展的前提和基础,也是社会发展的根本保证;社会发展是经济发展的目的,也为经济发展提供精神动力、智力支持和必要条件。随着人民群众的物质生活水平日益提高,

提升维护稳定的能力

对精神文化、健康安全等方面的需求也日益增长,更加要求社会与经济共同发展。如果社会事业发展滞后,经济也难以实现持续较快发展。改革开放以来,各项社会事业虽然取得明显进步,但总体上看,经济发展和社会发展存在着"一条腿长、一条腿短"的问题。我们必须按照科学发展观的要求,在大力推进经济发展的同时,更加注重加快社会发展。加快社会发展,就要大力发展教育、科技、文化、卫生、体育等事业。建设现代国民教育体系,优化教育结构和教育资源配置,特别是发展义务教育、农村教育、职业教育与培训。加强基础研究和高技术研究,推进科学技术事业发展。普及科学知识,弘扬科学精神。加快公共卫生体系建设,尽快建成覆盖城乡、功能完善的疾病预防控制和医疗救治体系。注重改善农村医疗卫生条件。大力发展社会主义先进文化,积极发展文化事业,加强精神文明建设。加快社会发展,就要保障人民群众安居乐业,继续做好就业和社会保障工作,逐步理顺收入分配关系,化解社会矛盾,维护社会秩序,保持社会稳定,促进社会和谐。加快社会发展,还要发展社会主义民主,健全社会主义法制,建设社会主义法治国家,促进物质文明、政治文明、精神文明协调发展。同时,要坚持国防建设与经济建设协调发展的方针,在经济发展的基础上推进国防和军队现代化。

(三)统筹城乡经济社会发展,逐步改变城乡二元经济结构,消除城乡社会经济发展中的不和谐不稳定因素

有专家指出,关于统筹城乡发展,关键是要抓好四个环节。一是合理调整国民收入分配结构和政策,加大对农业的支持和保护力度;二是农业和农村自身要加快发展,推进城镇化;三是城市发展要和农村发展相协调,充分发挥城市对农村的带动作用。随着现代化进程的推进,城市必然还要进一步发展,但要防止规

模过大、标准过高的倾向，注意以城市繁荣带动农村发展。要把更多的社会资源用于农村，并更好地为农村产业结构调整、劳动力转移和农民增收创造条件；四是统筹推进城乡改革，消除体制性障碍。逐步建立城乡统一的劳动就业制度、户籍管理制度、义务教育制度和税收制度等，逐步形成有利于城乡相互促进、共同发展的体制和机制。

（四）坚持区域协调发展，消除造成东中西部发展失衡和影响老工业基地发展的不和谐不稳定因素

统筹区域发展，就是要继续发挥各个地区的优势和积极性，逐步扭转地区差距扩大的趋势，实现共同发展。国家要从宏观政策上支持欠发达地区加快发展。根据我国当前区域发展的实际情况和全面推进现代化建设的要求，中央明确提出了促进地区协调发展的战略布局：坚持推进西部大开发，振兴东北地区等老工业基地，促进中部地区崛起，鼓励东部地区加快发展，形成东中西互动、优势互补、相互促进、共同发展的新格局。这是一个把握规律、统揽全局的重大决策。

（五）坚持以人为本

坚持以人为本，是科学发展观的本质和核心，是消除转型时期各种不和谐因素的出发点和立足点。坚持以人为本就是要在经济发展的基础上，不断提高人民群众物质文化生活水平和健康水平；就是要尊重和保障人权，包括公民的政治、经济、文化权利；就是要不断提高人们的思想道德素质、科学文化素质；就是要创造人们平等发展、充分发挥聪明才智的社会环境。坚持以人为本，要注意处理好人民群众根本利益和具体利益、长远利益和眼前利益的关系，要着力解决关系人民群众切身利益的突出问题；要进一步做好增加就业、加强社会保障工作，积极帮助城乡

特殊困难群众解决生产生活问题;坚决纠正土地征用中侵害农民利益的问题,坚决纠正城镇拆迁中侵害居民利益的问题;坚决纠正企业重组改制和破产中侵害职工合法权益的问题;坚决纠正拖欠和克扣农民工工资的问题;坚决纠正教育乱收费和药品购销、医疗服务中的不正之风。

(六)坚持可持续发展

这就要统筹人与自然和谐发展,处理好经济建设、人口增长与资源利用、生态环境保护的关系,推动整个社会走上生产发展、生活富裕、生态良好的文明发展道路。统筹人与自然的和谐发展,必须坚持计划生育、保护环境和保护资源的基本国策;坚持经济社会发展与环境保护、生态建设相统一,既要讲求经济效益,也要重视社会效益和生态效益;坚持资源开发与节约并举,把节约放在首位,在保护中开发,在开发中保护;坚持统筹规划,加大投入,标本兼治,突出重点,有步骤地进行环境治理和建设;坚持依靠科技进步推进环境保护和治理,推进资源开发与节约,依法严格保护环境与生态;坚持深化改革,创新机制,实行政府调控与市场机制相结合,从体制和机制上促进可持续发展。要大力发展循环经济,在经济建设中充分利用资源,提高资源利用效率,减少环境污染。在全社会进一步树立节约资源、保护环境的意识,形成有利于节约资源、减少污染的生产模式和消费方式,建设资源节约型和环境友好型社会。

第二章

妥善处理我国现阶段的不稳定因素

提升维护稳定的能力

第一节 群体事件：标本兼治稳大局

群体性事件事关我国经济社会稳定发展的大局，如何正确处置群体性事件成为对各级领导干部领导能力和执政能力的至关重要的考验。如何客观理性看待群体性事件的发生，如何建立有效的预警机制、如何疏导和控制群体性事件，如何加强政府公共危机处理能力和舆情管理能力等等，这些都是妥善应对群体性事件所要研究的关键问题。

一、频繁暴发：群体性事件屡见不鲜

2008年来，一系列的群体性事件震惊中国，给社会稳定造成了很大冲击。群体性事件爆发的范围之广、烈度之剧、影响之深，超过以往，具体分为以下几类：

（一）征地拆迁产生的群体性事件

由于在征地或拆迁过程中，当地居民没有得到很好的预期补偿，于是他们通过上访、延迟等多种方式来阻挠项目的开工，进而酿成冲突。例如河北廊坊"10·19"铁路征地事件。2008年10月19号上午10点多，河北省廊坊霍其营村京沪高铁施工现场，数百手持铁棍、身穿中铁十七局工服者，殴打手无寸铁的村民。冲突是由铁路征地引起的，由于村民没有拿到征地补偿款，所以村里很多人聚集到工地上，阻碍了施工，而施工单位又急于赶进度，就酿成了冲突。

（二）环境污染引起的群体性事件

当地居民普遍意识到本地的某些企业造成的对生态安全、环境地质、空气饮水等方面的危害，进而与企业交涉，并酿成

群体性事件。典型的案例有：（1）云南丽江"8·4"环保纠纷事件。2008年8月4日中午11时30分，云南省丽江市华坪县兴泉镇兴泉村8组至13组村民因环境、水源污染等问题与该县兴泉镇境内的高源建材公司发生群体性突发事件，双方共有约300余人投入暴力冲突，造成6村民受伤和13辆汽车受损；（2）重庆开县"11·21"村民煤矿冲突事件。2008年11月21日上午，开县高桥镇重庆市中源煤业（集团）有限公司高升煤矿矿方，与矿区所在地山青村村民发生冲突，导致数人受轻伤，并有车辆、设备不同程度损毁。高升煤矿矿区所在地的山青村村民认为，煤矿作业破坏当地生态环境，导致水源缺失及地质滑坡，要求煤矿方按村民要求进行赔偿，村民认为诉求未得到很好解决，遂与矿方发生了激烈的暴力冲突。

（三）执法不当激发的群体性事件

指警察等公共权力机关在执法过程中的滥用警力、暴打、屈打，成为了一系列群体性事件的导火索。例如陕西府谷县"7·5"警民抢尸事件。2008年7月3日，府谷县交警追逃一辆农用车辆司机，司机被逼无奈跳入黄河不幸身亡，在当地造成恶劣影响；5日，跳河司机的尸体被打捞上岸，家属与交警队在府谷县黄河桥头多次抢夺尸体，引起群众围观，有人趁乱起哄打砸警车。又如云南孟连"7·19"胶农事件。起源于该县勐马镇胶农和当地橡胶公司的利益冲突。7月15日，胶农再次找橡胶公司理论，与政府工作人员发生语言及身体冲突。孟连县法院、检察院、公安局联合发布通告，限令"组织煽动群众聚众扰乱社会秩序"等人10日内自首，未果。19日清晨6时，勐啊村5位村民被强行带走，随即爆发了警民激烈的冲突。当日上午，勐啊村数百村民手持器械，分两路袭击警察，并突破警戒线，多名警察负伤。

提升维护稳定的能力

混乱中警察用防暴枪打死2位村民,围攻人群才逐渐停止攻击,进而与警察对峙。同时,两公里外的芒海村又发生了激烈警民冲突,数名警察受伤,多辆警车被砸。村民切断交通,把警察围困在公路边,要求释放5名嫌疑人。普洱市委书记高旭升现场劝导才使事件最终平息。事件造成2名群众死亡,41名民警和19名群众受伤,9辆执行任务车辆不同程度损毁。

(四)信任危机引发的群体性事件

信任危机是指老百姓对当地公安等机关的不信任进而酿成的群体性事件,这与当地政府拙劣的信息发布和形象公关不无关系。典型的案例是贵州瓮安"6·28"打砸抢烧事件:2008年6月22日瓮安县三中17岁的初中女生李树芬被发现死于瓮安县西门河中。当地公安机关鉴定为"自杀溺水身亡",并要求家属三天内必须火化;女孩的家人和亲友对鉴定结论存在极大的质疑,他们认为死者是被奸杀后抛尸河中。死者的家属和死者同学多次到县公安局理论,但无果。28日16时,死者家属邀约300余人在瓮安县城内游行,随后大量群众聚集围堵县政府部门,转变为打砸抢烧的突发群体性暴力事件,县公安局、县委和县政府大楼等多间房屋被毁,数十辆车辆被焚,百余名警察在事件中受伤。这是无直接利益冲突的群体性暴力事件,大多参与者仅出于义愤或不满而加入,值得深思。

(五)劳资纠纷引发的群体性事件

这是指工人和厂方或资方围绕某方面的补偿问题达不成一致进而酿成的群体性事件。例如湖北武汉"11·18"下岗职工上访事件。2008年11月18日,湖北省武汉市原五个国营企业(火柴厂、食品厂、东西湖人造革厂、三防器材厂、圆珠笔厂)的近百名下岗职工到市政府门前上访反映养老金过低、无医疗保障等问题,没有得到接待,1小时后,出现几辆车子,警员冲出来暴力袭击请愿者并抢走标语,双方发生肢体冲突,二人受伤,三人被抓。虽被抓职工已获释,但请愿人士认为问题并没有解决,考虑到北京上访; (2)广东东莞"11·25"劳资纠纷事件。2008年11月25日,广东东莞中堂镇开达玩具厂发生一宗劳资纠纷引起的群体性事件。事件中约500多人(2000多围观者)在厂区门口聚集闹事,现场警车1辆和开放式巡逻车4辆被砸毁,后工人冲进工厂内,闯入办公室,打烂门窗玻璃、电脑等办公设备。目击者称,有5人受伤(3男2女,全为工厂员工)。据悉,厂方实行两批辞退员工的"差别补偿"是导火索。当地政府称,有工人召集老乡进厂闹事。

(六)其他利益受损引致的群体性事件

中国转型期进行的社会变革,是社会各种资源分配机制的大变化,使社会各种利益关系和利益格局大调整,也是各种利益冲突爆发的高发期。各种利益关系在社会关系的调整变革中形成的矛盾,常常引发相关利益群体的冲突,导致群体性事件频繁。例如2008年影响较大的川渝"9~10月"教师罢课事件。1994年初的《教师法》和2006年9月1日起施行的《义务教育法》都规定教师的平均工资水平应当不低于当地公务员。但川渝部分地区的教师的工资和津贴补贴却严重地低于当地公务员。罢课最早出现在成都郫县,之后罢课运动在川渝地区蔓延。四川省:9月23日,郫县大规模教师停课;10月6日,邛崃市大规模教师停课;10月9日,资中大规模教师停课;10月13日,华蓥县大规模教师停课。重庆市:10月8日,铜梁县部分教师停课;10月17日,永川区教师大规模停罢课;10月22日,长寿区教师大规模罢课;10月23日,綦江县教师大规模停课。

二、事出有因：群体性事件的原因解析

各级领导干部要对群体性事件的爆发原因有深刻的认识和把握。因为众多群体性事件并非无源之水，都有其爆发的原因。各级领导干部只有深刻地把握到群体性事件背后的原因，才能抓住主要矛盾，妥善地解决群体性事件，维护社会稳定的大局。群体性事件的原因很多，因具体的事件而异。领导干部要对具体事件具体分析，找出最主要的原因，才能迅速妥善地解决矛盾。综合以往的事件，具体而言，有以下主要原因促成了群体性事件的发生。

（一）群众利益受损导致利益博弈

群众利益受损是2008年大部分群体性事件的最主要原因。在这些群体性事件中，当事人的利益都受损且长久得不到当地政府很好的解决，利益受损也就是物权得到侵犯或剥夺，且在上访过程受阻碍打击或得不到预想效果的情况下，他们只有通过群体性事件维护自己权利、发泄自己的不满并向政府施加压力。而正是通过群体性事件，其利益才受到了应有的重视和比较满意的解决。

孟连事件中勐马镇胶农的利益长期得不到解决，与当地橡胶公司的利益矛盾愈演愈烈并于政府工作组成员发生摩擦。当地政府不思化解矛盾，反而法院、检察院、公安局三部门联合发布通告，限令"组织煽动群众聚众扰乱社会秩序"等人10日内自首，在没有自首者的情况下，凌晨时强行带走五位胶农，进而酿成了激烈的警民激烈。

东莞劳资纠纷事件中，由于厂方分两批辞退工人而实行了差别补偿的方式，利益受损者聚集约500人，打砸警车和巡逻车，冲进工厂和办公室，打烂玻璃、电脑等办公设备。廊坊铁路征地

事件中是由于农民没有拿到征地补偿款,而施工方赶着开工,于是就酿成了双方激烈的冲突,而首先发起攻击的一方则是装备铁棍身着"中铁17局"字样制服的施工方。

由于环保意识和科学发展意识的提高,群众观念中的利益不再局限于纯粹的经济利益,以前不受重视的生物多样性、原生态、生态安全、环境维护、地质安全、饮食空气安全等方面的利益也纳入了考量范围。在云南丽江环保纠纷事件中,丽江市华坪县兴泉镇兴泉村8组至13组村民与高源建材公司发生群体性事件,起因就是该厂对当地环境污染尤其是水源污染等问题非常严重。重庆开县村民煤矿冲突事件,就是由于村民认为附近的煤矿作业对当地生态环境造成很大破坏,导致水源缺失及地质滑坡,影响地质安全并要求煤矿赔偿。广东三江镇"10·8"警民冲突事件起因也是政府出售堤坝附近的树木。

(二)缺乏正常的利益诉求机制和协商机制

群体性事件发生的根本原因是群众利益受损,我们不禁会问,利益受损可以向政府反映,可以通过法律途径解决,可以通过媒体反映,可以与利益的对立方(公司、企业、工厂)协商,何必要打砸烧,造成人员死亡、受伤及财物的损坏呢?

因为当群众的合法利益受到侵害的时候,找不到成型的、畅通的利益诉求机制和协商机制,这是症结所在。群众利益受损后找不到一个有效的渠道去表达自己的利益诉求,也找不到成型的机制去与利益对立方进行博弈和协商,群体性事件本来只是一个最后的慎重采用的手段,但是在目前的中国,群体性事件似乎成了解决问题的主要方式。以上访机制为例,2008年利益诉求式的群体性事件中,绝大部分事件中群众都是先采取了上访或请愿的行为,但上访行为受到阻碍、上访结果很难达到要求甚至上访过

提升维护稳定的能力

程受到暴力攻击,效率低下且没有安全保障的上访机制,损坏了上访制度的形象,更严重的是损害了政府的公信力,使得政府成为民众发泄不满首当其冲的攻击目标。正是基于上述群体性事件的教训,全国各地启动了全国县委书记大接访活动。然而,我们希望的是这是一种常态的、24小时的机制,而不是临时的、定点的行为,更要防止这种接访流于形式。

(三)地方政府定位出现了偏差

2008年一系列群体性事件中,群众攻击的目标不仅是政府及办公大楼、警察及警车,也会暴力攻击相关的企业、厂矿、工厂、工地及各种项目。如:孟连事件发生地的橡胶公司、丽江环保纠纷事件中的高源建材公司、江西铜鼓山林纠纷事件中的绿海木业公司、重庆开县村民煤矿冲突事件中的中源煤业集团有限公司高升煤矿矿方、成都市民散步事件中的化工项目PX等,这些项目、公司、企业、厂矿等都与当地政府有密切的联系。民众暴力攻击或静默反对这些项目公司厂矿的原因是因为这些在建项目的企业过分与民争利、破坏当地的水资源、土地资源、空气资源,导致生态环境污染、地质破坏、城市不宜居,整个生态环境安全和地质气候安全受到恶劣影响。因此民众会暴力攻击或以散布谣言的形式反对这些事情。

追究原因的话,是地方政府定位出现了问题。长期以来,地方政府都是执行GDP为纲的施政路线的,而GDP同时也是各级官员绩效考核的核心指标。于是地方政府热衷于招商引资、投资各种大型项目,这些大型项目具体包括工业区项目、化工项目、农业科技园项目、老城区改造项目、房地产项目、基础设施建设项目。大型项目投资的资金当期就可以拉动GDP显著增长,在短期(任期)内很容易看到效果,并且这些项目的税收权很大部分由当地政府掌握，可以获得较高的税收收入。

（四）一些地方政府应对突发事件的能力较差

有些领导和部分地方政府的突发事件应急能力不强，或者处理的方法不对路子，导致进一步激发了群体性事件，使得形势失控。具体表现在信息发布处理和舆情引导的能力上。一是未能有效发现谣言并释疑消除之。第一，瓮安事件中，初中女生溺水身亡，就有传言被奸杀抛尸，流传作案者为县领导子女且女孩叔叔在与警察理论时被打死；第二，甘肃陇南事件中，当地博客写道："17号早上有消息传来，'陇南市搬迁到成县已被国务院批准'，一时间武都乱做一团，人们都很气愤……"，而政府对于谣言的做法出奇一致，那就是逮捕"谣言者"，这反而更刺激了群众的逆向思维和想象。二是地方政府对舆情的处置管控方式需要反思。如瓮安事件冲突后，瓮安为封锁信息，切断网络信号，当地网民用手机拍照，到邻县发到网络。一夜间，各大论坛迅速升温。部分网站的删帖反而激起网民愤怒。网络流传的版本更加离奇，比起初的谣言还甚。再看孟连事件，云南吸取瓮安教训，没有封堵信息，及时对事件进行处理并即时发布，缓和了民众情绪，赢得了稳定和主动。三是"真相"发布会强词夺理、漏洞百出、牵强附会、越抹越黑。陇南事件后，政府《通报》中充斥着"别有用心"、"教唆煽动"、"不明真相的围观群众"、"不法分子"等倾向性和高压性的字眼，这样的新闻发布会的效果可想而知。不仅无助于问题的解决，反而会激起更大的不信任和怨愤，导致政府的公信力丧失。

（五）民间对公共权力机关的不信任与积怨

2008年所有的暴力性群体性事件中，除打人之外，群众都无一例外地会打砸警察的警车和政府办公大楼，而对于城市的公共

提升维护稳定的能力

设施则非常爱护,不会去破坏美化环境设施等公共基础设施,可见民众对物件的破坏并不是非理性行为,而是理性选择后的必然结果,那就是选择性攻击警车和政府办公设施。瓮安"6·28"打砸抢烧事件中,600多民众起初是在县城游行,之后围堵县政府部门,激烈冲突中,砸毁警车等政府车辆、砸烧办公设备,而没有对县城的其他设施和事物造成丝毫破坏。

可见,民众会选择性的攻击政府部门的车辆和办公设备,而反驳了被说成的"一群疯子"疯狂地对一切东西打砸抢烧的说法,这种选择性是理性选择的必然结果。通常而言,迁怒于某件事物是因为他与愤怒的激发源距离很近或有很大的关联性。老百姓迁怒于警车等办公车辆、政府办公大楼及办公场所,这反映了这些象征公共权力的东西在老百姓心目中的负面形象的积淀。四川省最近开始搞机关单位的"我姓马,我叫马上办"活动,以提高办公效率,这是一个令人欣喜的转变。

(六)国家机器挑战社会公德良知

这是2008年群体性事件中公德诉求式事件的主要原因。在一系列的群体性事件中,滥用警力、滥用私刑、屈打致死等激起警民冲突的事件很多。例如,陕西府谷县"7·5"警民抢尸事件中,府谷县交警追逃农用车辆司机,司机被逼无奈跳入黄河不幸身亡,司机尸体打捞上岸的运尸途中,家属与交警队抢夺尸体,致发群体性事件。又如浙江玉环"7·10"事件中,民工张中富与当地派出所工作人员争执时被打伤,进而酿成群体性事件等等,这也难怪老百姓盛怒之余会攻击警车和公安局了。国家机器应当成为社会公德、社会良知的维护者。

(七)社会张力及社会焦虑

中国社会巨大的贫富差距积蓄了巨大的社会张力,贫富阶层之间心理的隔阂、穷人的仇富心理非常严重,并且引发了多起报复性刑事案件。同时,中国社会迅速变迁,个体会感到前途非常不确定,充满变数,社会保障机制不健全更加重了这种不确定性。积蓄已久的社会张力和社会焦虑形成一股股暗流,在和谐的社会表面下运行,一旦有突破口和激发点,就会爆发出来,形成大规模群体性事件。美国社会学家科塞认为,这种社会张力和社会焦虑的爆发,反而会促进和保证社会的和谐稳定。因此,中国的群体性事件只是社会张力和社会焦虑的能量释放,对于和谐社会的建设和法制社会的建设都具有很大促进和推动作用。

三、趋势预测:将来依旧难以平静

各级领导、各级政府要对群体性事件保持警惕和关注。根据趋势预测,在未来一段时间内,群体性事件仍然有很高的发生概率,这是因为造成群体性事件的各种因素尚未被妥善解决。找到群体性事件的原因,就能更加准确地预测群体性事件的发展趋势。上述原因中,有的出现了利好的转变,比如:政府的突发事件应急能力尤其是信息发布机制的好转和各地吸取教训,更好地行使公共权力。由于世界金融危机的影响,2009年各地政府的核心任务必然是保增长、促内需,GDP为纲的导向就不会得到根本扭转,就必然会有一系列的项目上马,进而对当地居民的利益造成损害,而成型的利益表达机制和诉求机制在短期内很难建立,同时金融危机下的社会焦虑和社会张力会有放大的趋势,部分群众对政府机关的不信任很难在短期内消除等等,这些原因都使得群体性事件在2009年仍然会成为令人头痛的问题。

提升维护稳定的能力

四、标本兼治：提高为民执政能力

各级领导干部要切实提高维护社会稳定的执政水平。这就要求各级领导干部善于根据具体情况具体分析事件爆发的原因，实行标本兼治的应对策略，有效解决和预防群体性事件的发生，维护社会稳定发展的大局。

（一）各级政府要牢固树立群众利益第一的执政理念

"2008年频发的群体性事件多次显示政府或政府偏袒的企业与民争利是'罪魁祸首'"①。纵观一系列的群体性事件，绝大多数事件都是涉及人民群众切身利益的，群众迫于无奈，最终选择大规模的群体性事件来进行利益博弈。这个执政理念已经提出多年。相信经过一系列的刑事案件和流血冲突，各级政府都能更加深刻地认识到"群众利益第一位"的重要。落实这一执政理念的重要原则就是还利于民、多予少取。只要政府不再与民争利、藏富于民（必要的税收等除外），尤其是政府在引进项目的过程中，充分考虑到老百姓的利益，拆迁补偿和征地补偿让市场定价，避免压缩群众利益，就可以有效避免群体性事件。

（二）建立有效成型的利益诉求机制和协商机制

群体性事件的产生原因之一就是利益诉求机制和协商机制不健全，当有利益矛盾的时候，不存在有效的协商机制和利益诉求机制这个"缓冲器"，很有可能就从一般性利益问题直接升格为群体性事件。要健全利益诉求机制，当前需要做的就是完善现有的上访机制，保障信访上访者的合法权益、尊重重视信访群众的意见、高效地处理群众切身利益问题，给老百姓满意的答复，而地方政府在接受上访的过程中要拿出最好的工

---

① 安同：群体性事件震动中国 媒体称与民争利是"罪魁祸首"，国际先驱导报2008年11月24日

作态度和办事效率，因为如果处理不好，就可能酿成群体性事件。武汉"11·18"下岗职工上访事件中，近百名下岗职工到市政府前上访却遭到警员攻击，2人受伤，3人被抓，这是2008中国信访史上的败笔。政府应设立快速反应部门，专门从事群体性事件的协商组织工作，一旦发生群体性事件，在未酿成暴力之前，第一时间找到各方代表进行协商，这样既有利于问题的解决，又缓和了群众的情绪，必会有力地促进群体性事件的解决。

（三）改革完善官员绩效考评体系

官员绩效考核体系的核心是所在地社会的整体发展，应包含GDP增长、实际收入增长、科技发展、文化进步、环境保护和幸福指数，哪一项都不能少。

（四）地方政府需要进一步准确定位

与政府官员绩效考核体系相对应，政府的定位也应进行相应的调整。首先要明确政府的终极目标，那就是为了人民群众的福利和幸福，不仅是经济上，而且也是政治、文化、环境上的全面的福利最大化。这些福利最终都要被群众所认识、接受和监督，这些指标就是人民群众的幸福指数，它是对各级政府执政评估的最广泛、最有效的指标，如果某地GDP增长很快，但环境污染严重、贫富差距突出、社会普遍焦虑等，群众对这种生产方式和生活方式普遍存在不满，这必然会降低幸福指数。

（五）政府应进一步加强突发事件应急能力

一是政府应采取新思维看待群体性事件。群体性事件是人民内部矛盾，只不过是其激烈的爆发形式，并非敌我矛盾。在财富急剧增长、社会剧烈变化的情况下，利益会剧烈调整，各种利益矛盾也会层出不穷。因此从这个意义上说，群体性事件表明一种

提升维护稳定的能力

进步,那就是社会总体财富的增长,试想改革开放之前绝对公平的社会,人民内部的利益矛盾要比现在小的多。因此,政府应积极看待群体性事件,耐心疏导;二是要信息公开透明,报道要迅速真实;三是政府新闻发布应避免官话套话、强词夺理、牵强附会和越抹越黑。事发当地政府的信息发布会上,往往都是一系列的官话套话,如:"一小撮"、"不明真相的围观群众"、"不明身份的非法分子"、"别有用心"、"教唆煽动"等带有倾向性和高压性的话语,强词夺理会降低政府的公信力,不利于解决问题。政府只有淡定面对、真实坦诚,才能树立公信,掌握处理群体性事件的主动权。

(六)加强以改善民生为重点的社会建设

建立完善普遍的社会保障制度势在必行。目前中国的社会张力和社会焦虑普遍存在,社会张力主要来自于贫富差距,社会焦虑更为普遍,来自于未来预期的不稳定性。社会保障不健全,如果得了大病,一个中等收入家庭可能就会陷入贫困。而完善的社会保障制度可有效降低未来预期的不稳定性并缩小贫富差距,进而会很大程度地降低社会焦虑和社会张力的蓄积,社会焦虑蓄积到一定程度必然会爆发,而完善的社会保障制度则可以有效降低单位时间(年)内发生群体性事件的次数。

(七)慎用国家机器

各级政府要对动用国家机器慎之又慎,这既要体现在平时的日常工作上,也体现在紧急时刻的群体性事件的处理上。在平时,各级政府尤其是公安部门在办案、取证、逮捕、执勤过程中,要营造亲民形象;要注意作风、要态度良好,不要动不动就鸣警笛、闪警灯、大吃大喝、大呼小喝,这样警察在老百姓心目中的形象会因为这些细节而大打折扣。平时这些细节上的不注意，会在民众心理积累怨愤和不信任，而在某些紧急情况下，民众就会攻击警察，造成群体性事件，一系列群体性事件都表明，警察和警车成为民众攻击的首要目标，这并不是偶然现象，而是长期积淀的结果。公安部长孟建柱要求严肃警纪整饬警风、处理群体性事件慎用警力警械，要持之以恒地抓好"五条禁令"等从严治警措施的落实，以良好作风和形象扶正祛邪、取信于民；在处置群体性事件中，要明确公安机关的主要任务是维护现场秩序，化解矛盾，制止过激行为，防止局势失控。坚决防止因用警不当、定位不准、处置不妥而激化矛盾。必须讲究政策、讲究策略、讲究方法，坚持"三个慎用"（慎用警力、慎用武器警械、慎用强制措施），坚决防止因用警不当、定位不准、处置不妥而激化矛盾，坚决防止发生流血伤亡事件。

（八）切实改变政府办事作风

政府要改善办事作风、转变服务态度、提高办事效率、增加服务柜台、延长服务时间、增加等候坐席、及时发布服务信息等都是非常重要的。只有切实贯彻"以人为本"认真改善政府服务，民众在紧急时刻才会信任政府，和政府坦诚协商，才会主动与政府合作，促进群体性事件的解决，从根本上改善民间对公共权力机关的不信任。

第二节 大学生就业：求解当务之急

就业是民生之本。当前中国的就业问题主要反映为大学生就业难问题、复员退伍军人就业安置问题、下岗职工再就业问题和农民工的就业问题。能否解决好就业问题，是对一个执政党执政能力的重要考验。下面主要就大学生就业问题进行探讨，因为它的影响面更广,问题更复杂。

"百年大计,教育为本",教育是经济发展和社会进步的重要基础,是提高民族素质和创造力的基本途径。近年来,我国高等教育事业迅猛发展,招生规模不断扩大,尤其是1999年我国大学扩招以来,上大学比以前容易了,更多的学子们圆了大学梦。但另一方面,在国有企业职工下岗、失业人员再就业问题尚未得到有效解决的情况下,面对当前金融危机,大学毕业生的就业问题进一步凸显出来,已经引起了社会各方面的高度关注。今年6月底,人力资源和社会保障部、教育部、财政部日前联合发出通知,要求7月至9月在全国开展"高校毕业生就业推进行动",力争在今年底使大多数登记求职的高校毕业生实现就业,并确保家庭困难和就业困难的高校毕业生当年实现就业。在高等教育从过去的"精英型"走向"大众化"转变的情况下,大学生就业呈现出新现象、新特点,如何客观认识当前大学生的就业形势,正确分析大学生就业的障碍,寻求解决大学生就业成功的对策;如何认识这些问题并进一步深入挖掘其背后存在的体制、制度、观念上的原因,使大学生这一重要的人力资源通过市场调节和国家调控得到合理有效的配置,是我们当前迫切需要思考的问题。

下面以2009年6月对山东省大学生就业的一次实地调研为例,来分析大学生就业难问题,在此基础上,提出解决当前大学生就业难问题的政策性建议。

一、我国大学生就业制度的变迁

我国政府一直非常重视大学生的就业问题,党的十六大明确提出"就业是民生之本",促进大学生就业仍然是我国今后长期重大而艰巨的任务。大学毕业生作为就业群体中的一个特殊部分,是国家建设必需的宝贵人才,制定明确的大学生就业政策并确保实施,体现了国家对大学毕业生择业的政策导向,是科教兴国的重中之重。从我国大学生就业政策的变迁来看,主要分为三个阶段,即计划经济体制下的"统包统分"阶段,教育体制改革下的"供需见面、双向选择过渡"阶段,社会主义市场经济下的"自主择业"阶段。

(一)统包统分阶段

统包统分的大学生就业政策,充分体现了计划经济体制下的国家宏观调控作用,政府统一制定用人计划,保证了国家经济建设的人才需求。国家按计划分配毕业生,既保证了用人单位对高素质人才的需求,也保证了学生个人的就业,体现了社会主义的优越性。在"知识分子必须与工农相结合"的社会思想指引下,大学生安心学习,积极服从组织分配,在社会主义建设的各条战线上建功立业。可以看出,统包统分阶段的就业政策,是以国家的利益为价值取向的,同时也兼顾了个人的部分利益。这种就业政策在我国计划经济体制时代发挥了积极作用。

(二)供需见面、双向选择过渡阶段

从20世纪80年代中期开始到90年代末,我国的大学生就业政策处于供需见面到双向选择的过渡阶段。我国实行改革开放以来,逐渐改变了以往计划经济的模式,开始向社会主义市场经济过渡。社会主义市场经济虽是国家调控下的市场经济,但同样具有一般市场经济的特征,它的一切活动是建立在市场的基础上的。在这种情况下,国家开始减少对大学生就业的控制,并赋予用人单位、大学以及毕业生本人一定的权利,改变了过去毕业生分配长期实行的自上而下高度统一的计划方式,初步适应了我国经济体制转轨的需要。

（三）市场导向的自主择业阶段

以市场为导向的自主择业，即现行的就业政策，较之前两个阶段，它更注重如何实现个人价值。这一阶段的活动以市场运行为基础，大学培养学生的方向更多是以社会的需要为准绳，拥有了很大的自主选择权。同时用人单位在接收毕业生时，也拥有了更大的自主权，除了少数国家事业单位在接收时会受到编制的限制，其他单位都可以根据需要自主招聘。这一阶段的就业政策在很大的程度上体现了毕业生、大学、用人单位等各方的利益。

从大学生就业政策三个阶段的变迁可以看出，从建国到现在，大学生就业政策的价值取向发生了很大变化，越来越朝着市场化、自主择业、各方面兼顾的方向发展。

（四）当前搞好大学生就业的相关规定

毕业生就业市场在国家有关方针政策的指导下，运用市场机制和宏观调控手段，通过各种方式利用市场规律调节大学生毕业人才供求。当前相关的就业政策主要有《劳动法》、《劳动合同法》、《就业促进法》、《人才市场管理规定》、《关于进一步深化普通高等学校毕业生就业制度改革有关问题的意见》、《就业服务与就业管理规定》和一些地区或者各学校出台的政策性规定。从理想角度来看，我国的大学生就业政策应该是国家利益和个人利益的结合，但是，由于各方面因素的影响，二者并未很好的统一起来。

根据国家的全面发展方略，政府实行西部大开发的政策，以大学生志愿服务西部计划为契机，鼓励大学毕业生"三支一扶（支教、支医、支农和扶贫）"，有效地促进了国家的发展和个人价值的实现。但是，这项计划的实施效果并不理想，大多数的毕业生还是倾向大城市和沿海发达城市，宁愿失业也不愿意到西部边远地区，这也一定程度上暴露了我国大学生就业政策的不完善性。例如，"西部计划"的政策中，对准入机制作了较详尽的规定，对退出机制则限制很严，志愿者一旦签订服务协议，必须完成服务期限。但是，有部分志愿者在服务过程中，可能因为一些不可抗拒的因素，使之很难完成服务任务。在国家利益和个人利益发生冲突的情况下，单纯要求毕业生放弃个人利益，服从国家利益的需要是不太可能的，为了协调二者的矛盾，国家在制定政策时，需要采取具有一定灵活性的利益驱动机制，引导大学生的就业取向。①

教育部2009年3月19日发布《国家促进普通高校毕业生就业政策公告》，对到基层和中西部地区、应征入伍、到中小企业就业和自主创业、参与重大科研项目以及家庭困难的五类大学毕业生分别给予优惠政策，涉及面包括就业相关补贴、政府补偿学费、代偿助学贷款、考研考公务员可加分、取消户口限制、提供自主创业小额担保贷款等，从整体上来看，政策导向就业的思路十分明显。

大学生就业政策近年来颁布了很多，从实施情况来看，职能部门缺乏动力，政策不能有效落实，践行诺言的表现无法令人满意。近期发生的金融危机造成经济不景气使大学生就业雪上加霜，但同时也为政府调整财政投向、重振社会信心和大学生就业的结构性调整创造了条件。

---

① 邓希泉、曹凯：“大学生志愿服务西部计划”调研报告，《中国青年研究》2004年9期。

二、我国大学生就业的现状

（一）我国大学生就业整体形势

1999年开始大学扩招，我国高等教育进入了新的发展阶段，毕业生人数以每年增加60～70万人的水平快速上升，由2002年的133.7万上升到2008年的559万，增加了3倍多。但同时，初次就业率则有一定程度的下降，由2002年的80%下降到2008年的70%，降低了10个百分点，2006年等待就业大学生人数首次超过100万。据人力资源和社会保障部预测，2009年中国应届大学生毕业生人数将创历史新高，达到610万，再加上历年毕业未就业的毕业生100万人，总计710万人左右，就业形势更加严峻。[①]（图2-1）

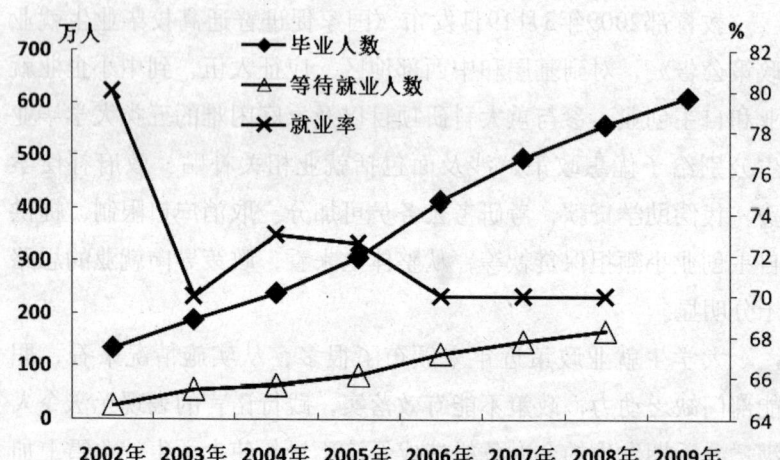

图2-1 2002～2009年大学生就业趋势

《社会蓝皮书——2009年中国社会形势分析与预测》一书，公开了一项针对20余万名大学毕业生的就业调查结果。结果显

[①] 人力资源社会保障部：力争今年高校毕业生就业率达88%，《上海证券报》第7版2009年6月16日。

示，我国大学毕业生的就业状况越来越呈现出冷热不均的趋势，即不同大学、地区、行业、职业领域和专业之间天差地别。

该调查指出，在2007年实现就业的大学毕业生中，1.2%的人自主创业，55.1%的人的工作与其所学专业有关，还有28.6%的人的工作和其所学专业完全无关。另外，该年度的大学毕业生半年后的失业率为12%，其中9%的人在继续寻找工作，不到1%的人正准备深造，2.2%的人放弃了求职和求学而成为所谓的"啃老族"。

调查报告称，大学生就业难虽然是时下焦点，但细致分析一下，这种"难"并不是均等存在的。实际上，从专业来分，毕业生所学专业的专门化程度越高，与国民经济中增长较快的行业和职业相关性越强，就业越容易。就业率最低的专业主要集中在两大领域：一是艺术领域，包括美术、音乐和表演专业；二是生命科学领域，包括医学、生物和农学专业。同时，低就业率往往和低薪相连。

在不同地域上大学，就业形势也不一样。东部是大学毕业生就业的主要地区，吸收了就业大学生的六成以上；而中西部地区仅能为当地毕业大学生提供一半左右的就业岗位。其中，广东、上海、浙江、北京等地是大学毕业生净流入省市，而湖南、湖北、黑龙江和吉林净流出率较高。

调查中，另一个重要现象是，个体工商户和私营企业正在成为大学毕业生就业的主渠道，而国有和集体企业以及政府机构则不再是吸纳的主体。

（二）山东省大学生的就业压力与就业对策

山东省是人口大省，也是高考生源大省。近年来，每年有近50万人考入省内外大学，潜在就业压力巨大。据山东省人

提升维护稳定的能力

力资源与社会保障厅统计，2007年、2008年连续两年大学生就业供大于求，分别供过于求19.75万人、24.86万人。2009年，山东省省内大学毕业生人数将达到46.5万人，加上省外山东籍毕业生回流，以及近两年遗留的未就业大学毕业生，就业总人数将突破60万人，达到历史最高峰，就业形势异常严峻。山东省各级政府和相关部门客观分析形势，认真贯彻落实科学发展观和中央决策部署，把大学生就业作为关系民生、关系社会稳定的重要工作来抓，积极采取一系列有效措施，取得了明显成效。

（1）实施"一对一"的就业服务。2008年，山东省各级劳动保障部门共为7.7万名大学毕业生进行了失业登记，通过专项培训、重点指导、优先推荐，实施"一对一"就业服务，帮助其中7.4万名大学生通过各种方式实现就业。

（2）搭建公共就业服务平台。2005年，开通山东省高校毕业生就业信息网，率先在全国实现了毕业生就业管理网络化、信息化的公共就业服务，全面实现了网上双选、网上签约、远程面试、网上办公等网络服务功能。2008年，省政府又投资了1000万元对网络进行了升级改造，服务功能大幅提升。

（3）鼓励和支持大学毕业生自主创业。全面实施创业助推"1+3"行动，开展"创业项目推介月"、"百个基地孵化万人创业"、"小额担保贷款助推万人创业"和"创业服务进学校、进社区、进乡镇"、"创业服务技能提升"等创业助推系列活动，切实为大学生创业提供创业培训、开业指导、项目推介、经营咨询等服务，并给予相关政策扶持。

（4）鼓励企业承担社会责任多吸纳就业。充分发挥国有企业吸纳大学生就业的骨干作用，把其就业岗位增加情况作为政府安排投资和重大项目的重要参考。发挥中小企业吸纳就业的主体作用，对当年吸纳大学毕业生达到新增就业岗位20%的单位，财政资金给予优先扶持。对于劳动密集型小企业吸纳登记失业大学毕业生达到规定比例的，可享受最高200万元的小额担保贷款扶持。对保留大学毕业生的困难企业，实行社会保险补贴或岗位补贴。

（5）大力开发各类公益性岗位。通过提供社会保险补贴和公益性岗位补贴等方式，鼓励基层增加社区管理、公共服务等岗位，吸纳大学毕业生就业。采取学费补偿、助学贷款代偿等措施，积极动员大学生应征入伍，缓解就业压力。2009年计划在山东招收近2万名大学毕业生入伍。

通过各级政府的不懈努力，山东省连续数年平均初次就业率达到75%以上，高于全国平均水平，实现了就业人数和到基层人数的双增长。2006年～2008年，山东省共向社会输送大学毕业生108.65万人，实现就业85.5万人，其中到基层就业人数占65.85%。

（三）山东省大学生的就业意向调查

就业意向与就业问题的解决有十分密切的关系。为此，课题组在深入座谈讨论的基础上，还在山东中医药大学、山东师范大学、山东艺术学院、山东工艺美术学院等多所院校进行了问卷调查，共发放问卷200份，回收问卷200份，其中有效问卷188份，有效率94%。

提升维护稳定的能力

1. 大学生就业的目的

是什么因素决定学生的就业目的呢?从图2-2可以看到,首选项中为了使自身价值得到社会的承认(41%)、充分发挥自己的兴趣爱好(29%)是决定就业目的的两个主要因素。说明在目前就业困难的大环境下,学生对自己能否就业主要出自于对社会的认可和自身实力两大因素的考虑。另外,在次选项中报答父母养育之恩以33%的比例排第一位,这说明传统的家庭观念对一部分学生的就业定位起到了一定的影响。而毕业生对于为了成名成家或提高社会地位这一提问,无论是首选还是次选都放在了不重要地位,说明大部分学生还是能够洞悉追名逐利的虚浮,踏踏实实地面对自己新的人生。

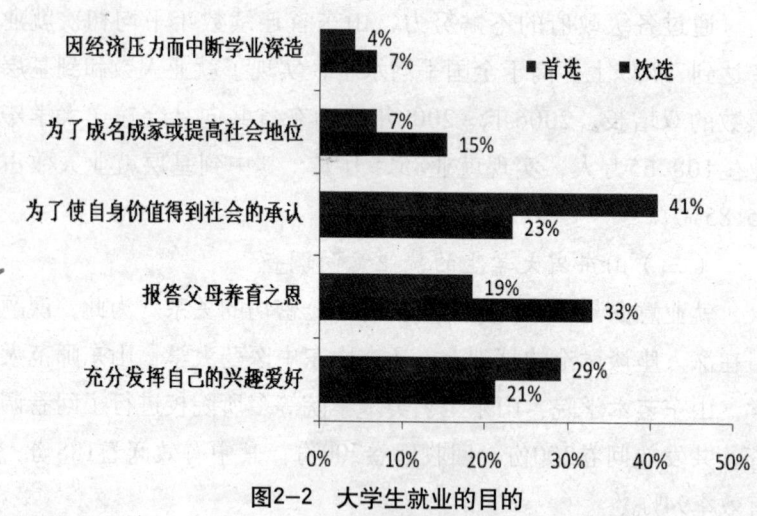

图2-2 大学生就业的目的

2.大学生就业区域的选择

从就业选择区域的调查情况来看（图2-3），大多数同学向往大城市和经济发达的沿海地区。这一方面是调查地山东省本身属于经济比较发达地区，毕业生在本土发展，能够更快地渡过同社会的磨合期和理顺各种社会关系，且有家乡富足的自豪感。另一方面，其他大部分来自全国各地的学生认为在经济发达的城市会有更多的机遇，所以扎堆在这些地区发展，造成就业激烈竞争局面。

让我们担忧的是，虽然国家出台了多项优惠政策鼓励毕业生面向基层、面向边远地区，可是只有2%的学生首选愿意到国家急需人才的边远地区或农村地区工作。可以肯定的是，这一小部分人比较冷静客观，善于捕捉机会，且看得较为长远。当然，他们当中也有一部分来自西部，本身就想回家发展。

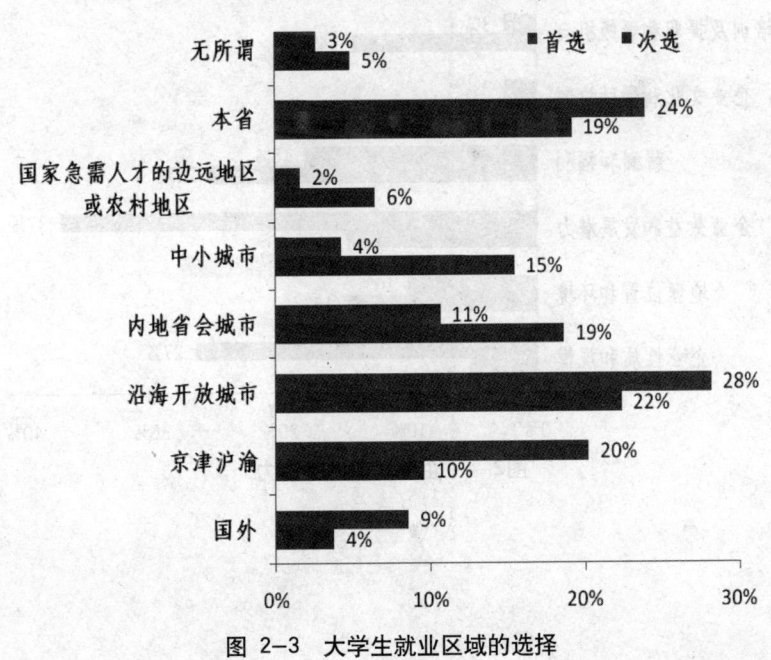

图 2-3 大学生就业区域的选择

3.企业状况对大学生就业的吸引力

从图2-4可以看到,在企业状况的吸引力首选项中,企业效益和发展潜力、企业性质和规模、薪酬和福利列前三位,三者所占比例合计72%,这说明毕业生更注重毕业后自身的发展前景,对自身价值的实现有了更高的追求。同时随着经济水平的提高,毕业生越来越注意生活水平和生活质量。

调查中还有一个很突出的现象是大学生创业遭遇冷落。从数据反馈看,大学生创业仍然是一个空中楼阁,是极少数大学生的选择,创业对大学生来说,似乎还是很遥远的事情。

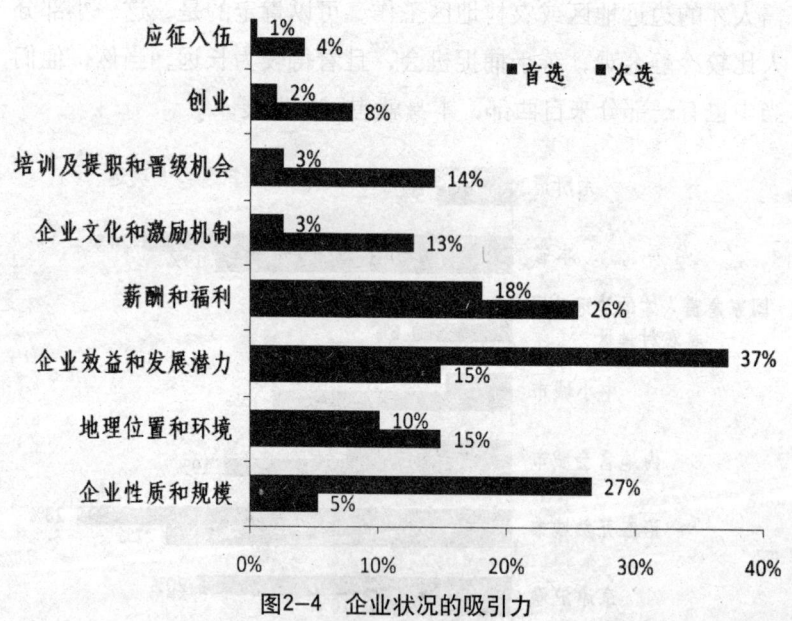

图2-4 企业状况的吸引力

4.月薪期望值

薪酬一直被比喻为大学生就业理性程度的"风向标",很多大学生因薪酬问题而错失就业机会。因此在对待薪酬时,大学生们显得格外谨慎。从图2-5月薪期望值来看,对参加工作初期的期望月薪,1%的人选择在1000元以下,24%的人选择在1000~1500元,34%的人选择在2000~2500元,31%的人选择在2500元以上。可见,大部分人对薪酬的选择都在2500元以下。据相关调查统计,2007年山东省本科大学毕业生的平均月薪为2037元,这说明参加意向调查的大部分毕业生还是能够基于市场行情及自身情况进行考虑,对自身能力水平及就业市场状况进行正确的认识和评估,形成较为理性的择业行为,已经走出开价虚高的误区。当然学生选择高薪也无可厚非,但是随着高等教育大众化的实现,大学生们应该认识到自己也是普通劳动者,如果用大众化的高等教育去要求精英教育的回报,势必产生心理失衡。精英是从工作实践中走出来的,而非四年大学教育培养出来的,对月薪期望值高的学生如果不能够认识到自己的期望是不切实际的,很容易心态失衡,从心高气傲跌至心灰意冷。

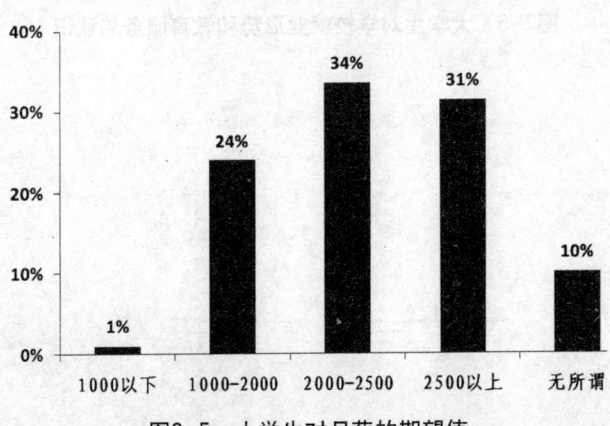

图2-5 大学生对月薪的期望值

提升维护稳定的能力

5.大学生对学校就业形势和教育服务的认识

从图2-6对学校就业形势和教育服务的认识来看,认为应当有但要改进方法的占38%,认为效果很好、收获很大的占37%,增加网络等现代化形式占14%,三者合计89%。这说明,学生对于学校指导就业工作还是十分认可的,同时也对今后学校的就业指导工作提出更高的要求,需要适应新变化,寻找新出路。

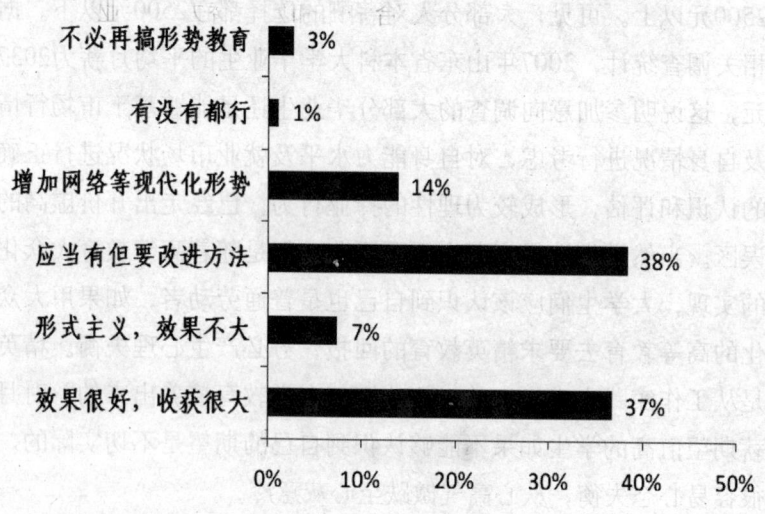

图2-6 大学生对学校就业形势和教育服务的认识

6.大学生认为在就业或择业过程中将遇到的主要问题

对于就业或择业过程中的问题（图2-7），有41%的学生首选专业不对口或专业面太窄，这是带有一定主观性质的判断。在目前来看，由于大学课程设置和教师素质等原因，毕业生的书本知识与社会实践需求存在一定距离。而且，大学四年也不可能完美地做到系统地、完善地、详细地掌握某个学科知识。再加上现在用人单位更多地强调个人综合素质和发展潜力，专业不对口也可以被录用。所以说，专业不对口就业是普遍的，单纯的对口也不一定能保证就业。能否融入社会，主要看综合素质，一味强调专业对口，往往会失去就业的机会。

另外，首选项中，认为缺乏社会关系和户口难解决是就业主要问题分别以21%和13%的比例排2、3位，这也从一定的角度暴露出毕业生面临走入社会前的迷茫。

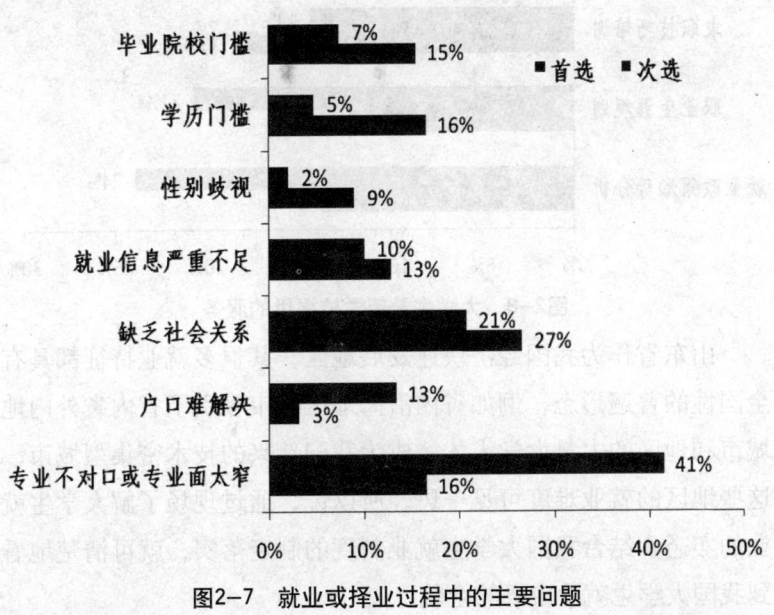

图2-7 就业或择业过程中的主要问题

7. 大学生希望学校提供的服务

从图2-8毕业生希望学校的服务来看,就业政策形势分析占24%,排首位,说明学生迫切需要了解就业市场政策导向。就业生涯规划和就业信息提供分别以20%和21%排2、3位,这说明学生十分重视市场的变化以及市场对自己的认识,也说明学生已经具备充分面对市场的信心。而排在后三位的需要推荐工作、心理咨询、求职技巧共占35%,这部分学生的心理活动趋向于害怕面对就业市场,对学校产生一定程度的依赖感。

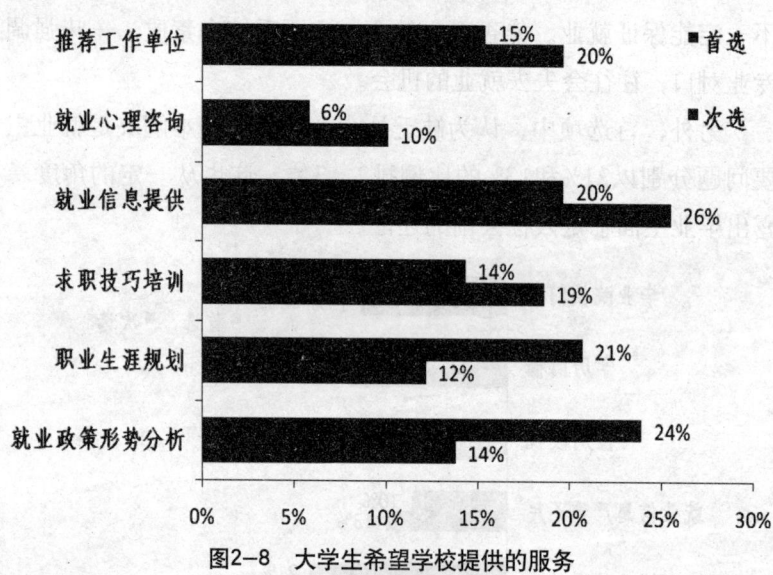

图2-8　大学生希望学校提供的服务

山东省作为我国经济快速发展地区,其很多就业特征都具有全国性的普遍形态,例如省内沿海地区城市吸引了省内省外内地城市和地区的大量大学人才,成为我国新兴的技术密集型城市,这些地区的就业难度可见一斑。所以说,通过现场了解大学生就业的实态,结合我国大学生就业制度的制定落实,就可清楚地看到我国大学生就业市场的全貌。

三、当前我国大学生就业面临的特殊难题

(一)供需失衡,大学毕业生供大于求

大学生能否顺利就业,取决于劳动力市场的供需平衡。从近年来大学毕业生就业的供需情况来看(表2-1),2001年~2008年期间,劳动力市场对大专以上学历毕业生求人倍率[①]变化比较大,整体市场呈供略大于求的状态。其中研究生以上学历的需求情况好于本科生,本科生的需求情况好于大专生。2001年,劳动力市场对大专学历求职者的求人倍率为0.8,本科生则为0.97,研究生为5.09;2008年三者分别为0.87、0.87和1.07,说明劳动力市场对专科生的容纳能力在增强,职业技术院校学生(主要是专科)就业形势趋向转好;本科生则由于入学门槛的降低,毕业生日益增多,就业形势更加严峻;对研究生而言,虽然劳动力市场求人倍率有所下降,但整体上就业形势相对较好。

表2-1 2001年~2008年期间,劳动力市场对大专以上学历毕业生求人倍率

	2001年	2002年	2003年	2004年	2005年	2006年	2007年	2008年
大专	0.8	0.62	0.77	0.94	0.85	0.9	0.84	0.87
大学	0.97	0.84	0.82	0.84	0.96	0.9	0.89	0.87
硕士以上	5.09	1.59	1.3	1.57	0.96	1.16	1.16	1.07

数据来源:人力资源与社会保障部公布的《全国部分城市劳动力市场供求状况分析》2005年1季度~2008年4季度。由于部分年度没有全年平均统计,所以本文统一使用各年度毕业集中的第三季度数据。

(二)出现了零工资就业群体

2006年,团中央学校部和北京大学公共政策研究所联合发表的《关于大学生求职与就业状况的调查报告》中显示,在2006年的大学毕业生中,有2%愿意"零工资就业"。另外,智联招

---

① 求人倍率:岗位空缺与求职者比例。

聘与东方时空进行了联合调查，在参与调查的5296名大学生中，有69.2%表示"如果暂时找不到工作，愿意在一家相对理想的单位零工资就业"。面对严峻的就业形势，一些大学毕业生选择了"零工资就业"，希望以此作为曲线就业的敲门砖。这种就业形式的出现原因是多方面的，既有毕业生人数增加、就业压力大的外因，也有受传统择业观念影响的内因。

首先，"学而优则仕"等儒家思想深深地束缚着人们的观念，"光宗耀祖"等观念在中国家庭中更是根深蒂固，大学生形成了这种认识后，就业心态就变得狭隘，择业的自主性和多样化就会大受限制。大学生"零工资就业"也在一定程度上反映了社会的价值取向。城市作为先进生产力代表和政治文化中心，同时也是当代教育理念的发源地，教育越来越多的反映城市思维，从而使大学生在价值观上造成了偏好城市厌恶农村的转变，大学生把城市作为就业的首选就是这种价值观的表现。这种价值观带来的效应是大量大学生在有限性地域内实现就业，结果促成了大学生的"零工资就业"。还有，目前国内劳动力市场是供大于求。单位在招聘时倾向挑选有实践工作经验的人员。为了弥补在校期间缺少实践技能的缺憾，大学生只能被动地、无奈地选择了"零工资就业"，以便在一定时期内积累实践经验，进而成为正式的在编人员。大学生"零工资就业"现象也在一定程度上反映出我国市场机制不完善导致就业信息不对称。用人单位不知何处觅人才，毕业生不知哪里找职业，大学生为了及早就业，在本不需要人才的地方只能"零工资就业"。

（三）女大学生就业难

女大学生就业受传统观念影响，使得其与男大学生相比，相对处于劣势。这种现象的发生，是主观和客观多种原因综合作用的结果。首先,我国封建社会遗留的"男尊女卑"等社会偏见和性别歧视依然存在;同时,长期以来社会对女性的定位更多的是相夫教子、承担家务,认为女性在婚后会把主要精力放在家庭上,不利于专心工作,这使得许多单位拒绝接受女性;另外,国家为了保护女性权力,颁布了《女职工劳动保护规定》和《劳动法》,规定女职工产期休假最多可达5个月,并享受产假期间工资照发,这样用人单位就要承担由此带来的成本负担;再有,由于生理等原因,用人单位对于女大学生不能根据工作需要随意安排工作。这一系列因素的影响,使得追求利益最大化的用人单位对女性实行了准入限制。我国法律中虽然明文规定男女平等,但由于缺乏具体的罚则,所以对用人单位难以约束。

(四)综合性大学比职业技术类院校就业难

我国现在缺少大量的高技术人才,但许多大学只顾追求建设研究型大学或综合性大学,并未根据自身实力和社会需求设置学科,反而纷纷增设诸如法律、金融等热门专业,加之没有良好的师资队伍,教学质量严重下降,致使热门专业的毕业生,反而成了"冷门毕业生"。

与综合型大学就业难截然相反的是,许多属于"第二梯队"的职业技术类专科院校的就业率非常高,远远超过了综合性大学。原因就在于他们订单式培养的新模式,学校与企业紧密合作,定向培养符合市场需求的人才,学生从跨入校门开始,就解决了就业问题。对于这些专科院校而言,最大的亮点就是贴近市场,特色办学,学历证书和职业资格证书相结合的"双证书"的教学体制成为他们在就业市场上的竞争法宝。以就业为导向,知识与技能并重,理论与实践相结合,为学生就业和继续提升学历

提升维护稳定的能力

创造了良好的条件。

(五)就业区域结构失衡

我国改革开放后,在经济发展突飞猛进的同时,东、中、西部发展不平衡也日益突出。例如,在东部沿海经济发达地区就业,不仅收入高,而且各种信息资源丰富,公共服务设施齐备,社会保障水平高,选择职业的机会较多,职业发展的空间大;相反,在中、西部经济落后地区或小城镇、农村,不仅收入低,而且信息资源渠道狭窄,公共服务不到位,社会保障水平低,就业机会少,职业发展的空间有限。区域经济的差距使一些经济比较发达的大中城市、沿海地区成为大学生首选的工作区域,工作环境好、收入高、有社会地位的职业和企业成为他们首选的理想职业,从而导致这些地区和行业就业压力加大,表现出人才供给过剩、过度竞争和过度集中的态势。另一方面,大学生对西部边远地区和基层表现冷淡,不愿意选择工作环境较差、待遇较低的职业。尽管西部边远地区和基层工作需要大量大学毕业生,但他们宁可失业,也不愿意选择这些地区和岗位就业,从而导致这些地区和行业面临人才匮乏又难以吸引毕业生的窘境,表现出人才供给不足、缺乏竞争和过度稀缺的态势。

四、解决当前大学生就业的几点建议

最近人力资源和社会保障部、教育部、财政部要求7月至9月在全国开展"高校毕业生就业推进行动"的通知中强调,要着力拓宽高校毕业生到各类企业就业、到城乡基层就业的渠道,扶持更多的高校毕业生自主创业;加快各类基层就业项目和应届高校毕业生入伍预征工作的进度,组织更多的高校毕业生报名参加;对回到原籍的未就业高校毕业生,人力资源社会保障部门要登记造册,摸清底数,建立专人联系制度,实施动态管理;要在第三季度集中开展面向离校未就业高校毕业生的就业服务系列活动,提供就业信息,落实扶持政策,开发一批基层就业岗位;要认真实施"三年百万高校毕业生就业见习计划"。对中西部财政困难地区应由当地政府所负担的高校毕业生就业见习基本生活补助,可从中央财政就业补助专项转移支付资金中给予适当支持。强化对困难高校毕业生的就业援助。

山东省解决大学生就业问题的一些做法和经验值得借鉴。就全国而言,解决大学生就业问题,除了近期的一些重点工作和保持必要的经济增长速度外,还要突出做好以下几个方面的工作。

(一)转变大学生就业观念

在调研中,通过与大学生的座谈交流发现,大学生的就业观念虽然在总体上是倾向于务实,但同时也存在着一些不切实际的想法,例如,只顾眼前利益,忽视职业发展;求职标准过于功利化、等级化;求安稳,求职一次到位的传统观念根深蒂固;过分强调专业对口,学以致用等。这些观念与我国当前的就业形势形成了较大的差距。一方面,我国正处于经济转型期,劳动密集型是经济增长的突出特征。在这种形势下,不可能提供足够的适合大学生的就业岗位;而另一方面,随着高等教育向大众化的转变,大学生数量呈几何倍数增长。两者相加就决定了我国现阶段的大学生须适当调整自己的就业期望。

大学毕业生就业难问题,反映了大学生就业观与高等教育大众化现实不相适应的矛盾。相当部分大学毕业生仍停留在传统的就业观上,走不出大学生精英化的光环,不能面对大众化就业的现实,在思想和行动上对就业的期望值过高。学而优则仕、官本位思想在社会上仍普遍存在,这是导致大学生就业难的一个重要

提升维护稳定的能力

因素。

2006年教育部高校学生司有关负责人接受采访时说:"大众化时代的大学生不能再自诩为社会的精英,要怀着一个普通劳动者的心态和定位去参与就业选择和就业竞争。这需要广大毕业生尤其是家长更新就业观念,调整就业期望,在正确判断形势的前提下适度选择,以多种方式努力实现广泛就业。"①。为此,高校毕业生在就业时应该及时调整就业心态,降低期望值,以理性的态度面对就业挑战。如今,随着社会的不断发展,就业观念已转向多元化,先就业后择业、多次性就业和职业的流动性将逐渐成为常态现象。其次,面对严峻的就业形势,毕业生应充分利用政府给予的政策支持和鼓励,把握机遇,迈出成功的一步。

在大学生自觉转变观念的同时,学校应该全方位、全过程的大力推进就业教育,积极引导大学生树立正确的就业创业观。大学就业教育应当从入学开始就有计划的开展,这样学生才能在长期的过程中潜移默化,适应就业环境的变化,更新就业观念,以积极健康的心态去准备、迎接、参与就业。

(二)根据国家发展战略和市场需求调整专业设置

从调研的四所高校来看,尽管学校名称有很显著的学科特色,但在专业设置方面却严重趋同,基本上都设置了经济学、法学和管理学专业。在学校总体资源有限的情况下,如果大学盲目求全必然会影响和分散优质的教育资源,也不利于学生就业。

从高等教育发展来看,当前毕业生就业难问题暴露了高等教育的专业结构和大学的体制机制还难以适应社会主义市场经济体制要求等多方面问题。可以说,在市场经济体制背景下,高等教

---

① 原春琳:教育部官员称大学生应定位为普通劳动者,《中国青年报》2006年5月22日。

育的核心问题是人才培养的结构问题。[①]从高等教育内部来看，大学专业结构设置还是存在一定问题，本科、专科、职业教育等的专业设置重复，有些专业不符合目前国情。另外，有些高校从经济效益等方面考虑，在教育成本相对低的经济、管理等"软专业"大量招生，这样同一类型的人才大量积压，给就业带来压力。[②]由于经济波动等不确定因素的增加，使得大学对于专业设置的结构性调整步履艰难。特别是大学扩招因素的影响，更加大了调整的难度，使研究专业结构调整的理论与实践显得尤为紧迫和重要。

因此，政府的宏观调控与市场调节的结合，是当前我国专业结构调整的基本要求，大学不宜在人才市场的波动中亦步亦趋，应及时了解和跟踪市场信息，把握政府产业结构调整的政策导向，加强与有关行业和用人部门相互挂钩，及时了解各种社会信息，以此作为专业调整的依据。

（三）进一步深化户籍管理制度改革

在目前的户籍制度要求下，就业方案管理、报到证管理、人事档案管理都同户籍关系挂钩，人才不能充分、自由的流动，所以高校毕业生担心一旦就业于中小城市、经济落后地区，再想要进入大中城市、经济发达地区非常困难。因此，就业市场上广泛流传着"宁要上海一张床，不要西部一套房"的观念。这些政策和制度使毕业生面临再次就业时实现区域之间、城乡之间的工作转换变得十分困难。

从大学生就业户籍制度的发展趋势来看，户籍制度无疑是日

---

① 李霞：以就业为导向优化教育结构改革培养模式，《中国高等教育》2004年12期32页。
② 《人民网》访冯培恩，大学专业结构设置有问题 大学生就业观念要转变，2007年3月4日。冯培恩：全国政协常委、九三学社中央副主席。

益走向宽松的。事实上，目前许多包括省城之类的大城市都对大学生放开了户口，仍然对大学生就业选择职业采取户口等限额措施的主要集中在北京、上海、深圳、广州等大城市和其他沿海经济发达城市。如果放开户籍制度的限制，可能会使更多的外地大学生流向这些城市，致使高级人才在这些城市进一步积聚，从而使这些大城市的大学生就业更加困难。

从另一方面看，没有了户籍制度的束缚，一些人可能更愿意去西部或较小的城市工作，因为去的人可以随时回来。能够随时回来本身就可以减少坚决留在大城市的心理压力，使户籍制度的影响的分量得以减轻。但这种随时回来并不能补偿由于长时间离开大城市而受到经济等方面的损失。因此，即使户籍制度全面放开，去西部或中小城市的人也不会太多。

从中国经济发展的趋势来看，经济能量集中于大城市的趋势并没有发生任何变化，在某种程度上还有所加强。正是这种不断加速的经济发展趋势，使得大学生选择了留在大城市寻找工作机会。这种趋势如果没有户籍制度的限制还有可能会进一步增强。当然，户籍制度的作用可能不止这样一个方面，它有政治、社会等多方面的功能，这些方面的功能不会因为大学生就业这样一个问题的解决而消失。

（四）积极支持大学生自主创业和灵活就业

从意向调查结果来看，选择自主创业的比例只有2%，这说明大学生创业还没有被广大毕业生所接受。大学生创业事实上已引起了社会各方面的关注，国家不断推出各种优惠政策，鼓励和支持大学生自主创业。各地政府部门也都推出了针对大学生的创业园区、创业教育培训中心等项目，鼓励大学生自主创业。部分高校也创立了自己的创业园，为大学生创业提供支持。但大学生自主创业之路并非畅通无阻,毕竟在我国还是一个新生事物,只有短短几年的发展时间,大学生还需突破能力经验、资金不足、社会观念阻碍等方面的瓶颈。大学生创业是一个民族创新精神的重要体现,对于解决大学生就业问题有重要意义,要积极引导大学生自主创业,以创业带动就业,同时以灵活就业缓解和化解就业难题。

第三节 医疗改革:持续推进促医患和谐

医改的话题多年来一直"高烧不退"。大家几乎年年喊医改,政府更是年年搞医改,可群众总是感觉"只听楼梯响,不见人下来"。患者不满意,政府不满意,医院也不满意;中高收入阶层不满意,低收入阶层更不满意。医疗仍然与教育、养老并列,被老百姓喻为"新三座大山",成为社会长期存在的不稳定因素,更成为领导干部执政能力的新考验。

"千呼万唤始出来",2009年4月6日,国务院向社会发布了新医改方案,我们面前呈现出一幅全民"病有所医"、"人人享有基本医疗卫生服务"的新蓝图,着实令人欣喜。然而,医改毕竟是一项社会系统工程,牵一发而动全身,难度重重,这也是屡次改革成效不明显的主要原因。正因如此,领导干部才要从维稳的高度出发,认真分析现状,全力推进改革。

一、看病难,难在哪?

"看病难"历来为群众所诟病。但现实是:一方面是城里的大医院里人满为患,另一方面是一二级医院和社区医院门庭冷落。据说澳洲的皇家医院是个拥有1000多张床位的大医院,但偌

提升维护稳定的能力

大个医院却只有一个小小的诊室,并没有像我们这样的门诊大厅,医院里也见不到几个病人。这是因为病人大多在社区医院就诊治疗,只有较大的疾病,才转诊到大医院来。由此看来,只有基层医疗机构增多了,看病水平提高了,群众的常见病、多发病消除在基层了,就可以少受"东奔西跑"的苦了,城市大医院也不会挤成"一锅粥"了。

"看病难"主要归因于医疗服务整体供给不足。根据统计数据,1980年至2005年间全国实际卫生总费用增长12倍、个人医疗开支增长31倍,而医疗机构、床位和医生数目增加均不到一倍。而且同期医疗行业的劳动生产率不仅没有提高,还有所下降,1980年至2005年间平均每个医生的人均诊疗人次下降了40%以上。由此可以看出,在这二十多年中,医疗供给的增长相当缓慢,远远落后于国内医疗需求的增长。

"看病难"的实质是当前我国城乡和区域医疗资源分布极不均衡。尽管近年来我国社区卫生服务网络进一步发展,截至2007年底全国共建立社区卫生服务机构2.6万余个,2007年全国社区卫生服务中心(站)诊疗人次达到2.26亿人次,但这远不能满足老百姓的医疗需求。统计显示,如今医疗条件最好的北京,每千人拥有的医院和卫生院的床位数为6.31,而条件最差的贵州只有1.25,两者相差悬殊。在医疗卫生服务系统中,大型公立医院无论是在人员还是在设备上,都占据着绝对优势的地位,吸引着大量的病人和资金。本来就很短缺的医疗资源过分集中于城市和发达地区,使得占中国人口绝大多数的农民群体难以享受基本的医疗服务。城市的社区医疗卫生服务也面临资源匮乏、技术薄弱、设备陈旧等问题,在疾病预防控制和初级诊疗服务上,很难发挥应有的功能。统计数据显示,占全国人口15%的城市居民享受着

2/3 的医疗卫生资源，而占85%的农村人口却仅获得不足1/3 的医疗卫生保障服务。

有效解决"看病难"的问题，基本有两种思路：一种是通过自身机制创新来改善服务环境；医院自身机制的创新是复杂的，但只要医院自身肯努力，这一状况是可以大大改善的。另一种是为大医院"瘦身"，通过增强中小医疗机构的服务功能来缓解大医院的就诊压力，使群众大可不必为了像感冒这样的常见病挤到大医院庞大的患者队伍中来。根本的办法是加快推进农村和社区医疗卫生体系建设，缩小城乡和区域医疗卫生条件的差距，达到医疗资源的分配平衡，这也是医疗改革的方向。今后政府要加大财政投入力度，大力发展农村医疗卫生服务体系，加快建立农村三级医疗卫生服务网络。

发挥基层医疗机构作用的前提是加强机构的人才队伍建设。发挥基层医疗机构的作用，也要求领导干部必须负责建立健全广覆盖的医疗信息体系。病人之所以初次就诊就到大医院，主要是基于对自身病情不了解、对基层医疗单位人员的医术或救治能力不信任、对大医院的接诊数量不知情。领导干部必须负责加快公共服务信息平台建设，逐步建立起统一高效、互联互通、信息共享、透明公开、使用便捷的城乡医药卫生信息系统，促进社会医疗资源的有效整合，通过为居民建立健康档案，为病人建立电子病历等方式。领导干部要负责构建乡村和社区卫生信息网络平台，促进城市大医院与社区卫生服务机构的合作，使农村居民小病不出乡，城市居民享有便捷有效的社区卫生服务。同时，领导干部也应该积极探索发展面向农村及边远地区的远程医疗，医生专家通过互联网进行初步的远程诊治，有效解决看病难的问题。

二、看病贵,谁来管?

领导干部不仅要致力于建立合理完善的城乡医疗卫生体系,还要建立合理的医药服务体系,让老百姓看得起病,用得起药。2005年轰动全国的550万天价医疗费事件影响恶劣,极端地暴露出我国医疗秩序的混乱,"看病贵"的现象屡禁不止。我国2006年人均单次门诊费用是1990年的12倍,人均单次住院费用为1990年的10倍,而2006年城市和农村民众人均收入仅为1990年的8倍和5倍。医疗费用的上涨幅度超过了城乡民众收入增长的幅度,难怪老百姓感到"看病贵"了。

长期以来,"看病贵"主要表现是药品价格高和医疗过度。药品价格高主要有三个重要影响因素:一是医、药不分家,医院实行"以药养医"政策,市场上80%的药都由医院"开出",药品收入与医生收入直接挂钩,成为医院经济收入的主要来源。医院追求药品销售的高加价和高回扣,在产业链中处于强势垄断地位,形成了药品流通中的不正之风;二是药品层层加价。全国目前有6千家药品生产企业、1万家医疗器械生产企业、1万多家药品流通企业、34万家零售企业,从出厂到消费者手中有大大小小几十个环节,而每个环节的收益和费用最终都全部由消费者埋单;三是基本用药淡化。药厂和医生摒弃价格低、利润小的基本药物,受利益驱动转而热衷于使用价格高的新药和进口药,我们以前的低廉药品正在销声匿迹,成为历史。

医疗过度主要表现为"两多一长",即处方药品多、检查项目种类多、医疗时间长。一种现象是小病大治:本来三天可以治好的病,病人可能接受的是五天的处方;一种现象是一病多查:为确诊一种病,病人往往需要经过许多项目检查,而许多项目很可能是不必要的;还有一种现象是短院长住:本来五天就可以出院，医院却可能有意拖延几日以增加己方的收入。医生、医院、药品和检查项目"四位一体"组成了一个经济利益共同体。这些让病人多住院、多检查和使用更多、更贵的药品，都是受利益驱使的结果。

有关专家诠释说医生过度医疗有两个动机：一个是经济利益，因为科室业务收入和个人收入是紧密相连的；另一个是大医院在技术上有很多检查手段，例如来一个感冒患者说肚子不适，医生可能不惜患者的经济代价，安排多做一些检查，以利于诊断的准确。医生这种为自己诊断的准确性负责的行为，在经济学上叫做"辩护性医疗手段"，即为自己可能失误的行为辩护。因为误诊、处置不当乃至重大医疗事故，难免要受追究，而过度治疗和过度开支，医生不但几乎用不着承担任何责任，反而实现了自身收益最大化、风险和成本最小化。要避免这些乱象，消除这些流弊，我们寄希望于2009年4月开始实行的这次彻底的医疗改革。

审视我国目前的"看病贵"，其原因归根结底主要是卫生费用筹资结构的问题。医疗有个二八定律，20%的人消耗80%的资源，因为得大病的几率对人来说是很低的，但一旦得大病，个人没有能力承担。由于疾病风险和医疗资源在人群中的分布极不平均，出现了少数人使用大量医疗资源和费用的现象。目前新医改的措施大体上有三个思路：其一，采取一些行政整顿措施，强行控制医药价格的上涨；其二，改革医疗机构，恢复公立医疗机构的主导性，强化其社会公益性，迫使它们不追求收入最大化；其三，健全医疗保障体系，完善医疗卫生服务的第三方购买机制，从而在控制医疗服务上涨的同时，引导医疗机构走向社会公益性。看来，如果没有有效的医疗费用风险分担机制，"看病贵"的问题就无法避免，而这个风险分担机制，目前而言就是建立健

提升维护稳定的能力

全各种医疗保险。

对于城镇居民而言，城镇职工基本医疗保险、城镇居民基本医疗保险都是有效的风险分担方式；对于农村居民而言，则是推进新农合制度。目前，我国城镇职工基本医疗保险参保人数已达1.94亿人，新农合制度已覆盖全国农村地区90%以上的人口，城镇居民基本医疗保险试点也已在200多个城市推开。城乡医疗救助制度也基本建立。办法看起来很有效，但实际并不那么简单。如果不能提高医疗保险的风险分担水平，仅仅扩大覆盖面并不能有效地解决看病贵问题。这是由于提高医保分担水平一方面需要提高筹资水平；另一方面需要提高保险资金的利用效率。尽管政府为新型农村合作医疗承担的费用从先前的40元增加到2008年的80元，但离有效分担农民医疗费用风险仍有一定的距离。在筹资水平还不高的情况下，城镇基本医疗保险中设置的个人账户客观上零散分割了保险资金，降低了集中使用效率，相当程度上削弱了费用分担的功能。此外，许多地方的医疗保险费用有大量的结余，却并没有让有限的资金发挥应有的作用。在医疗卫生服务的提供方面，政府目前投入了大量资金，正在大力推进社区基本医疗服务系统的建设，提倡对疾病的预防以及对常见病、多发病和慢性病的及时和经常性的管理，其目的在于通过加强公共卫生建设，减少大病治疗的需求，降低医疗费用并提高人民的健康水平。

破除"以药养医"的关键，是要负责解决公立医院合理补偿问题。针对过度采用高价的新药、进口药的现象，目前比较好的解决办法是建立国家基本药物目录，按照安全、有效、必需、廉价的原则，确定一批基本药物。其实，我国早在1996年就建立了基本药物目录，纳入目录的药物多达2000种，但由于在执行中遇到种种问题,这一制度并没有真正发挥作用。好制度需要硬执行,领导干部根据当地实际制定的配套措施就显得十分迫切。卫生部将经过专家遴选的756种药物纳入新的国家基本药物目录。基本药物由省或市确定定点生产商,政府确定稍高于成本的价格,同时给予财政补贴以弥补一定的利润空间,同时政府采购计划每3~5年制定一次。这一制度的基本考虑是:有了政府的主导和监管,医、药分离并各自规范,实行定点生产、集中采购、统一配送、微利定价、强制使用,切断了医药购销之间的利益链,药品市场将回归合理,可望从药品价格上解决群众"看病贵"的难题。各级领导干部应为这一政策的实施积极创设条件。

三、公立医院由政府主导还是市场主导?

我国的医疗卫生体制改革基本沿袭了经济体制改革的思路和做法,以往的领导在对医疗机构的财政支持上采取了逐步减弱的办法,将医疗机构推向了市场,自谋生路,自求发展,医疗卫生机构(特别是医院)就基本上成为自负盈亏的经济实体。同时,医院又必须承担较多的社会责任,其公益性又限定了它是一类特殊的经济实体,不能游离于政府而完全放任于市场,所以,一直以来公立医院都是我国医疗体制改革中的最大难点。作为一套隶属于卫生部门的事业单位体系,公立医院的管理体制和经费来源改革牵涉到方方面面的利益,因此很难取得突破。对于医院的社会发展取向,一直以来就存有两大争论。有些领导干部认为通过政府的强势介入,改革方案有利于解决诟病已久的药价虚高问题,扭转医疗服务中过度市场化的趋势;反对者强调政府过度介入会使医药行业的发展重新回到计划经济时代吃"大锅饭",并带来新的行政垄断,而这一行政垄断恰恰是导致"看病难"和"看病贵"问题的直接原因。应当说,这两种意见都不无道理。

从现有的医疗卫生机构的行政管理和组织方式来看,一方面在机构的领导人员任免上,由卫生主管部门决定;另一方面,医疗卫生机构要参与市场竞争,自负盈亏。在政府财政收入投入不足的情况下,医院院长要把更多的时间和精力用在经营而不是承担社会责任上,医院只有通过药品价格加成收入来弥补其所需的运营和发展费用。同时,由于财政大量投入医院的基础设施建设,使医院的医疗条件与民营医疗机构相比优越很多,保持着竞争的垄断地位,所以俨然像"国有企业"。这种二元化的混合体制使我国医疗卫生机构的地位尴尬,既像企业那样具有很强的盈利动力,又受自身公益性质所限必须让利于民,把医药费用降下来,不能"唯利是图"。正因为公立医院承担着提供基本医疗服务和基础医学研究的社会责任,所以,其首要目标应当是社会目标,其运营应该是非企业化的。在负责引入市场机制时,必须以政府主导来纠正市场的缺陷。要把有限的医疗资源用于鼓励公立医院之间、公立与民营医院之间的良性竞争,形成投资主体多元化、投资方式多样化的办医体制,构建公立医院与非公立医院相互促进、共同发展的新格局。

所有服务,无论是药品、公共卫生还是医疗服务,最终的落实点是在医院方。如果不能把医院从利润中心真正转换成公立性质的成本中心,很多改革措施会落实不下去。如何把政府的投入真正转化成老百姓的福利,而不会在中间环节流失,是公立医院改革的难点,是医改领域维稳的重点。

第四节 农民工工作：统筹谋划重发展

当前世界性的金融经济危机，致使农民工的就业环境骤然恶化。农民工的就业问题得不到妥善的解决，必将对经济稳定发展造成冲击，拉低GDP增长速度，同时也会对社会的稳定造成问题，大量青壮年失业农民在农村地区会造成各种社会问题，不利于地方经济和社会的稳定发展。据经济危机开始阶段的保守估计，有2000万农民工返乡失业，而民间机构测算的数据远远大于这个数字。因此，各级政府和领导干部要重视农民工的问题，切实做好他们的就业工作，切实维护农民工的合法权益。此举对广大农村地区和整个国家的经济社会的持续稳定发展有重大意义。

一、群体特征：当前农民工群体的若干特征

（一）年轻化趋势

他们年龄最轻，绝大多数是80后的"新生代农民工"，不同于第一代农民工：他们当时外出打工的目的是为了养家糊口，年龄普遍较大；他们朝气蓬勃，年富力强，思维活跃接受能力和学习能力强。但对大量的"80后"和趋多的"90后"而言，其心智发展不够成熟稳重，因为其世界观与人生观处在形成阶段，心理状态、精神状态不稳定，极易受到外界因素的干扰，具有很强的可塑性；处在青春阶段的他们由于前途未定可以随意勾勒，因此在心理上必然心大志大、认为前途无限，进而对未来憧憬太过美好，具有叛逆精神；极具青年的挑战与冒险特质；同时学习能力和接受能力也处在高峰时期。

（二）城市行为失范

这是指农民工的行为模式在农民性和市民性之间徘徊摇摆。为适应城市这个巨大的生态环境系统，农民工会刻意隐藏其农民特质。农民特质的隐性化伴随市民特质的显性化，可称为市民化，这是农民工群体对市民行为规范的积极和努力的践行的必然的外在表现。然而，对市民性学习和内化不是仅靠生活方式的践行和规范的学习就可以达到的，由于具有一系列工业文明的潜在假定和精神内涵，市民性的学习并非短期就可完成。此时，抛弃旧的生活方式，对新的市民生活方式的学习尚属初期阶段，会表现出不伦不类，呈现一种失范状态和内心的矛盾。具体表现有两方面：回到农村会被标签为"洋烧包"；对城市生活方式的践行过火或"不地道"也会引起市民的反感和排斥。

（三）接受新思想快

如今的农民工处在改革开放的新时代和社会转型的新阶段，物质生活基本丰富，生存问题不再是问题；不可避免，需求层次水涨船高，转为发展型需求，他们怀揣梦想，进城务工主要就是为谋求发展；现代城市文化元素色彩斑斓，散播着多元化价值观和多元化的思维方式，是农民中最早的城市新思维、新事物和新生活方式的接受者和传播者；通过接受新思想，其公民意识尤其是民权意识初步觉醒，并具有强烈的社会公平观；他们也积极学习和提升自己，只有这样，才能实现发展。

（四）能够直面劳动关系

前面说到，农民工具有农民性，同时也具有工人性，这是其市民化的一个方面。在城市的工业生产中，他们切切实实地无时无刻不面临和处理着劳动关系，于企业管理层、资方进行着博弈和互动。在劳动关系中，他们最重视工资待遇、劳动用工类型和工作环境，关注工作条件的改善和工资水平的提高。其中对工资待遇最为敏感。绝对意义上而言，其重视工资是否增长；相对意义上而言，关心自己的劳动付出与报酬是否对称，并时刻衡量付出和报酬同其他工人比较，尤其是他们会和城市工友进行对比。当然对比的结果是令人沮丧的，这些都是其工人性的表现。

二、雪上加霜：金融危机下农民工就业形势严峻

（一）大批农民工失业返乡

受到2008年下半年国际金融危机的影响，中国大批的出口企业面临经营困境，不少出口型企业纷纷倒闭，这也对出口导向型的中国经济体产生巨大冲击。受金融危机影响失去工作的农民工的总数尚无准确统计。2009年2月2日上午，中央财经领导小组办公室副主任、中央农村工作领导小组办公室主任陈锡文给出了一个估计值，那就是全国约有2000万农民工失业返乡。其测算依据之一是国家统计局公布的全国离开本乡镇外出就业的农民工的总量大概是一亿三千万人；依据之二是农业部近期组织的一次抽样调查，对农民工输出比较多的15个省、150个村进行抽样调查发现：春节前返乡的农民工占到38.5%。其中，有60.4%的农民工是正常的春节回家探亲，即工作是保留的；39.6%的人没有找到工作。因此将三个数字相乘可得农民工的失业总数＝13000万*38.5%*39.6%=1981.98万。

（二）工资待遇短期内很难提高

2007年全国职工队伍状况调查表明，全国农民工月平均工资达到1210.9元，但到了2008年下半年，由于金融危机影响，海外需求锐减，同时内需长期不足，再加上人民币升值，导致目前制造业和建筑业（这两个行业是农民工就业的主阵营）经营环境恶

化，农民工工资不可能上升，甚至会下降。当前中国出口导向型的制造企业很大部分已倒闭，政府拨付紧急援助资金来维持企业不破产和工资发放。房地产交易萎缩、新建楼盘很大一部分处于停工观望状态，制造业和建筑业农民工需求也在锐减。因此，综合多方面因素，近期内农民工的工资很难上升。

三、利益博弈：农民工问题的内在实质和外在表现

解决中国的农民工问题的关键就是要把农民工问题准确定位和定性，农民工问题的实质就是一个利益博弈的过程。其中，资方的强势得到不断刚性化的积累，而农民工的工资待遇处境呈现"逆向刚性"化趋势。

（一）困难重重：农民工工资难提高

传统理论认为工资具有刚性，上升容易、下降很难。而农民工工资待遇则相反，下降容易，提高很难。若把城市化或工业化比作一个巨大工厂的话，它同样需要资金和劳动力。城市化对劳动力的巨大需求正是由此而来，农民工则填补了巨大的劳动力需求的缺口。企业是理性的经济组织，必然要求代价越低越好，并加强资本的积累和积聚。因此在发展中国家的低成本低技术的赶超型竞争阶段，企业压低劳动力的总体代价，通过减少劳动力数量来降低成本不可取，会导致减产。降低工资则是可行的，前提是找到能接受低工资的特殊劳动者。城市由于政策长期倾斜和生活成本偏高，降低城镇工人工资属于挑战国家政策，困难重重，因此就大量吸收农民作为劳动力。工资待遇很难提高主要由两种制度性原因造成：一是二元经济体制下的二元社会；二是工地食堂和集体宿舍制度。在城市生活主要是两方面内容：吃和住。因此，粗糙的工地食堂和集体宿舍制度就成了发展中国家企业降低

劳动力成本的重要手段。工地食堂的饭菜水平和质量是粗糙的：缺油少盐、汤照人影。集体宿舍是另一项重要的降低劳动力成本和拉开工资空间的举措，集体宿舍不像大学集体宿舍，而是临时的简易宿舍，建筑业的集体宿舍整体算是最好，但这种最好的宿舍几乎不需要造价。

（二）资方强势地位的刚性积累

资方的优势表现在经济、政治、社会和文化等各方面。

经济领域：资方通过二元经济制度、集体宿舍制度和工地食堂制度，降低了农民工的生活成本，提高了其对现有工资的价值预期和效用，从而达到了长期压低工资的经济目的。在多年劳动力工资遭到贬低的同时，发生着资本的积聚和积累，这种积累具有刚性和不可逆性，并一直不断地积累。企业资本总量越来越大，资方的经济地位不断得到巩固，农民工的经济地位不断下降。经过不断的循环累积，劳方资方的差距不断被强化和深化。这种差距不只在经济层面，而且正在向政治文化各领域全面扩展。

政治领域：民营企业家获得巨大的政治地位提升，成为"社会主义的建设者"，民营企业家通过各种方式介入政治领域，如各级政协和人大，并同官员展开丰富的互动，这又进一步改善了企业的经营环境，主要是政策环境，反过来又促进了企业发展，并强化资方的资本量。而农民工想要通过自身力量进入政协、人大非常困难，2008年十一届全国人大代表中只有3位农民工代表，这种比例显然和农民工占全国人口的比例严重不符。

社会和文化领域：资方的社会文化地位绝对高于农民工。资方是企业家，具有一系列的资源，这些资源包括媒体、各级政府和有私交的官员，可以把自己塑造成"担负社会责任的"或"慈善家"。而农民工在城市的社会定位尚无定论,不知自己是城市人,还是农村人,或者是流动人口,学术尚在讨论之中。依据"标签论",这些讨论和互动本身就强化了农民工在社会中的弱势形象。农民工连城市社区的接纳和融合这一关还没有过,何谈社会地位的提高,更不用谈文化地位了。

四、博弈解析:农民工与资方的博弈过程

(一)博弈的主体

这场利益博弈存在六个主体:除了农民工和资方之外,还有政府、学界、媒体和第三部门。农民工和资方已在上部分阐述,重点介绍其他四个博弈主体。

(1)政府。在这场利益博弈中,政府担当协调、规划的角色。政府会不会通过立法强制提高农民工的工资待遇呢?短期内不太现实,只能通过渐进方式逐步提高其工资待遇。

(2)学界。学界的不同观点,也会影响利益博弈的结果。

经济学方面:农民工的确受了剥削,其价值被长期低估,为城市化作出巨大牺牲和贡献。但目前不宜提高农民工的工资待遇,因为会增加企业成本,尤其是在目前内需不足、外需萎缩的国际金融危机的情况下,在中国企业处在产业链低端、尚未完成升级的情况下,如果增加企业的用工成本,必然会进一步恶化企业的经营环境、削弱企业的竞争力。

社会学方面:农民工进城是现代化、工业化和城市化的必然趋势。农民工在城市工作学习是一个继续社会化的过程,其需要对城市的生活方式及规范进行学习和践行,可以称其为"市民化"过程。市民化是一个长期的过程,对于农民工群体,城市社区应给予接纳、鼓励和包容,市民也要看到其优点,不能以偏概

全，这样才能促进社会和谐；社会保障领域：最重要的课题就是研究如何将庞大的农民工群体纳入国家的社保体系。由于法律的滞后性，在很多领域，农民工这一迅速崛起的庞大的社会群体都没有被纳入法律保护的范围，农民工的权益维护多处在法律的空白地带，很多农民工权益的侵害事件时有发生。

政治学方面：中国的农民工群体在政治参与方面是不够的，社会上很多学者及媒体为农民工的权益维护奔走呼喊，但农民工为自己的利益呼喊却很少，很大的原因就是农民工的政治参与渠道不畅。农民工问题得到解决的根本性途径就是农民工群体的政治参与，这方面的研究正成为目前该领域的新趋势（2008年《中国青年研究》之"农民工的政治参与"专题）。

（3）第三部门。第三部门泛指政府、市场之外的公共活动领域，也称非政府或非盈利组织。第三部门在中国起步较晚。第三部门积极为农民工提供帮助、支持、服务、培训和提升，并为其呐喊呼吁。北京较有影响的非政府组织有"打工者教育协会"，其拥有多年的实践经验，并同许多高校的志愿者组织有广泛合作。"打工者教育协会"每年都会组织农民工自编自导话剧等节目并在北京各高校巡回演出，在话剧的编排与准备的过程中，参与其中的农民工由最初的卑怯走向舞台上的自信自如。此外，国外的非政府组织也积极地为农民工提供服务，例如：2007年美国"海外华人理事会"（COCS）与大陆四个地区的四所高校开展了"农民工就业岗前培训"计划。这仅是第三部门的两个缩影。目前许多非政府组织和非盈利组织都在积极行动，在物质

---

① 汪勇，从自发走向自觉：农民工政治参与的嬗变，中国青年研究，2008年第7期；
陈仁涛，农民工阶层的政治成长：党的执政基础的建设，中国青年研究，2008年第7期；
张胜利、孙良，农民工政治参与的现状及对社会稳定的挑战，中国青年研究，2008年第7期；
龚超，以提高农民工政治参与的素质和能力促进社会稳定，中国青年研究，2008年第7期

帮助、法律维权、精神支持、潜力激发、朋辈教育等方面为农民工作出了巨大的贡献。他们的呼吁也在社会中引起很大反响。

(4) 媒体。媒体是联系最大多数人的大众信息交流平台，信息含量大、社会影响大。媒体发挥社会影响力的方式有二：一是发布六个主体的意见和建议，这个过程本身就会产生很大的社会影响；二是媒体对农民工问题发表自己的看法、意见和建议，如通过报纸社论、杂志寄语、网络论坛、风格设计、语言修辞等方式，这些都会成为无形而巨大的话语权的影响力。第一种影响力容易理解，是媒体的基本职能。第二种则往往具有左右博弈局势的力量，媒体在语言修辞、风格设计、杂志寄语、报纸社论等方面都强调对农民工的正当权益给予充分保障，反映公众呼声和正义所在：公民基本权利应该平等，而农民工合法权益应当被维护，这产生的话语权力是巨大的。媒体的各种形式中最民主、最反映草根阶层良知和对社会看法的载体就是网络论坛。

(二) 双方各自掌握的博弈资源

农民工软实力强劲，硬实力相对不足。这些软实力有：(1) 被公认最"物美价廉"的劳动力，劳动力成本优势获得巨大的经济成就和资本的积累；(2) 为中国GDP和城市化做出巨大贡献和牺牲。第一代农民工已经绝大部分退出劳动舞台，到了50~60年龄段，在他们年富力强的时候，为城市建设和GDP建设做出巨大贡献，他们没有享受保险、工资拖欠问题比现在还要大，忍受比现在还严重的歧视；(3) 宪法精神、民权意识和时代趋势有利于农民工。法律意识的加强，必然带来其中民权意识的觉醒和加强。随着全民法律意识和民权意识的加强，以前频繁发生的拖欠农民工工资、暴力殴打农民工、故意降低农民工工资、置农民工于危险的工作环境而无任何安全措施等行为，必然更加不为社会公众和集体良知所接受；（4）第三部门的强烈支持和学界的关注与呼吁。第三部门针对农民工遭受的工资水平极低、工资经常拖欠、健康权利不保、法律维权缺乏、人身伤害频发、工作环境危险、社区融入障碍、城市社区排斥、文化娱乐单调、危险性行为等方面进行积极行动，为其提供各方面的服务、培训和支持，并对社会发出呼吁。社会学从社区融入角度、社会化角度，指出通过农民工对城市社会规范进行学习和培训，使他们与社区进行融合是非常有可能的。如果一味的隔离和排斥，不仅不利于农民工的社区融入，反而会迫使其形成亚文化群体，不利于社会整合与和谐。法学角度从某一方面论证了对农民工进行平等的市民对待是符合宪法精神的。农民工仅有的硬实力就是：对特定行业领域的劳动力供给垄断。农民工对城市的建筑业、制造业和采掘业是劳动力供给垄断的，沿海发达地区2005～2007年出现的"民工荒"及"青工荒"体现出了农民工的巨大力量。

资方占尽"硬实力"，短期不可撼动。这些硬实力包括：（1）掌握绝对资本。"GDP为纲"、"保8促增长"的环境下，资方对于地方政府极其重要，资方有可能和当地政府结成利益联合体。资方经济地位决定的社会地位和政治地位更是高过农民工，使得资方足以影响提案、议案、决策等规则制定，来为自己的发展和盈利扫除障碍；（2）"提高工资将降低中国的廉价劳动力优势，危及国家财富的积累"论调，认为如果大幅提高其工资，必然失掉劳动力优势，竞争力不够，会被越南、印度等国家超越；（3）劳动力总体供大于求，方便压低成本。这是现实的无奈，农民工在工资方面同资方没有讨价还价的余地；（4）政府有能力推动改善农民工工资待遇，但顾忌给企业带来毁灭性打击。目前全球经济危机，中国出口型企业已遭受毁灭性打击，企业负担已经很沉重,如果这个时候提高其工资待遇,必使企业更为艰难。

(三)博弈结果

经济性歧视改善缓慢,社会性歧视容易改善。农民工群体软实力雄厚,占据道德制高点和宪法制高点,获得社会和法律等学者、第三部门、媒体、公众的广泛支持和关注,整个社会都在呼吁城市对农民工群体的接纳并抛弃对农民工的歧视,解决社会性歧视时机成熟,故应立即着手解决。

政府和社会应当在目前着力改善对农民工的社会和文化型歧视,并以渐进的方式解决经济型歧视。因此未来的趋势是:全社会对于农民工的社会型歧视和文化歧视都会出现很显著的改善,而改善其经济待遇则是相对长期的过程,但并不是说什么都不做,而是要采取有步骤的措施来进行,在这方面不能追求大步走。

五、十大领域统筹解决农民工问题

(一)重点做好返乡农民工的就业工作

大量的返乡失业农民工已经给当地政府造成了很大的压力。各级领导干部要高度重视此问题,稍有不慎,就会造成社会的动荡和不稳定。各级领导干部要在就业引导、再就业、开拓农村市场、提振农村需求等方面,搞好公共服务:(1)在就业引导方面,要积极给予政策支持、优惠贷款等方式,鼓励返乡农民工自主创业;(2)在再就业方面,当地政府要积极扩大投资、积极引导农民工在周边的地方就业,或在政府参与的工程项目中就业;(3)当地政府要努力开拓农村市场、努力提振农村市场需求,解决民生问题;(4)在公共服务方面,当地劳动部门要切实规范和引导劳动中介组织，切实做好农民工输出和返乡工作。

（二）保证农民工合法的保险权利

社会保障的主体内容是社会保险，目前农民工的社会保险缴纳情况普遍比去年有所进步，但目前农民工的社会保险的缴纳情况仍远远低于城市工友，其中，社会保险存在的最大问题就是农民工养老保险的不衔接问题，从一个单位跳转到另一个单位，原先的保险就有可能不被新的单位接纳，导致了养老保险的年限损失，需要从头积累。这是一个制度设计层面的问题，应当尽快出台相关政策和细则来保证农民工合法的保险权利。

（三）工资福利

农民工的工资水平比较低，平均水平在1000元左右，几乎没有福利，用人单位总是将农民工视为需要压缩的成本性支出。由于国际金融危机的影响，企业提高农民工的工资水平几乎没有可能。因此，目前政府需要做的就是保证农民工工资不被拖欠、按时足额发放。必要的时候，政府需要注入资金来保证农民工工资的发放，在一系列制造业的倒闭中，如世界最大玩具制造厂合俊公司倒闭，7000多名工人的工资都是政府紧急支付，政府行为起到了很大的稳定作用。

（四）要让相当的农民工在城市住得起

农民工在城市的居住条件不容乐观，是有目共睹的。在城市，无论是限价房、廉租房还是经济适用房，都不是面向农民工的。农民工多聚居在城边缘的一个个违章小建筑或简易建筑里。因此，政府应大力发展面向外来务工人口的廉租房，使得他们在城市的居住能够安稳、舒心。

（五）休息休假权

农民工的休息休假权的保障一直是很薄弱的，历次关于农民工的调查都表明，农民工几乎不存在休息休假，存在着城市对农民工群体休息休假的歧视和有选择的漠视。受到国际金融危机的影响，中国的就业形势日趋严峻，休息休假权的保障无疑会变得更加困难，但这并不是工人不能享有休息休假的理由。

（六）劳动合同

农民工的劳动合同签订的状况逐年好转，2008年新《劳动法合同》与《劳动合同法实施条例》的施行却也带来了不小的冲击，引发了许多规模不等的企业裁员行为，随着国际经济走入低谷，劳动力市场的供给不平衡更加凸显，就业形势日趋严峻，农民工劳动合同的签订率受到影响，政府应加大劳动合同的检查力度。

（七）技能培训

在由"中国制造"走向"中国创造"这个过程中，高素质员工的培训是重中之重，中国应加大对城市农民工和返乡农民工的技能培训和岗位培训，储备优质人力资本。

（八）丰富业余文化生活

农民工的业余文化生活很是单调的，打牌、聊天、看电视、读报刊杂志、上网是其日常生活的主要元素，各地应采取各种方式，积极丰富农民工的业余文化生活，采取文艺晚会、文化节、电视节目、电影作品等多种方式来打造积极向上的、以"奉献、踏实、勤劳、勇敢"为主旋律的农民工文化，实现其文化增权。

（九）子女在城市就读

农民工子女在城市正规中小学就读困难重重，绝大多数都是在打工子弟学校就读。在城市中小学尚未对他们的子女开禁的时候，如何支持和发展这些打工子弟学校的发展以切实提高其教学质量和教学的硬件设施成为政府解决农民工子弟就学的首要大事。

（十）"三留守"问题

农民工外出打工，留守的老人、留守的儿童和留守的妇女在中国农村大量存在，共有约9000万，这种青壮年劳动力外出、老幼妇孺留守的家庭在农村成为普遍现象。这直接导致了农村生产力的相对不足、农业生产受到影响，农村市场生活产品需求萎缩；这还引致了留守的老人、儿童、妇女三类人群的心理问题：儿童常年见不到父亲，社会化过程中少了重要的楷模；妇女身边缺少丈夫，生活生产压力倍增，出现心理焦虑；老人思念儿子儿媳，生活幸福度下降。当地政府应对留守家庭提供必要的公共服务，在农忙时节组织专门的工作队伍去帮忙。此外，各种村务事务也考虑到留守家庭，向其提供必要的支持与服务。

我们曾对流动儿童作过专门的研究，认为这个群体游走在城乡的夹缝中，进退都很艰难。流动儿童与留守儿童相对应。为了摆脱留守儿童的孤独，享受父母的照顾和关怀，他们随父母漂泊异乡，成为流动儿童，却在异乡遭遇尴尬。上学难，升学更难，居无定所，安全无保障，歧视和心理伤害等一系列的问题向他们抛来。他们享受不到城市儿童的权利和保护，同时又失去了农村儿童享有的权利和保护。他们生活在暗淡的城乡夹缝中，进退两难。

流动儿童生存状况堪忧，具体体现在以下几方面：

——上学难费用高。教育问题是流动儿童面临的最大问题。入学难、户口不在本市影响升学、教育费用高等每一个环节都令人头疼。由国务院妇女儿童工作委员会办公室、中国儿童中心与联合国儿童基金会公布的一项调查结果表明，我国流动儿童的受教育状况不及全国儿童的平均水平,在调查城市中近20%的流动儿童无法进入当地公立学校学习。3至6周岁流动儿童中,入托比例为60.7%,低于城市户籍儿童入托率。流动儿童的失学率较高,达到9.3%,不能适龄入学表现尤为突出,6周岁流动儿童未入学的比例高达46.9%。超龄现象也比较严重,近20%的9周岁的孩子还只上一、二年级,13周岁和14周岁还在小学就读的人占相应年龄流动儿童的31%和10%。

近年来,国家对流动儿童进城上学逐渐从限制转为支持。公办学校已成为流动儿童的主要选择,这体现了流动儿童教育以流入地政府为主和以全日制公办中小学为主的"两为主"方针。尽管如此,流动儿童教育仍然面临着许多亟待解决的问题。无法进入当地公立学校学习的流动儿童,他们只能选择民工子弟学校。这类学校一是校园硬件环境太差。教室简陋,基本教学设施缺乏,宿舍环境不好;二是师资力量薄弱。许多教师自身文化素质不高,连教师资格证都没有;三是公共安全无保障。学校的饮食安全、周边交通环境等都存在隐患。

——居无定所条件简陋。流动儿童父母大多在城乡结合部租住简易房,多数家庭住房面积狭小,缺乏必要的学习条件,而且经常随父母处在一种不确定的流动状态中。流动儿童家庭中,90%在城市里的住房是租用的,79%的流动人口家庭中儿童没有自己独立的房间,45%的家庭没有厕所,36%的家庭没有厨房。由于住房极为有限,许多进入青春期的流动儿童仍然与父母或兄弟姐妹同居一室,甚至同睡一床,非常不利于儿童的健康成长。同时,在流动儿童家庭中,有一部分家庭居住的卫生环境、社区环境都不太好,甚至有一些家庭居住的是危旧房屋,存在严重的安全隐患。另外,由于父母的忽视以及流动儿童本身自律性较差,他们对一些较危险的事情缺乏理性的判断和行动控制,很容易造成一些安全隐患,他们又缺乏自我保护的意识和能力,从而导致流动儿童身心容易受到伤害。

——营养不良卫生差。流动儿童的健康状况比较差,常表现为营养不良或贫血,女孩更明显。相对基本生活条件而言,流动儿童的基本医疗条件同样得不到保障。一方面,国家对所有儿童要进行计划免疫,但多数地区因为没有掌握流动儿童的情况,免疫往往难以覆盖到所有儿童,许多流动儿童不能正常地进行计划免疫。同时,儿童计划免疫一般是按当地儿童总数按计划配备药品及经费,流入地往往采取有偿服务来弥补财政不足;另一方面,按照目前的政策,流动儿童无法享受医保。由于近年外来人口增加,使城市人口急剧膨胀,同时城市教育、卫生资源的有限性,使现有的资源不能满足需要。国家应该加强社会公共服务资源的调配,建立流动儿童社会保障体系,让流动儿童与城市儿童享有平等的权利和福利。要把流动儿童的卫生保健和医疗服务纳入法制轨道。同时,在流动儿童较集中地区设立花钱少、服务好的简易门诊、简易病房、简易产科病床等设施,并实行低收费、限价收费等措施。

——心理压抑受歧视。流动儿童是一个被边缘化的弱势群体,他们所受的心理伤害是经常性的。在学校,即使有幸能进入公办学校,从儿童心理发展的角度看,也不一定获得了平等的学习环境;在家里,家庭教育条件差,父母无暇与他们积极互动,即使有沟通也是强制性的指令,他们的愿望和要求无处诉求;在社会交往方面,他们的交往群体绝大部分都是流动儿童,城市儿童很少愿意与他们玩耍和沟通。流动儿童正处于社会化的关键时期,还没有形成自己独立的价值观,极易产生认识、价值观念上

的偏离和个性、心理发展的异常，容易出现任性、冷漠、自卑、敏感等不健康的性格。流动儿童在城市里遭遇的种种歧视给他们的心理带来极大的伤害。而这种伤害可能导致两个后果：轻则造成流动儿童的孤独感和自卑感，变得退缩、不敢与人交往、不自信；重则造成流动儿童心理扭曲，对周围的人甚至社会产生敌意，从而导致问题行为的出现。不管是何种结果，这都将对个人和社会带来不良影响。

——未来发展无保障。不尽人意的发展环境使流动儿童和他们的父母难以看到希望，回不去，又留不下来，买不起房，又没有社保，就业的压力，将来的工作，这些看起来似乎是个人的困扰、家庭的重压，其实，更严重的问题是它将使中国的可持续发展失去应有的保障。

流动儿童身陷夹缝，原因主要有以下两点：

父母的尴尬境地是困扰流动儿童的直接原因。流动儿童的父母是外出务工人口，外出务工人口是一个特殊的社会群体，他们既不是纯粹的农民，也不是纯粹的工人。他们的户口是农民，却又是编外的市民。他们失去了农民的权利，却又不能享受市民的待遇。他们干的是最苦最累的活，拿的是最少的工资。父母在城市的尴尬境地直接影响着流动儿童的生存状况。他们既不同于农村儿童，也不同于城市儿童。虽然他们在户籍上仍属于农村人口，但是他们过的是城市生活。而他们的城市生活又不同于城市儿童。农村儿童和城市儿童的欢乐都不属于他们，他们遭遇最多的是排斥和歧视，在他们心灵深处体会最多的是漂泊的恐慌和父母的艰辛。

制度和政策漏洞是流动儿童权益受损的根本原因。长期以来，我国的公共服务体系是以户籍为基础、以户籍所在地政府为责任主体的。儿童出生后即在父母户籍所在地进行户籍登记,卫生、教育、人事、社会保障均以户籍为依据。然而,随着社会的不断发展进步,城市流动人口日益增多,这些流动人口没有当地户籍,就享受不到当地相应的诸如入学、医疗、保险等方面的政策。原有的儿童权益保护方式越来越不适应时代发展的要求,流动儿童权益保护存在制度性漏洞,严重影响了流动儿童的正当权利,这是造成流动儿童困境的根本原因。

要使流动儿童走出城乡夹缝,共享阳光雨露,需要多方的共同努力:

——从个人层面看,流动儿童要以积极的心态面对生活,提高社会化主动性。流动儿童大多处于早期社会化阶段,这一阶段的社会化对一个人的一生都具有极大的影响。儿童的社会化是通过社会教化和个体内化实现的。我们应该充分认识流动儿童自身的巨大潜能,调动流动儿童社会化的主动性,教育他们乐观地面对生活,积极参加学校和社会的各项活动,不管在怎样的环境中都保持健康的心态,促进身心健康成长。同样的环境会结出不同的果实,在这里,个人的努力和坚持很重要。

——从家庭层面看,父母要尽可能为孩子提供良好的成长环境。家庭、学校和同辈群体是影响儿童成长的主要因素,而家庭承担着抚养教育儿童的基本职责。父母的教育方式、亲子互动和家庭生活都对儿童的行为及心理产生重要的影响。因此,切实采取措施,改善流动儿童家庭教育状况,为孩子提供良好的成长环境,促进流动儿童社会化是非常重要的。

但是,许多流动人口为生活所困,在城市居无定所,流动性大,对孩子生活学习造成不良的影响,也使社会给予的公共救助和服务难以落实。同时,流动儿童父母多数为生存超负荷工作,无暇顾及子女,很少有时间与孩子相处与交流,更多是简单直接地把自己的期望标准强加给孩子,很少顾及孩子的自身意愿和精神需求,亲子之间缺少互动。即使父母有时间陪孩子,也因为流动儿童父母大多为小学初中以下文化水平,难以实施有效家庭教育,家庭得天独厚的育人功能不能发挥正常作用。

要改变流动儿童的成长环境,就要提高流动儿童父母的素质,推助流动儿童家庭教育。例如,在社区举办流动儿童家长学校,对流动儿童家长进行法律法规、家庭教育知识的传授,帮助他们提高教育孩子的知识水平。通过提高父母的知识水平和重视程度,提高流动儿童的保健水平,改善流动儿童健康状况,引导他们保持健康的心态。

——从社会层面看,要消除歧视,倡导平等,营造关爱流动儿童的氛围。全社会要提高对流动儿童问题的认识和重视程度。由于流动儿童已形成巨大的规模,形成了一个需要特殊关注的社会群体,因此,要在全社会范围内营造支持流动儿童发展的社会氛围,发动各种社会力量,为流动儿童提供各种帮助。流动儿童问题涉及到家庭、学校、社会以及政策等多方面的综合问题,那么要解决这一问题,就要强化社会认同,改变流动儿童的弱势地位,营造良好的育人氛围。一是要整合各种社会资源,加强媒体宣传,引起全社会关注。我们应该充分发挥媒体的作用,加强社会各方面和各层次人士对流动儿童基本权利的关注,调动全社会的力量,共同关注、共同解决;二是要发挥非营利组织的作用,一些好的做法要非营利组织率先倡导和推行,再逐步转变为制度化的措施;三是要发挥小区和学校的职能,加强对流动儿童的心理健康的关怀和教育,使他们感受社会对他们的关爱,在城市中健康成长。

——从制度层面看，要改革户籍制度，完善流动儿童登记管理制度。由于各地财政体制相对独立，教育、保障、人事和医疗等制度都只针对本地居民，因此，流动儿童未能纳入城市人口登记和管理体系，也不能享受与城市儿童相同的社会服务，相应权利也得不到保障。改革现有的户籍制度，完善流动儿童登记管理制度，消除就业、医疗、住房、教育等制度障碍，彻底打破刚性的城乡二元结构，引导农村富余劳动力在城乡之间的有序流动，是解决流动儿童问题的根本途径。为此，我们应该制定和实施优惠政策，采取相应配套措施，研究解决流动儿童的教育、医疗、保健等方面的问题，对流动儿童的权利从制度上加以保障。同时，应鼓励和支持流动儿童尽快地融入当地社会，进入主流生活，防止边缘化。目前我国有些地方已经对加强流动儿童管理作了初步尝试。流动儿童生活状况的改变不是一朝一夕的事情，需要社会各界的共同关注，我们期待着流动儿童能早日走出城乡夹缝，共享社会公共服务均等化的阳光。

第五节　社会治安：防微杜渐，正本清源

改革开放30年，维稳一直是个不变的话题。邓小平指出，"中国的问题，压倒一切的是需要稳定。没有稳定的环境，什么事都搞不成，已经取得的成果也会失掉。"改革开放以来，维护社会治安、打击犯罪始终处于重要位置。

据公安部公布的数字显示，近几年的社会治安秩序不容乐观。2005年全国公安机关共受理治安案件737.3万起，同比上升10.9%。两年后的2007年，全国违反治安管理处罚条例案件764.5万起，同比上升23.8%，破坏社会主义市场经济秩序犯罪案件立

提升维护稳定的能力

案8.4万起,比2006年上升了4.2%。

社会治安既是重要的民生问题,也是基本的发展环境问题。随着我国经济体制深入改革、社会结构深刻变动、利益格局深刻调整,群众的思想意识多元、多样、多变的趋势更加明显,人们思想活动的独立性、选择性、多变性和差异性明显增强。实践表明,在社会转型期利益的碰撞和深层矛盾的暴露不可避免,社会矛盾开始凸显,其集中反映就是社会治安。2009年3月开始的全国3080名公安局长进京轮训就是为了进一步加强这方面的工作。

一、群体性事件:"大事化小,小事化了"

当前我国社会矛盾众多,维护社会稳定任务繁重艰巨。2008年国内连续发生了瓮安"6·28"事件、玉环"7·10"事件、惠州"7·17"、孟连"7·19"事件、"11·17"陇南事件等一系列影响较大的群体性事件,并伴生有警民激烈冲突。中央综治委副主任、中央政法委副秘书长、中央综治办主任陈冀平指出,2009年将是我国进入新世纪以来经济发展面临困难最大、挑战最严峻的一年,也是社会风险因素增多,社会治安综合治理任务繁重艰巨的一年。自2008年下半年以来,在经济困难加剧、就业问题突出、社会保障问题严重的情况下,企业裁员破产、劳资争议等矛盾纠纷显著增加,引发的群体性事件呈上升之势。2009年已经先后发生了"5·19"甘肃会宁交通违章群体事件、"3·23" 海南省东方市感城镇群体事件、"6·20"湖北石首市厨师案万人警民冲突事件等。当前的中国似乎正前所未有地考量着各级领导干部的维稳能力。此问题因在前面已有专题论述,在此不再展开。

二、综合治理：一切为了群众，一切依靠群众

社会治安综合治理是解决中国社会治安问题的根本出路。中共中央在上个世纪八十年代就提出了这一方针。1991年中央成立了社会治安综合治理委员会，指导和协调全国社会治安综合治理工作。1992年中共十四大通过的《中国共产党章程》，第一次把"加强社会治安综合治理，保持社会长期稳定"作为中国共产党的一项重要工作任务写入了党章的总纲。既然领导干部在社会治安综合治理中角色重要，责任重大，那么领导干部自身应如何看待这一工作呢？

按照1996年2月中共中央、国务院发布的《关于加强社会治安综合治理的决定》，社会治安综合治理就是在各级党委和政府的统一领导下，各部门协调一致，齐抓共管，依靠广大人民群众，运用政治的、经济的、行政的、法律的、文化的、教育的多种手段，整治社会治安，打击犯罪和预防犯罪，保障社会稳定，为社会主义现代化建设和改革开放创造良好的社会环境。社会治安综合治理的主要目标是：社会稳定，重大恶性案件和多发性案件得到控制并逐步有所下降，社会丑恶现象大大减少，治安混乱的地区和单位的面貌彻底改善，治安秩序良好，群众有安全感。社会治安综合治理的工作范围，即领导干部在社会治安维稳工作中的着力点，主要包括六个方面，即：打击、防范、教育、管理、建设和改造。

在社会主义建设中，我们积累了许多社会治安综合治理的实践经验，其中最为有名而且至今仍被广为传诵的经验当数"枫桥经验"。1963年，在全国开展的社会主义教育运动中，诸暨县枫桥区（今诸暨市枫桥镇）干部群众创造了"在党的领导下，依靠和发动群众，坚持矛盾不上交，就地解决。实现捕人少，治安

好"的"枫桥经验"。毛泽东亲笔批示"……要各地仿效，经过试点，推广去做"，之后"枫桥经验"成为全国政法战线的一面旗帜。

时代变了，枫桥经验的精神内涵没有变。为将大量治安隐患、矛盾纠纷消灭在萌芽状态，改革开放后的枫桥在全国率先建立综治办，首创了"四前工作法"（即"组织建设走在工作前，预测工作走在预防前，预防工作走在调解前，调解工作走在激化前"），为全国的社会治安综合治理探索了新路。进入新世纪的枫桥成功建立并完善了"四先四早"的工作机制，即"预警在先，苗头问题早消化；教育在先，重点对象早转化；控制在先，敏感时期早防范；调解在先，矛盾纠纷早处理"。枫桥还建立了综合治理的"三张网"：即由党员和村民代表组成的基础防范网，由村治保会、调解委、护村队和老、妇、青等群众组织组成的基础管控网，以及由平安协管员和流动人口管理员组成的警务综治网。枫桥创造了"靠富裕群众减少矛盾，靠组织群众预防矛盾，靠服务群众化解矛盾"的新经验，开创了矛盾少、秩序好、发展快、社区平安、社会和谐的新局面。

越是常规的，就越是重要的。在社会治安综合治理中，领导干部要通过坚持不懈的日常工作，分工协作综合整治；领导干部应坚持日常预防为主，必要时打防结合，应把严打与严防、严管、严治有机结合起来，建立健全严打经常性工作机制，把法律利剑的锋芒始终指向有组织犯罪、黑恶势力犯罪和严重暴力恐怖犯罪，以及盗窃、抢劫、抢夺等多发性侵财犯罪。以上这些工作观念、思路和方式、方法，都是我们在实际的维稳工作中总结和检验出来的行之有效的好经验。

社会治安综合治理需要领导干部协调各单位部门协力推进，

综合治理。当前应深入推进"平安机关"创建活动。这一活动是具体的、实在的,比如,领导干部可在本机关采取各种宣传形式,积极开展文明单位、青年文明号、青年岗位能手创建活动,倡导健康高尚的学习和生活方式;通过表彰先进、激励后进,形成比学赶超的工作氛围,形成积极向上的机关(企业)文化;领导干部通过加强自身内部一系列制度,如安全保卫制度,健全并严格执行保密制度、信息披露制度、交接班制度、办公设备使用制度、网络使用制度、节假日安保制度、重大事项报告制度、来信来访办理制度等一系列内部管理规定,切实用制度的"密针细线"缝补治安工作的"金衣玉裳"。

三、农村治安:"大处着眼,小处着手"

(一)农村的治安状况

人大代表在2009年"两会"期间反映农村存在的一种现象:现在许多农村青壮年基本上都外出打工,有的甚至举家外出,留守农村的绝大部分是妇女、老人、儿童,流窜在农村的不法分子结成团伙,在光天化日之下对居住比较偏僻、看家护院力量不强的单庄独户公开进行抢劫,气焰十分嚣张。

我们正在着力建设社会主义新农村,但大量农村社会治安问题依然极不和谐地影响着这一进程。经过归纳分析,可以发现这些治安问题大致有以下几大类。

各种刑事和治安案件情况:这些案件主要涉及杀人、抢劫、强奸、敲诈勒索、伤害、盗窃、纵火、投毒、爆炸,以及拐卖妇女儿童等。其中比较突出的是盗窃案件。农村盗窃的目标主要是现金、家禽(畜)、农用物资(如化肥、地膜、种子,以及农用车辆)等,一些公用设施如电缆、光缆及水利设施等也成为一些

提升维护稳定的能力

不法分子侵吞的对象,盗窃案给农民带来经济损失和心理不安的双重影响。农村治安案件中的一般治安案件居多,主要有打架斗殴、小偷小摸、酒后滋事,以及黄、赌、毒等败坏社会风气的案件,其中赌博及其滋生出的家庭矛盾、邻里纠纷、盗窃、斗殴、甚至抢劫、杀人等问题也严重影响社会稳定。其它案件如车匪路霸、打击报复基层干部的行为也时有发生。

群体性事件不断增多:因山林、土地、水源、滩涂、矿产等自然资源的权属之争,以及征地、拆迁、移民、征税、集资、公共收益的分配和"三废"污染等,都直接关系到农民的切身利益,使群体性上访事件有所增加。这些事件不仅影响面广、调解处理难度大、反复性强,而且极易被不法分子所利用,使事件扩大化。

非法组织时有活动:封建迷信和邪教组织在农村还有相当的活动范围,不但动摇了农民对党和政府的信任和对科学的信仰,也使一些农民无心于生产活动,而祈求所谓的"神灵"保佑,严重的甚至导致生命悲剧。有的邪教组织打着祛病强身、积德行善的幌子走村窜乡,组织练功,发展会员,或通过各种方式散布谣言,蛊惑人心,诈骗钱财,甚至残害生命,影响恶劣。

民事纠纷经常发生:这些纠纷主要是一些耕地纠纷、债务纠纷和邻里之间因为"鸡毛蒜皮的小事"引起的纠纷;在家庭内部主要是因为婚姻、财产、赡养老人等问题引起的矛盾;在村落内部主要是由于宅基地、路基、浇水灌溉等方面原因引起的纠纷;还有一部分属宗族矛盾、贫富差距引起的心理仇视;此外,还有制贩假农药、假化肥、假种子等坑农害农行为引起的纠纷。这些纠纷都对农村社会治安构成了严重威胁。

村霸黑恶势力危害一方:农村由于受数千年来宗法制度和血

缘、宗族关系的影响，一些地痞、恶霸借助农村残留的封建行帮意识垄断一方，形成了危害群众的流氓恶势力，对村民日常生产生活和国家的组织领导都形成了危胁。

（二）农村治安问题的成因

农村治安问题的成因是复杂的，领导干部须看清其中的原因要素，才能有针对性地科学施治。

空间因素。农村几乎家家户户都饲养有牲畜、家禽，而饲养场所又比较简陋和分散，使偷盗分子容易得手；农民单家独院，房屋的安全系数较小，现金和贵重物品容易被盗；一般农村地广人稀，地形复杂，便于作案人员流窜和隐藏，加大了追逃难度；农村基层派出所由于警力不足、装备落后，对违法犯罪活动打击较难。

观念因素。受我国经济社会的转型、腐败现象等社会状况的影响，农村的道德传统和民风受到一定冲击，有些农民的人生观、价值观发生扭曲，加之文化素质低，法律意识淡薄，辨别是非能力较差，非法组织也时常携带低俗、反动的思想乘机侵入。

经济因素。我国多数农民收入增长较为缓慢，生活比较困难，当社会的收入差距扩大、分配方式不规范、调节手段不完善时，就为犯罪的滋生提供了可能。比如农民在进入城市务工或经商后，面临居住权、子女受教育、医疗、社会救济等难以保障的情况，或农村富余劳动力向非农产业和城镇转移受阻后，一些农民心态失衡，少数农村青年便组织在一起，形成非正式的农村社会团体，使农村社会治安潜伏着极大的不安定因素。

政治因素。部分农村基层组织软弱涣散，有的虽注重抓经济，却忽视社会治安、综合治理等工作，村里的治保调解组织形

提升维护稳定的能力

同虚设;有的严重侵害群众利益,造成干群关系紧张,有的工作作风粗暴,压制、禁锢的方法造成了党群、干群关系紧张;有的政治素质不高,组织能力不强,影响了社会治安综合治理措施的落实;有的以权谋私,"吃、拿、卡、要",败坏了农村社会风气;有的工作方法简单,"头疼医头、脚疼医脚",对经常性、根本性的工作抓得不够;有的对村务不公开、半公开或假公开,造成干群相互猜忌生疑;有的村干部生活腐化堕落,与农村群众的思想感情越来越淡薄,失去了群众信赖。

文化因素。有些乡村虽然经济发展了,但却忽视了精神文明建设,部分农民出现认识偏差和行动误区,出现"经济活了,生活宽了,觉悟低了,道德差了,治安乱了"等大反差现象。

社会因素。青少年犯罪成为影响农村社会治安不可忽视的因素。部分青少年思想空虚,是非界限模糊,崇尚武打、暴力,迷恋色情视听和网络游戏的虚幻。"空巢"家庭带来诸多社会问题:外出打工造成夫妻长期分离,滋生出婚外情、婚外恋,造成离婚率攀升等矛盾纠纷,并伴随有家庭暴力等治安问题。另外,家族和派性思想严重、邻里嫉妒带来的乡邻利益纠纷、出于嫉妒对富裕户进行的财产破坏、报复和伤害基层干部、刑释解教人员重新犯罪、对流动人口管理不够得力等等,也成为农村社会治安中的隐患。

(三)有的放矢,全面搞好"打、防、管、建、教"

农村治安中的许多案件呈现出关联性、聚合性特点,一旦处理不当,就会引起群众不满,进而引发群体性上访。领导干部应该具体情况具体分析,对症下药,有的放矢地在"打、防、管、建、教"各个环节用力,实施全面管理。

落实基本生活保障。"仓廪实而知礼节、衣食足而知荣辱。"领导干部应通过解决部分农民基本劳动就业保障，使一批农村剩余劳动力、闲散青少年有业可为、有事可做；应通过保障农民基本生活，让农民能平等地享受国家惠农政策的温暖。

强化基本教育。领导干部应以农民喜闻乐见的形式教育农民知法、守法、用法、护法，用法律程序来解决生活中存在的矛盾和问题；领导干部应用传统的美德和社会主义道德来教育农民、塑造农民、引导农民；领导干部应高度重视农村文化教育，培养具有一定文化和科技素质的新型农民；领导干部应继续通过各种形式的文化下乡活动，丰富农村的文化生活，移风易俗，用健康向上的精神文化产品占领农村文化市场，净化农村社会环境。

健全基本机制。领导干部应从农村的自然环境、治安状况和经济条件的实际出发，找准治标与治本的最佳结合点，健全和完善农村社会治安防控长效机制；应完善村民自治机制，强化治保功能，做到"小事不出村，大事不出镇，矛盾不上交"；领导干部应完善农村社会保障机制，改善农民生活，缩小贫富差距，进一步巩固农村长期稳定的基础；领导干部应负责建立经常性的专项整治机制，对于制贩假农资、坑农害农、破坏生产、严重侵害农民利益的案件以及封建迷信和邪教活动，坚决予以严厉打击；领导干部应健全矛盾纠纷排查调处机制，发挥人民调解、行政调解、司法调解的优势，积极探索分级调处办法；领导干部应建立群防群治的防范机制，走群众路线，把群众组织起来，调动大家的积极性，形成一种自我管理、自我防范、自我服务的基层管理体系。

明确基本责任。领导干部应切实把防范、化解的任务和责任落实到部门、单位和个人，按照"谁主管，谁负责"和属地管理原则，领导干部应探索建立专门管理的功能性机构，努力把各种

提升维护稳定的能力

矛盾和问题解决在基层,防止矛盾激化。一旦发生群体性事件,领导干部要讲究政策和策略,依法、及时、妥善处置。

总之,加强农村社会治安综合治理是维稳工作的重中之重,是建设社会主义新农村的基础和保障,是切实推进构建和谐社会的重要工作,领导干部必须切实抓紧抓好抓出成效。

四、预防为主:老原则,新做法

维护社会治安稳定,增强群众的安全感,是贯彻落实科学发展观、做到以人为本的必然要求,是领导干部义不容辞的责任和使命。领导干部应及时了解群众的意愿,准确把握社会的脉搏,老百姓对什么问题最关注,就着力研究解决什么问题,要不断根据新形势,创造新成绩。

在工作思路上,领导干部应坚持打防结合、预防为主。当前应继续以"金盾工程"建设为载体,抓住影响人民群众生命财产安全的突出治安问题进行排查整治。2008年的奥运安保工作取得了显著成绩,领导干部应当把这一成功经验和做法运用到社会治安防控体系建设中去,坚决维护社会治安大局的平稳。领导干部既应把群体性事件当作人民内部矛盾依法处理,更应按照预知预防的要求,注重源头治理,做到早发现、早控制、早处置,最大限度地减少矛盾和群体性事件的诱因,最大限度地把问题解决在基层,消除在萌芽状态。

在工作机制上,领导干部要深入推进各项体制机制改革。领导干部应进一步优化司法职权配置,强化监督制约,致力于健全科学民主的机制、依法决策的机制、社会稳定风险评估的机制、党和政府主导的维护群众权益的机制;领导干部应致力于提高打击能力,增强人民群众的安全感;应致力于减少社会对抗,建立有效的社区监督、教育和矫治机制，使"失足"人员改过自新，融入社会；此外，领导干部还应致力于把好政法队伍的"入口关"，全面提高政法干警的服务水平。

在工作作风上，领导干部应严格公正和文明廉洁执法。领导干部应继续坚定干部队伍的理想信念教育，牢固树立社会主义法制观，始终坚持宪法法律至上、党的事业至上、人民利益至上原则；领导干部应恪守职业道德，伸张正义、主持公正、维护公平，做到清正廉洁、一身正气；领导干部应强化权力监督，完善执法行为规范，自觉接受人民群众和新闻媒体的舆论监督，防止和减少腐败；领导干部应抓住人民群众反映强烈的司法腐败问题，组织开展专项治理，纯洁干部队伍；领导干部应关爱政法干警，想方设法帮助干部解决实际问题和困难，增强领导干部的创造力、凝聚力和战斗力。

在工作理念上，领导干部应积极主动地提供良好的法律保障和法律服务。领导干部应自觉增强大局观念，紧紧围绕保持经济平稳较快发展的首要任务，协调发挥好政治和组织优势，强化司法手段的作用，及时有效地处理社会各个领域的案件；领导干部应尽可能地采取调解与和解的方法，竭力寻找各方利益的平衡点，努力实现互利共赢；领导干部应慎重使用强制措施，既能努力实现法律效果，又能实现应有的社会效果；领导干部应以领导服务促经济，为经济保驾护航，加大对扩大内需、保障民生的支持力度，帮助中小企业履行合同，共度难关。应依法处理好涉及"三农"的经济社会关系，为社会主义新农村建设提供优越的法律环境；领导干部应根据经济社会发展和人民群众的要求，紧紧围绕就业创业、务工就学等最基本的民生问题，及时制定便民、利民、惠民的帮扶措施，给老百姓更方便、更快捷、更及时的帮

提升维护稳定的能力

助,千方百计地为群众特别是困难群众减轻生活压力,减少社会矛盾。

在工作方法上,领导干部应科学合理地调配警力。领导干部应因地制宜地借鉴和采用奥运的"动态勤务模式"进行管控。这一模式突出之处在于根据关注度、风险性等指标,分为不同的级别,每级配以不同的警力,除了重点部位外,尽量减少着装民警,最大程度地发挥志愿者、保安等人员的作用,营造和谐氛围。在日常治安工作中,领导干部应把涉及城管、城市综合治理等秩序类问题的数据作为管控社会平安的决策依据,全部纳入分析参照的视线,用心解决好小问题,着力掌控好大问题。领导干部应建立由信访、纪检等部门编织成的排查网络,实现"村排查、乡化解、县终结"的三级调处目标;领导干部应利用好群众在实践中创造的"人民调解"的好方法,发挥乡镇(街道)人民调解委员会的主干作用和村组调解组织的辅助作用;领导干部应在部门间实现信息共享、责任到人、加强协作,防止出现事件的"三不管"现象。目前,全国共建成社区和农村警务室16.9万个,配备民警21.3万人。随着警力下沉、警务前移,广大社区和驻村民警扎根基层、融入群众,公安基层基础工作不断加强,预防打击犯罪的能力明显提高。

在工作重点上,领导干部应加强治安防控体系建设。领导干部应负责健全和完善巡防网络,使点线面相结合、人防技防物防相配套,实现打防控一体化。领导干部应根据城区和农村的治安特点,积极整合各类巡防力量,分别实行"渔网式"巡防和"金三角"巡防。在城区的地理区域上,领导干部应根据治安形势复杂程度、街道路段和重点要害部位的情况统筹考虑,科学规划布局,将地段变大为小,化整为零,确立网块结合的治安区，通过定人、定岗、定职责，明晰责任分工；在城区的防范重点上，领导干部应负责对出租房屋、流动人口主要聚集地、公共娱乐场所、金融等特种行业进行严密清查，保持严防态势；在人员配备上，领导干部应精心组织，使特警、武警、交警和派出所民警既有分工又有合作，一旦出现警情，可以立即通过110指挥中心调配警力，形成合力。在农村，领导干部要通过财政补贴建立"十户联防"义务巡逻队，加强对村庄和主要道路、动力线、变压器等重点部位的治安防范，有条件的地方可以组建由政府出资、派出所管理的专职治安巡逻队，使全民动员抓巡防，全民参与保平安。

在技术装备上，领导干部应注重提高技防水平，增强治安的有效性。在体制机制建立健全的基础上，领导干部要负责逐步实现科技防范，必要时在城区配备监控报警系统、"110、119、122"三台合一的指挥系统、重点场所闭路电视监控系统、电子地理信息系统、多媒体信息显示、GPS卫星定位等防控系统，在农村广泛推广使用"多户联防"电子报警系统，使户与户之间、户与村之间、村与警之间实现联网报警。

维护社会治安稳定，增强群众的安全感，是以人为本、贯彻落实科学发展观的重要举措，更是维护社会稳定、创设和谐社会的重要一环。领导干部应将社会治安工作制度化、规范化，在实践中坚持不断探索规律，创新方法，并注意把好的做法和经验固定下来形成机制，使所有的社会成员头顶同一片蓝天，共享同一份平安。

第六节　安全生产：重在落实责任追究

我国正处在城镇化、工业化快速发展阶段，安全生产任务十分繁重。虽然近年来事故高发的势头有所遏制，但安全生产、安全发展作为人民群众最关心、最直接、最现实的利益问题之一，仍然时时影响着经济社会的稳定发展与和谐社会的顺利实现。在强调以人为本的今天，如何保障生产安全已然成为提升领导干部维稳能力的老话题、新课题。如何走出安全生产事故不断的怪圈，是对领导干部维稳能力的重大考验。

国家安监总局的统计显示，2008年全国共发生重大安全事故41万余起。2009年也是事故频发。以5月为例：5月2日，山东德州庆云县发生非法加工鞭炮爆炸致13人死亡；5月18日，天津塘沽一热电公司的烟囱坠落致12人死亡；5月21日，汕头潮阳区一家庭纺织作坊发生火灾，13死4伤……

在我们的日常生产和生活中事事都得讲安全，处处都要防安全。工业生产的各个环节更是可能因"一招不慎，满盘皆输"；每个细微失误，都可能造成不可挽回的巨大损失，使多年的辉煌成果毁于一旦。社会、企业、家庭以及就业、健康等复杂因素都交织在安全生产这张"互联网"上。

一、屡禁不止：查找生产安全的软肋

人命关天。党中央、国务院一再提出一定要以人为本，不断采取一系列重大措施加强安全生产工作，从中央到地方三令五申，各级各部门也一直在不断改进技术、完善制度，事故发生后对相关领导的"行政问责"也雷厉风行，可屡禁不止的特大安全

事故，仍然令人痛心疾首。人们不禁要问：这究竟是怎么了？重特大安全事故真的不可避免吗？

首先，以煤矿事故为例。煤炭工业是关系到我国经济命脉的重要基础产业，但同时又是高危行业，产量虽占世界总产量的31%，事故死亡人数却占了79%。"以人为本"与"合规生产"历来是煤矿生产安全的两大基石。关于煤矿安全生产的法律法规不可谓不多，单是法律层次的就有《矿山安全法》、《煤炭法》、《安全生产法》三部法律。可每次事故发生后，找出的事故诱因总是一些常规因素，如企业违法违规生产、安全隐患排查不细、监管部门责任不到位不落实等等。诚然，从整个生产领域来说，安全生产事故不可能完全避免。这是因为煤矿生产经营活动本身就具有潜在的天然风险因素，况且还受到经济发展、科学技术水平等诸多因素的制约，开采煤炭的伤亡率不可能为零，即使是当今高度发达的美国也不能完全避免事故，所以煤炭行业一直都有一个被称作"百万吨死亡率"的考核指标。但安全事故不可能完全避免，并不是说所有的事故都不可避免，尤其是重特大事故。英国已经连续4年奇迹般地实现了"百万吨死亡率"为零。另据美国全国采矿业协会统计，美国自20世纪70年代以来煤炭产量增长了约83%，而同时期煤矿的伤亡事故却下降了92%，2005年因煤矿事故死亡的人数仅为22人，创造了历史最低水平。美国专家将这一成就归结于他们的三大法宝——执法、培训和技术。这说明随着社会的发展，科学技术水平的提高，人们防范事故能力的增强，安全事故应该也有可能逐步下降。对领导干部而言，目前之所以没能很好地避免，是因为日常检查中存在这样那样的不到位：有的"犹抱琵琶"，对一些违反规章制度的人和事，不碰硬、不纠正、不反映，甚至明里暗里串通一气，遮遮掩掩，弄

虚作假;有的"隔靴搔痒",在安全生产检查中不求细致,对暴露出的隐患和问题点到为止;有的"走马观花",安全检查走了过场。

绳子断在细处,事故出在松处。除领导干部工作缺位之外,还有企业生产相关人员和一线生产人员失职的问题。这些问题表现在许多方面:一是不严格执行安全操作规程,只求过得去,不求严、精、细,心存侥幸;二是片面追求速度与效益,省工图快,冒险蛮干;三是安检人员当老好人,使违章的人和事得不到应有的教育和处理;四是企业责任人凭经验办事,主观臆断,不听取相关单位安全管理的意见和建议;五是对安监工作不支持、不配合,有的还设置障碍、打击报复;六是软磨硬泡,施以各种手段让案件处罚大事化小,小事化了;七是对执法人员施以利益诱惑,使其睁一只眼闭一只眼;八是只在各种证件和硬件设施上配备齐全以应付检查,对安全细节麻痹大意,放松管理;九是企业人员思想上的懒、散、软,派生出工作责任心衰减,工作作风懈怠,劳动纪律涣散,没有在行动上养成遵章守纪、自我约束、防范隐患的良好习惯,终究使危险因素乘虚而入,失去对人对己生命财产的安全保护屏障。所以我们就不难理解,为什么检查方式越来越多,即使有地毯式、全区域式检查,时间也越来越频繁,比如有日常检查、安全周检查、专项督查,可安全事故总是"剪不断,理还乱"。其实,这样那样的责任说到底还是领导干部的责任。

美国安全工程师海因里奇曾经提出2:10:88的规律,即100起事故中,仅有2起是所谓的难以预防的"天灾",有10起是人和物的不安全状态造成的,有88起纯属人为。以上许多问题和表现,根子都源于一个——领导者不负责任。领导者对于事关安全

的组织责任和投入责任,对于隐患排查与治理的责任、对于职工监督和培训的责任以及对事故责任人的从重处罚都没能落在实处,这正是事故频发的软肋所在。

综观所发生的各类安全生产事故,绝大多数确实都属于责任事故,基本都是由于相关责任人没有尽到安全责任造成的。换句话说,如果安全责任落到了实处,这些事故本来是可以避免的。比如2008年新疆阜康神龙煤矿瓦斯爆炸前3天,监测系统就发出了瓦斯异常警报,事故发生前4个小时,仪器显示的瓦斯浓度已上升到4%。如果按规定在超过1%浓度时就断电撤人,事故完全可以避免。遗憾的是,生产仍在继续,死神悄然来临,83名矿工无一幸免。又如在山西襄汾的溃坝事故前,尾矿库下游的村民和村委会就曾意识到了这座尾矿库的危险性,也曾递交相关报告希望政府部门能出面制止,但自下而上的监督引不起重视,自上而下的监督也失之乏力,惨剧再次上演。

责任是什么?为什么在中央和地方问责风暴如此猛烈的今天还有领导干部视责任为儿戏?为什么总有干部宁愿失职后接受责任追究,也不愿触犯违法企业,把事故消灭在萌芽状态?答案是:事后受追究的损失远比严格执法触犯企业的要小,所获利益大于其损失,所谓两害相权取其轻。谁都不希望灾难发生,即使是那些黑心经营者也是如此,这是毋庸置疑的,但知道并不意味着能够做到。有人说,100%的利润使经营者敢铤而走险,200%的利润使经营者敢于践踏法律,300%或更高的经济利益使经营者敢忘掉一切。经营者是这样,领导干部也是这样。为不再让这些人"机关算尽太聪明,反误了卿卿性命",加大和加重责任追究力度就势在必行。

二、责任追究：问责的板子要高举重落

从2001年7月广西南丹矿井透水导致81人死亡、县委书记被免职开始，党政干部行政问责制度开始起步。2008年以来，行政问责在各地更是频频发力，从山西襄汾的溃坝事故、"三鹿奶粉"事件、黑龙江鹤岗火灾、到河南登封矿难，从县处级到省部级，一批官员被追究责任，激起中国官场的"火线问责"风暴。

治乱须用重典，问责是必要的。著名社会学家帕累托有个"二八法则"，即20%的教育，80%的惩罚。对于违反安全生产条例的相关责任人应当按照这一法则进行重罚，但罚到什么程度呢？有人认为，罚到责任人得不到因违规而得到任何利润的程度，不这样就不能从根本上解决责任不到位的问题。这样的看法有一定道理。领导干部确实应该对相关责任人大喝一声，猛击一掌，重拳出击。其一领导干部必须对干部自身的责任严厉追究。有些领导干部忽视安全监督与检查，甚至与生产企业结成利益共同体。矿难一旦发生，不但要问责，必要时还要受到严厉的刑事处分，而不是像有的地方那样简单地对责任官员或撤职，或免职，或降职，或党纪处分，或异地为官；其二领导干部必须对直接生产责任人严厉追究。在上个世纪50年代，美国也曾小矿林立，矿难不断。后来，美国采取了一项让煤矿不得不"以人为本"的决定，即要求矿主开矿前先交纳足够的事故处理保证金，每死亡1人要赔付十万甚至上百万美元。因为煤矿再也"死不起人"了，就不得不加大安全设施的投入，不敢不敬畏和珍惜矿工生命，这就是为什么如今美国的采矿死亡率远远低于世界平均水平的一个重要原因。我国几年前的矿难赔付金额只有三五万元，现在有的地方将这一水平调高至二十万元，但比起开采煤的暴利来，矿工生命依然廉价（且不说生命无价），依旧不足以对煤矿

业主厚实的经济实力伤筋动骨。领导干部就是要重罚重处,让责任人不敢在死神与财神面前拿矿工的生命做赌注。

基础不牢,地动山摇,发生事故不是偶然的。杭州市地铁路面塌陷事故发生后的11月18日,有关负责人向媒体披露事故的原因有三:一是杭州土质特殊,含水的流失性强;二是事故坍塌所在地点来往车流量大,给基坑承重墙带来太大冲击;三是十月份的罕见持续降雨,使地底沙土的流动性进一步加大。按照这样的解释,有人戏言:土质不应该特殊,责任在地;坍塌处不应该作为主干道,责任在车;十月份不应该持续性降雨,责任在天。本来对于这些非常规因素,在施工方案中,都是应该有充分考虑的,不能成为免责事由。发生这样的事故,领导干部要做的就应该实事求是地把人的责任放在第一位,细追究,深反省,引以为戒,而不是寻找各种理由和借口。当然,施以处罚、追究责任并不是最终目的,对安全责任的落实不能只着眼于运动式的检查、暴风式的处理、亡羊补牢式的问责,功夫要下到打基础上,关键是要把细化后的责任一丝不苟地落实到生产的每个环节、每个角落,让每个岗位、每位人员都有明确的安全职责。只有事发前对他们进行"打针吃药",才可能避免"病入膏肓"。

"防范胜于救灾,隐患甚于明火。"领导责任的追究就要对隐患责任进行追究,把责任账彻底算清。这就需要强力推动领导责任的落实,以高压制胜,用一个又一个的行政手段,用从上至下的安全生产督查行动。让那些思想松懈、情绪不稳的领导干部始终紧绷安全生产这根弦,督查工作一刻不放松,工作部署步步紧跟;领导干部要严明法纪,严格追责,让那些麻木不仁、屡改屡犯的责任人警醒过来,履行好自己的职责,把隐患排查整改工

提升维护稳定的能力

作落到实处；让那些因失职、渎职而导致事故发生的人承担应有的法律责任，付出沉重的代价。依法治安，重典治乱，领导干部在安全生产方面的维稳重点就是要让责任追究的"板子"高高举起，重重落下，打跑隐患，打出安全。

三、影响深远：如何挑起生产责任重担？

政府统一领导、部门依法监管、企业全面负责、群众参与监督、全社会广泛支持，这是我国目前所要努力建立的安全生产长效机制。我们看到，领导干部的统一领导是第一重要的。对于领导责任，我国的《安全生产法》第53条这样规定："根据本行政区域内的安全生产状况，组织有关部门对容易发生重大生产安全事故的生产经营单位进行严格检查，并及时处理发现的事故隐患。不履行或者不认真履行这项职责，并由此造成生产安全事故的，依法追究有关政府领导人和其它责任人员的法律责任。"

市场经济国家的经验证明，在工业化过程中，健全的法治是从根本上解决安全生产问题的必由之路，而最直接和最有效的战略是对企业实施强制性的执法监督，尤其是对风险程度高、事故隐患突出的企业要严格检查。强制执法，督促企业严格遵守相关法律法规，对提高企业安全水平，预防事故发生具有无可替代的重要作用。为此，领导干部要从四个方面强化责任，监督执法：

其一是严格行政审批，从源头防控。领导干部应按照《安全生产许可证条例》及其实施细则的要求，认真把好生产准入关，督促有关单位、企业及时申办安全生产许可证，加大安全生产投入，完善安全生产条件，提高安全生产水平。

其二是严格行政处罚。行政处罚是法律法规赋予安全生产监管部门的一项重要的法律手段，只有通过现场执法，制止、制裁生产经营活动中的各种安全生产违法行为，才能消灭事故隐患，预防和减少事故，最大限度地保障职工的生命安全。领导干部应认真履行法律法规赋予的神圣职责，全面加大执法力度，树立执法权威，严厉打击各类违法行为，达到以强化执法加强安全管理，以强化执法促进隐患整改，以强化执法增强企业安全责任意识的目的。

其三是严格督促施行建设项目"三同时"制度，认真把好建设项目设计审查、竣工验收关。凡未进行"三同时"审查的，领导干部一律不得准予开工建设，凡未进行竣工验收的，领导干部一律不许其投入生产。

其四是监督实行企业负责人的安全责任制度，主要有：企业及其主要负责人依法建立和完善安全生产责任制，明确并落实企业内部各有关负责人、各部门、各岗位的安全生产职责；主要负责人依法履行安全生产法定职责；主要负责人及有关安全生产管理人员的安全资格要求，真正具备与所从事的行业相适应的安全生产管理知识和能力。

其五是监督企业全面落实从业人员的权利义务制度。领导干部应督促企业依法保障与落实从业人员在安全生产上的各种法定权利，包括知情权、建议权、批评权、检举权、控告权、拒绝权、紧急避险权、要求获得赔偿的权利、获得劳动防护用品的权利及获得安全生产培训和教育的权利等。

安全生产工作的基本方法是实施综合治理。安全生产的科学保障在于新技术的推广应用。新技术的推广应用是美国安全事故减少的一个重要原因。美国矿业协会的报告指出，新技术在安全方面的贡献主要有四个方面：第一，计算机模拟、虚拟现实等新技术增强了煤矿开采的计划性和对安全隐患的预见性，既能大幅度减少煤矿挖掘中的意外险情，又可以帮助制定救险预案；第二，机械化和自动化采掘既能提高工作效率，又能减少下井人员数量，可以从根本上减少伤亡；第三，生产方式的变革提高了安全系数，如推广安全性较高的长墙法取代传统形式的坑道采掘；第四，推广新型设备和材料如通风设备、电器设备、坑道加固材料等，可以大大提高安全指标。这些，都是领导干部必须下大决心加以改进的。

安全生产的损益主体是企业。领导干部应明确企业安全生产责任的主体地位，这是企业依法履行安全生产法定职责的重要前提，也是领导干部切实强化安全生产工作监管的客观需要。安全生产治本的方法在于预防。最好的办法莫过于及时发现事故征兆，立即消除事故隐患，将事故消弭于萌芽状态，为人民的生命财产筑起一道"防护墙"。在经历了娄烦垮塌、襄汾溃堤等多起重大事故的山西省，近日加强对安全生产的责任追究，变"事故问责"为"隐患问责"，用山西省省长王君的话说，"宁听骂声，不听哭声"，前移问责关口，变"事故问责"为"隐患问责"，山西的做法值得借鉴。

安全监督方法的有效在于其适时创新。企业生产经营情况是变化的，领导干部对其的安全监管也应是动态的，最关键的是平时要强化"过程管理"。

安全生产治本的关键在于细节。安全事故不会自动找上门，事故和隐患潜伏在我们不曾触及到的角落，徘徊在我们忽略的每一个细节。为此，领导干部应在细节管理上下工夫。一般而言，一线员工往往对工艺流程比较熟悉，对生产的各个细小环节存在的问题能第一时间发现，所以企业应当疏通监督渠道，努力使企业内部的基层监督发挥作用。第一，领导干部要使员工能够监督。企业应当努力提高员工素质和能力，尽可能避免一线从事生产作业的员工由于流动性大、专业知识缺乏、安全生产意识淡薄和自我保护意识差形成的疏忽大意；第二，领导干部要使员工敢于监督。企业要形成"一切为了安全生产"的氛围，要消除员工碍于情面或怕打击报复的思想和心理，敢于通过企业的正常有效的监督渠道反映安全隐患；第三，领导干部要发挥企业奖励机制的作用，使员工勇于监督；第四，领导干部要具备洞察能力，对"细节"的安全隐患有一种识别能力，钻安全隐患的"牛角尖"，善于发现常人难以发现的管理隐患。只要反思了、查找了、吸取了、处理了，事故就会自动退却。

好钢靠锻打，安全靠严抓。领导干部作为安全生产的管理者、监督者、责任者，应切实承担起自己在安全工作中的职责，用良知、良心和良策为生命保驾护航，争取"安全日日好，生产步步高"，扎实的工作作风和较高的工作能力保持经济稳定，社会稳定。

第七节　食品安全：主线是强化全程监管

领导干部要维护社会稳定，要善于根据宏观经济形势与社会发展状况，结合本地区本部门的具体条件与实际情况，运用创造性思维作出科学可行的决策；要坚持依法行政，学法、懂法、用法，依照宪法和法律规定进行社会主义事业建设。

一位法国的资深营养专家说过这样一句发人深省的话：一个民族的命运，要看他们吃什么和怎么吃。食品质量安全状况是一个国家经济发展水平和人民生活质量的重要标志。可近些年的食品安全事件一再昭告世人：食品安全成为我们发展中面临的本不

提升维护稳定的能力

该成为问题的问题。食品安全涉及千家万户，关系国计民生，是领导干部维稳工作的又一着力点。

一、食品安全问题的症结在哪里?

多年来我国的食品安全状况不断改善，食品生产经营秩序显著好转。成绩固然可喜，但问题更值得注意。近年来我国食品安全事件特别是重大食品安全事故还是不绝于耳。如发生在2001年9月的"冠生园"月饼事件，2004年4月的阜阳劣质奶粉事件，2006年的"苏丹红"事件，以及2008年的"三鹿"奶粉事件。这些涉案食品危害健康，甚至危及生命，不免要遭遇"过街老鼠，人人喊打"的厄运。

那么，这些食品安全事件是怎么发生的呢?透过事件看背后，领导干部应该看到什么呢，在食品安全领域，维稳的盲点和难点在哪里呢？应当看到，食品安全事故的诱发因素纷繁复杂，归结起来大致有以下几类。

——不当使用添加剂等化学制品。目前我国已经批准使用的食品添加剂有22个品类1500多种。从近两年国家对食品的抽查结果来看，食品添加剂已经成为产品不合格的重要因素，成为食品安全的最大威胁。本来正确使用添加剂可以改进产品的色香味，但是一些企业在生产过程中，超量使用添加剂，甚至将有毒的化学工业品用在食品生产中。如不法商贩为了使生产出来的虾米更好看，使用双氧水、敌百虫和胭脂红等物质进行浸泡，使不明真相的消费者上当受骗。

——微生物和寄生虫污染防不胜防。我国每年向卫生部上报的几千件食物中毒案件中的大部分都是由致病微生物引起的，这些致病性细菌名称各异，有沙门氏菌、金黄色葡萄球菌、肉毒杆菌以及致病性大肠杆菌和单增李斯特菌等。如2001年在江苏、安徽等地暴发的造成177人死亡、中毒人数超过2万人的事件，就是由肠出血性大肠杆菌O157引发的食物中毒；2006年在市场上销售的万吨霉变大米是由真菌毒素导致的，同年的福寿螺事件则是由寄生虫污染导致的。

——假冒伪劣食品祸害无穷。害人的假冒伪劣食品主要有两种，一种是假品牌尤其是假名牌食品，这些食品一般来说本身是真的，是可用的食品，但品牌却是假的，如一些冒充茅台、五粮液、劲酒等知名品牌的酒混入市场进行销售；另一种是假食品，即这些食品本身就是假的，是不能用来食用的，如以工业酒代替食用酒，假蜂蜜冒替真蜂蜜。如果说前者以次充好，扰乱的是市场秩序，侵害的主要是生产者的利益；那么后者则以假乱真，侵害的是消费者的健康，甚至危及的是老百姓的生命，社会影响更为恶劣。2004年的阜阳奶粉事件导致12名婴儿营养不良而死亡，实在令人痛恨。

——生产方式悖离生态规律。据估计，人类肿瘤的85%～90%是环境因素所致。由于工业"三废"和生活垃圾的不合理排放，致使我国850条江流、130多个湖泊和近海区域都不同程度地受到了污染。含氯的有机化工厂在排放的"三废"中因含有致癌和致畸性质的二恶英及其类似物，水源污染造成食源性疾病的发生。在种植业中，农民为增产增收而大量使用甚至超量使用化肥和农药等农用化学品。比如过量地施用化肥会造成蔬菜中硝酸盐大量积聚，而积聚的硝酸盐会进一步形成强致癌的物质亚硝胺。在养殖业中，为减少畜禽发病率和提高饲料的利用率，有的药物如抗生素、磺胺药、激素等被养殖户广泛用于促进肉用畜的生长。2006年9月上海市发生多起因食用猪内脏、猪肉导致的食物中毒事故，事后被确认为瘦肉精中毒。在加工过程中，有些企业滥用食品添加剂和非法添加物，有些不严格按照工艺要求进行微生物消毒杀菌，导致在生产、储藏过程中发生微生物腐败而造成食品危害。

——生产经营违法违规。有的食品生产经营企业法律意识淡漠，重生产却轻卫生，使用弄虚作假、出售过期变质食品等花招欺骗群众，有些无证无照的企业非法生产经营食品，甚至恶意生产不健康食品；有的生产者素质较低、卫生意识淡薄、规范操作能力差。这些有意无意的违规生产行为都极易造成食品污染，引发大范围内的食物中毒。

——产品标准和法规不一。目前的各类食品标准多样，农业、质监、卫生等多个部门都制定有自己的标准｛无公害农产品、绿色食品、有机农产品、"QS"（质量安全）都是不同主体进行生产的参照标准。我国关于食品安全的法规目前主要有产品质量法、食品卫生法、食品添加剂使用标准等，具体的食品质量标准有近3000个。这些标准和法规在市场上有时碰撞冲突，企业一头雾水，老百姓更是一脸茫然。

——"争着管"与"无人管"。从农田到餐桌，食品从生产加工到流通消费要经历很多环节，每个环节分别由不同的部门来监管。现在与食品安全相关的部门有30多个，直接相关的也有10多个。以猪为例，农业部门管饲料、畜牧部门管养殖、商务部门管屠宰、工商部门管流通等，与猪有关的部门有八九个之多，但猪肉并不见得安全。难怪有人戏说：九个部门管不了一头猪。实际工作中的多头监管造成结果是"谁都管不好"：既出现监管的"冲突地带"，有好处时争权夺利；也出现监管的"真空地带"，出问题后难以找到真正能够负责的部门。这是目前我国的食品监管体制不健全的反映。

——小规模经营与低水平管理。近年来，我国食品行业不断发展壮大，已涌现出一批达到生产规范的、有实力的企业，但是这些企业在整体中的比重还较低。据国家质检总局近年的一项调查显示，在全国六万多个生产企业中，100人以下的小型企业占94.9%，10人以下的家庭作坊式的企业或生产厂点占79.4%。这些家庭作坊式的生产给监管带来了较大难度。以美味可口的泡菜为例：有些小坊主基本上不吃自己腌制的泡菜，因为这些泡菜是用工业盐腌制的，而在腌制过程中也因为泡菜容易生虫，有的作坊主就靠打"敌敌畏"等剧毒药除虫。这种小作坊生产、小市场流通的模式使部门监管非常困难。

——法律保障体系不适应。我国虽然早已有关于食品质量的总体性法规，如《食品安全法》、《产品质量法》、《农业法》，但这些法律对食品质量都仅仅作一些概要性规定，并没有充分反映新形势下消费者对食品安全的意愿和要求。作为法规，几部法律相互间的协调性和配套性不够，可操作性不强；从监管部门来说，这些法律都由不同部门执行，明显缺乏协调统一和有序规划，作用的发挥相当有限。对于食品安全中必备的标准、检测和认证等环节的规定，我国目前并没有一部统一的法律体系。

——认证制度有较大缺陷。对消费者而言，"免检"是"完全有保证"的代名词，是"放心购买"的潜台词。具有讽刺意味的是，许多害人不浅的产品正是国家的"免检产品"，比如夺去多名婴幼儿生命的"三鹿"奶粉。食品监管部门建立"免检"制度的初衷，一方面是为避免重复检查，以减少政府对企业的不当干预，为企业发展创造良好的外部环境；另一方

提升维护稳定的能力

面,"免检"也意味着对产品质量的高度认可,意在鼓励企业提高产品质量,扶优扶强。遗憾的是,有些企业举着"免检"的牌子有意脱离政府的监管,牺牲产品质量获取眼前利益,而有的地方或部门也在授出"免检"的牌子后放松了监管、放弃了责任。

——其它因素。由于容器和包装材料不合格,可能在食品生产、加工、储藏、运输和经营过程中造成食品污染;由于执法不力,"手下留情",甚至进行权钱交易,责任人并不在意食品是否污染;新产品和新技术可能存有潜在的风险,很多新型食品没有经过危险性评估就直接在市场上大量销售,其中方便食品和保健食品的安全性尤其值得关注;食品安全教育滞后,许多消费者缺乏自我保护意识,仅凭食品包装的好看与否进行消费;还有执法部门的工作不够深入,如工商、质检等部门管理重心主要集中在查处假冒伪劣产品,至于食品内在成分和含量是否合格,则很少列入检查范围;另外,食品案件的溯源追究难度大,比如目前全国存栏猪约有97%是散养的,这些猪一旦流入市场一般很难确认其来源。

"民以食为天,食以安为先",人类繁衍和社会进步的前提是食品的安全。作为肩负重大民生责任的领导干部,应当看到,食品不卫生造成的后果是严重的:直接威胁消费者的生命安全和健康,引发人们对政府和生产企业的信任危机;造成生产经营企业重大的经济损失,对行业发展带来沉重打击;关系到经济的发展和社会的稳定,关系到国家的声誉和形象,意义极其重大。

二、为什么"治水不能靠龙多"?

为保障2008年北京奥运食品的绝对安全,国家采取了多项有力措施。其中包括：对供应企业进行严格检查，实行严格的市场准入；政府有关部门派专家和官员对供应食品的企业进场监督，实行批批检验；对加工企业实行"点对点"的供应，把所供应的食品直接送到消费点，没有中间环节；对运输、仓储等流程实行GPS定位监控，每一个产品都可追溯源头。这说明，食品的生产完全有可能做到绝对安全。关键是我们的领导干部应当审视：这样的安全由谁保证，怎样保证？

目前我国的食品安全监管的四个环节（初级农产品生产环节、食品生产加工环节、食品流通环节、餐饮业和食堂等消费环节），分别由农业、质检、工商、卫生四个部门实施。食品药品监管部门负责综合监督、组织协调和依法组织查处重大事故，质检部门负责进出口农产品和食品监管。应该说，各监管部门分工明确，相互衔接，如果能密切配合，基本可以形成严密、完整的监管体系。这一决定基本符合建立"全国统一领导，地方政府负责，部门指导协调，各方联合行动"的监管工作格局的构想。但问题是九龙治水，八法镇妖，力度不能说不大，但为什么近年来的食品安全事件还是如韭菜般"割一茬长一茬"呢？

原因之一是领导体制不顺。从理论上来说，多部门领导干部的联合监管为食品安全建立了多道"防火墙"；但实际上由于配合不紧密，责任追究不明晰，出了问题后要么是无人承担责任，要么是集体承担责任。拿集体承担责任来说，"法不责众"，即使集体担责，对各个部门而言，其所承担的责任仍然很小，难以对责任人起到应有的惩戒作用。我们不妨做这样的假设：假如有一个领导干部完全尽到了职责，即使其他领导的工作有纰漏，"三鹿"奶粉事件也可能完全避免。2008年10月，国家食品药品监督管理局并入卫生部，这正是国家为消除以前的体制弊端，进

提升维护稳定的能力

而探索以"大部门"体制进行食品安全监管的探索性举动。原因之二是法规不力。我国目前还没有统一的食品安全法。为保障食品安全,各部门从各自角度制定出台了各自的执法条例。这些执法条例难免交叉重复,有的甚至相互矛盾抵触,既无助于市场秩序,又损害了执法权威。

为提高农产品质量安全生产和管理水平,从监管角度来讲,领导干部必须把农产品的市场准入当作监管的关键点,必须以开展例行监测为抓手,增强质量安全意识;领导干部必须从每个环节入手,落实管理责任,进行标准化管理,推进召回制度,推动从农田到市场的全程监管。

首先,领导干部应抓好市场准入这一"瓶颈"。不合格食品之所以能在大范围内危害消费群体,是因为它有"市场",甚至可能堂而皇之地具备"市场准入"的资格。我国于2001年建立了食品质量安全市场准入制度,主要包括生产许可制度、强制检验制度、市场准入标志制度三项内容。具体说来,就是生产个人或企业取得食品生产许可证后,才能获准生产,必须经检验合格才能出厂销售,对于合格食品还必须加贴QS(质量安全)标志,必须使厂商对食品质量安全进行承诺。实践证明,这一制度的设立是科学的,在实际工作中也是行之有效的,各级领导干部今后应当继续坚持并完善这一制度。

其次,领导干部应练好日常监测的"硬功夫"。事后的处罚不是目的,过程的监管才是根本。领导干部应督促责任部门对食品生产加工企业的原材料、生产设备、工艺流程、产品标准、质量管理、检验设备与能力、环境条件、储存运输、包装标识、生产人员卫生状况等各个生产要素和环节进行日常监测。在监管目标上,领导干部应围绕确定的重点区域、重点加工点进行重点整治。当前要特别注重对食品小作坊（尤其是20人以下）的专项整治。既应对小作坊进行监管、规范、引导，又应使其便民、利民。领导干部应组织监管部门在小作坊的基本条件改造、限制销售流通范围、严格限制预包装等环节上作出明确规定，通过市场条件准入等行政强制干预措施有效提高生产的安全条件，防范食品安全事故。在监测方式上，以抽查为主，通过加大抽查频次、扩大抽查覆盖面，实现"抽查一类产品、评价一个企业、整顿一个行业"。

再次，环环相扣，节节严管。领导干部一是应突出对生产环节，特别是加工源头的监管。今后应周密部署，持续开展专项执法打假行动，对使用非食品原料生产加工食品、滥用食品添加剂以及证照皆无的制假造劣的黑窝点进行严厉打击。二是加强食品流通领域的监管。推进经销企业落实进货检查验收、索证索票、购销台账和质量承诺制度，健全和完善市场销售者质量责任制。领导干部应全面落实市场巡查制度，强化食品安全标识和包装管理，集中力量整治制售食品假包装、假标识制品的行为。三是加大消费环节的监管。领导干部应继续要求餐饮业、食堂全面实施食品卫生监督量化分级管理制度，完善和加强食品污染物监测和食源性疾病监测体系建设，通过食品危险性评估，科学及时发布食品安全预警和评估信息。

第四，念好"责任经"，用好"紧箍咒"。责任分得细，事事不忘记；责任到了位，风险向后退。领导干部应按照定人、定责、定区域、定企业的"四定"方式，确定"三员"，即到生产一线具体监管的质检部门食品安全监管员、协助监管的基层政府协管员、收集提供食品安全违法信息的社会信息员。领导干部的上下级之间应层层签定责任状，企业向政府签订承诺书，质检部

提升维护稳定的能力

门定期如实做食品安全报告向公众公布。"三鹿"奶粉事件发生后，质检部门向每一家生产企业都派驻监督人员，实行严格的食品安全区域监管责任制，这也是西方发达国家通常采用的有效做法，我们的领导干部应当将这一制度坚持好，利用好。

第五，完善召回制度，及时"亡羊补牢"。果断地实施召回制度，在于切实维护广大消费者的健康安全。食品生产加工企业是食品召回的责任主体，质检部门如果确认食品存在安全危害，应当立即停止生产和销售并主动实施强制性的召回。近年来，针对市场上发现的存在致病菌、化学性污染、使用非食品原料等重大安全隐患的食品，国家质检总局对后果严重的企业吊销了生产许可证，起到了打击和震慑作用，今后应一以贯之。

总之，领导干部应当确立加强食品安全监管责任的最优主体结构，标本兼治，着力开展食品生产加工、流通、消费环节风险监控，通过动态收集和分析食品安全信息，初步实现对食品安全问题的早发现、早预警、早控制和早处理，把问题消灭在萌芽状态。

三、食品标准为什么不标准？

如今城市居民在超市时常会看到许多蔬菜每捆都贴一个标签，有的标有"绿色食品"字样，有的标有"有机蔬菜"字样，有的标有"QS"字样。作为领导干部，你知道这些字样的确切含义吗？你知道它所标注的产品是不是真的"绿色"或"无机"呢？你是不是在问：吃这样简单的事，为啥越吃越复杂，越吃越不明白了呢？

我国食品相关标准按层级划分，由国家标准、行业标准、地方标准、企业标准等四级构成。目前我国已制订出众多食品标准，包括各类食品产品标准、食品污染物和农药残留限量标准、食品卫生操作规范，共有1070项食品工业国家标准和1164项食品工业行业标准，还有为适应进出口食品检验而制定的方法标准578项。按类别划分，有绿色食品、无公害农产品、有机农产品。除此之外，还有"QS"标识的食品。"QS"即食品质量安全市场准入制度，规定凡进入该制度范围内的食品的有关生产企业要拿到食品生产许可证，并在销售单元上贴上"QS"（质量安全）标志才可以入市销售。

绿色也好，无公害也好，都是一种农产品安全标准，其本质差别在于农药、化肥的残留成分指标不同，而国际上一般只有一个标准。秦始皇统一六国后，首先做的是统一度量衡；欧盟为实现经济一体化，让欧元成为统一的货币标准。我国目前存在的"多标准"实际上造成的是"无标准"。以黄花菜为例，在《食品添加剂使用卫生标准》中黄花菜不属于"干菜"，不得使用硫磺等漂白剂，因此不能有二氧化硫残留；而质检、农业部门的标准中将黄花菜列为"干菜"，限定二氧化硫的残留量是0.1g/kg。国务院有关部门对这一标准冲突进行了协调，重新确定黄花菜属于"干菜"，将这一标准更正为0.2g/kg。尽管如此，有的企业仍然不知所措，仍然感到标准间互相矛盾，在黄花菜的种植、初加工、流通和消费方面仍存在一定混乱。再比如，针对火腿产品，市场上目前有《火腿卫生标准》等六项标准，但其感官指标规定的二级鲜度的色泽与《食品卫生法》第六条关于感官指标的规定并不一致，这就大大降低了《火腿卫生标准》的可执行性，难免使食品卫生监督执法陷入"两难"境地。

我国当前食品标准暴露出诸多问题：总体水平偏低，国家标准、行业标准和地方标准之间存在着交叉、矛盾或重复，重要

提升维护稳定的能力

标准短缺,标准的前期研究薄弱,部分企业标准低于相应的国家标准或行业标准,部分标准的实施状况较差,甚至强制性标准也未得到很好的实施。标准太多既不利于对某种产品的全程监控与服务,也常常使老百姓犯糊涂,企业也不知道该把"菜"往哪个"筐"里装。多种标准在市场上形成冲突,使得企业无所适从。从暴露的案例来看,不少标准都没有得到有效执行。

领导干部在食品安全监管中的首要职能,就是建立健全食品安全标准体系,制定食品安全标准并予以强制执行。建立健全食品安全标准应目标明确、加快实施。首先要全面清理现行食品标准,应对现行的国家标准、行业标准、地方标准和已备案的食品企业的产品标准进行全面清理;应按照统一、科学、先进、合理的原则来规划新体系。食品卫生标准的技术要求应主要涉及农兽药残留量、有害重金属限量、有害微生物和真菌毒素限量以及食品添加剂使用限量等方面,所涉及的卫生要求应引用强制性国家标准,并进一步提高通用性,以便于其他标准引用。据悉,到"十一五"末我国将制修订食品安全标准400项,建立以农兽药残留、污染物、有害微生物和食品添加剂使用为基础的食品安全标准体系。

此外,国家目前已成立国务院产品质量和食品安全领导小组、发布关于加强食品等产品安全监督管理的特别规定、建立严密的食品监管网络、出台食品召回制度……领导干部应积极行动,为群众真正构筑起一道道食品安全防线。

社会在向两个极端方向发展,一极是化学工业的发展使食品污染更隐蔽,更难以监测;另一极是科学技术不断发展,监测水平不断提高,反污染的手段也在不断强化。总体上看,食品安全风险具有社会性、广泛性和不确定性,两个发展极的矛盾斗争不断，应对和防控食品安全风险是一个长期、艰巨而复杂的系统工程，需要领导干部引领全社会力量综合防治、协同努力。

第八节 生态环境：社会稳定的新挑战

作为一个发展中大国，中国正在经历着一个快速的由农业向工业、由农村向城镇的社会转型过程。在这一过程中，生态环境受到严重损害，并日益成为制约经济社会发展和影响人们生产生活的重要因素。在环境污染的威胁下，为争取生存和健康等权利，我国因生态环境问题发生的群体性事件在增加，影响到我国的社会稳定。

一、生态环境危机：不能承受之重

（一）城市环境污染严重

随着城镇化的快速推进，我国城市发展速度迅猛，城市空间扩展以及人口和产业向城市区域集中，城市的环境问题也日益严重，主要表现为城市"三废一噪"污染严重。

首先，城市空气质量不容乐观。空气污染是城市的一大"病"。城市工业生产、交通运输和居民生活排放大量的二氧化碳、二氧化硫、一氧化碳等有害气体和尘烟，是造成空气污染的主要原因。根据《2007年中国环境状况公报》，全国地级及以上城市（含地、州、盟首府所在地）空气质量达到国家一级标准的城市占2.4%，二级标准的占58.1%，三级标准的占36.1%，劣于三级标准的占3.4%。国务院批准的113个大气污染防治重点城市污染更为严重，空气质量达到二级标准的城市占44.2%，三级的占54.9%，劣于三级的占0.9%。大气污染连带问题是酸雨，酸雨

提升维护稳定的能力

在我国发生的范围广、频率多、影响重。

其次,城市水资源缺乏和污染严重。一方面,我国水资源的总体状况是人均量少,分布不均,随着城市工业的发展和人口的增加,用水量逐年增加,水资源短缺严重,特别是长江以北水系的流域面积占国土面积的63.5%,但水资源量只占全国19%,城市缺水的状况更为严重。正因为地表水的严重缺乏,地下水的开采量与日俱增,这也导致了地下水位的下降并且形成地下水降落漏斗;另一方面,工业废水的大量排放,生活污水与垃圾的随意排放,酸雨的不期降临,以及有些污水处理厂的运行符合率低,使得城市水资源污染形势仍然严峻。

再次,城市固体废物污染让人担忧。随着城市化进程加速,城市规模的扩大和人口的增加,使得城市生活垃圾产生量迅速增长,许多城市出现了城市不同垃圾围城现象。根据国家环保总局统计资料,我国每年产生城市生活垃圾达1.5亿吨,占世界总产量的1/4左右,而且还以每年6%~8%的速度增长。长期以来,我国城市生活垃圾的污染防治较为滞后,尽管废旧物资回收对部分垃圾进行了利用,但是回收之后的剩余垃圾则处理不力,或随意堆放在河沿、池塘及城乡结合部,而且,垃圾处理的方式也较为落后,焚烧处理技术落后,从而导致了生活垃圾的第二次污染。另外,危险废物像一把利剑对城市生态环境存在长期和潜在的隐患。危险废物具有毒害性、爆炸性、易燃性、腐蚀性、化学反应性、传染性或放射性等危害特性,其对大气、水体、土壤等都存在污染危害。2007年,危险废物产生量为1079万吨,排放量为736吨,综合利用量、贮存量、处置量分别为650万吨、154万吨、346万吨。

第四,噪声对城市环境污染日益严重。噪声对人体全身各系统,特别是对中枢神经系统、心血管系统、消化系统和内分泌系统都有损害。在我国，城市噪声污染已经成为干扰人们正常生活的主要环境问题，成为城市四大环境公害之一。2007年，对350个城市进行的区域环境噪声检测结果表明，属于中度污染的占1.4%，轻度污染的占26.6%。

（二）农村环境污染严重

在城市环境日益恶化的同时，中国广大的农村地区也正在失去其昔日"山清水秀"的容颜，环境污染和生态破坏的劣迹在农村地区日益明显。

首先，农地污染严重。我国改革开放三十年来，农业经济发展很快，农业产业化生产过程中农药、化肥、除草剂、地膜等的大量使用，种植业、养殖业的迅速发展，废弃物、污水的随地排放，高能耗、高污染、低效率的乡镇企业快速涌现，再加上大量工业污染的转移，使得我国农村土地污染严重，特别是在重污染企业或工业密集区、工矿开采区及周边地区、城郊地区出现了土壤重污染。目前我国受污染的耕地已经超过1.5亿亩。2005年环保总局发布的调查数据表明：珠三角近40%的农田菜地土壤重金属污染超标，其中一成土地污染属严重超标；长江三角洲地区有的城市连片之间的农田受多种重金属污染，致使10%的土壤基本丧失生产力。全国每年出产重金属污染的粮食多达1200万吨；主要农产品中，农药残留超标率高达16%~20%。大量土地施用化肥和农药，使土地板结，理化性能变劣，降低了食品安全。

其次，农村人居环境严重污染。农村地区人口多，村庄分布散，经济实力薄弱，加上长期公共财政对农村投入不足，使得农村人居环境基础设施和管制的缺失，其生活废弃物直接排入到生活的环境中，建筑垃圾随处堆放，造成严重的"脏乱差"现象，更是污染空气，污染水源，据有关部门统计，每年产生的约为1.2亿吨的农村生活垃圾几乎全部露天堆放；每年产生的超过2500万吨的农村生活污水几乎全部直排，使农村聚居点周围的环境质量严重恶化。农业生产的不规范的耕种使得农药化肥流失，秸秆随意焚烧，以及城市工业"三废"向农村的蔓延，使得农村水体污染、地下水污染和空气污染现象日益突出。我国现在还有3亿多人口的饮用水不安全，三分之一左右的村庄没有合格的饮用水，自来水通村率也不到50%。

当前，由于我国农村地区的环境治理体系尚未建立，环境污染不仅将迅速由"小污"变"大污"，而且已经"小害"成"大害"，给作为弱势产业的农业和弱势群体的农民带来了显著的负面影响。这些污染意味着人赖以生存的土地受到严重破坏，耕地的污染，加快了土地的退化，同时也危害到我国的粮食安全。同时，它也严重影响农村的公共卫生和农民的生命安全。

（三）江河湖海普遍受污

水是生命之源。以江河湖海为主要载体的水资源是人类赖以生存的基本条件。虽然，近些年来，我国对水资源的污染问题比较关注和重视，在治理大江大河上投入了巨资，2007年更是制定并组织实施淮河、海河、辽河、松花江、三峡库区及上游、丹江口库区及上游、黄河中上游、滇池、巢湖流域水污染防治规划和太湖流域水环境综合治理总体方案，提出了让不堪重负的江河湖海休养生息的政策措施，给予水环境人文关怀。但是近两年频发的污水事件表明，我国水体资源的污损似乎积重难返。2007年无锡市因太湖蓝藻暴发引发水危机之后，安徽巢湖又出现蓝藻发生的种种征兆。2008年太湖的蓝藻又一次暴发，直接严重威胁周边数千万人口的饮水安全，也再次给我国水污染防治工作亮了红灯。一组数字也许更能反映问题的严重性和治理的紧迫性：目前我国7大水系总体为中度污染，其流经城市的河段普遍受到污染。据《2007年中国环境状况公报》显示，2007年，对七大水系的197条河流407个断面中的监测结果，Ⅰ～Ⅲ类、Ⅳ～Ⅴ类和劣Ⅴ类水质的断面比例分别为49.9%、26.5%和23.6%。全国近岸海域一、二类海水比例为62.8%，比上年下降4.9个百分点；三类为11.8%，上升3.8个百分点；四类、劣四类为25.4%，上升1.1个百分点。造成我国江河湖海污染严重的直接来源要有三个方面：一是工业发展超标排放工业废水；二是居民生活污水排放和集中处理设施严重缺乏，大量生活污水未经处理直接进入水体造成环境污染；三是由于事故引起的水污染。

另外，我国的森林覆盖率低，水土流失严重，草地退化加剧、土壤沙化、沙漠化和盐渍化突出，湿地面积萎缩，生物多样性遭到破坏，使得我国的生态系统恶化现象突出。

上述生态环境现状不仅给生态环境带来了巨大的破坏力，而且制约了经济和社会的协调发展。

首先，经济损失巨大。根据世界银行的一项报告分析，由于中国技术和管理水平较低，经营方式比较粗放，能源、资源的消耗量大，资源效率低，污染物排放严重，因而环境污染所导致的经济损失近年来呈不断上升的态势。据估计，我国1986年环境污染损失之和为381.55亿元，占GNP的6.75%；而到了1993年损失就上升到约1085.1亿元，占GNP的3.16%。1997年统计，每年仅空气和水污染造成的经济损失就高达540亿美元，相当于国内生产总值的3%～8%。

其次，影响社会安定。一些地区由于植被破坏，水土流失，生态失调，致使土地荒漠化越来越严重，迫使当地农民远走他乡，成为生态灾民。同时，围绕环境和生态问题的各种利益冲突也日益成为社会矛盾的重要方面,由于环境污染和生态破坏的群体性事件逐步上升,近年来我国环境投诉在以30%的速度增长,各种关于环境生态的社会事件频发成为影响社会和谐的重要因素。

再次,加剧了自然灾害。在类型众多的自然灾害中,除了地震、火山活动等少数灾害之外,许多自然灾害都与人类破坏生态环境密切相关,特别是洪涝、干旱、泥石流、沙尘暴等的频繁发生,可以说是生态环境恶化导致的直接后果。

此外,环境问题也制约了社会、经济的可持续发展。大气污染、水污染、废弃物污染以及辐射污染等严重损害着广大人民群众的身心健康。特别是江河断流使水资源供需矛盾更加激化,给下游地区的社会经济发展造成了严重影响。另外,生物资源的过量消耗和物种的大量消失,也进一步削弱了工农业生产的原材料供给能力,制约了经济社会的协调发展。

二、生态环境危机发生的原因与新挑战

(一)危机因何而生

正如我国环境生态状况恶化表现出来的多样性一样,导致这一状况的原因也是如此的复杂和多样。从不同的角度和层面,可以分析出导致环境生态恶化的各种"根源"。

具体来说,最直接的原因主要有几个方面:

一是特定经济发展阶段和粗放型经济发展方式是最主要和最直接的因素。中国是一个从传统农业生产国向现代工业化国家转变的发展中国家,从现代化的长波进程来看,中国工业化任务尚未完成,仍处于初级阶段。落后的生产方式、生产技术,不合理的产业结构和能源结构等形成总体上粗放式生产模式,高耗能、

高污染的工业化路径是导致环境生态恶化的最主要、最直接的原因。长期以来经济增长方式为粗放型，传统工业中技术改造投入不足，不少企业设备陈旧、老化，高投入、高消耗、高排放。特别是一些地方上了不少小钢铁、小水泥、小化工、小造纸、小皮革等项目，加剧了环境污染。

二是偏颇的发展观念和薄弱的环保意识。在中国经济社会发展的历程中，一些偏颇的主导观念意识、特定的政治架构及评判标准，对粗放型经济发展方式起了推波助澜的作用。"人定胜天"、唯经济发展、以GDP论政绩等使得主导中国经济社会发展的政府部门及其人员长期以来忽略了环境生态保护的意义。尽管我国早在1992年已经发布《中国环境与发展十大对策》，明确要求地方各级决策者提高环境与发展综合决策能力和水平，不应该以牺牲环境为代价换取短期经济增长。但是，地方官员没有正确认识和处理好经济发展与环境保护的关系、当前与长远的关系、局部与全局的关系。2006年中国有一家全国性报纸曾经披露某省环境问卷调查结果，在回答问卷中，居然有高达91.9%的市长、厅局长认为加大环境保护力度会影响经济发展。一些地方重经济发展、轻环境保护，甚至不惜以牺牲环境为代价换取经济增长；只顾当前，不计长远，考虑局部利益多，考虑全局和整体利益少。由于重视不够，不少地方环境保护和治理明显滞后于经济发展，该治理的不治理，边治理边破坏。

三是城乡基础设施普遍缺乏和滞后。我国现在城乡基础设施普遍严重滞后，一些地方甚至处于空白状态，致使中国有不少与环境保护有关的清洁饮用水源和卫生设施享有率等指标，明显低于世界平均水平，至今仍然徘徊在世界低收入水平国家行列。从环境安全角度考察，数据表明，在中国660多个城市，至今还有

提升维护稳定的能力

150个城市危险废物处理完全处于空白状态,190个城市污水集中处理率为零,160个城市垃圾处理率也处于空白状态。而农村的基础设施建设更是普遍严重不足。

四是环境保护执法不严,监管不力。近些年来,我们重视环境法制建设,加强了环境管理。但是,我国环境法制意识淡薄、环境执法不力,环境违法现象在中国依然相当普遍。如,2007年,草原违法案件15677起,破坏草原面积162万亩。对环境违法处罚力度不够,违法成本低、守法成本高。一些地方对环境保护监管不力,甚至存在地方保护主义。有的地方不执行环境标准,违法违规批准严重污染环境的建设项目;有的地方对应该关闭的污染企业下不了决心,动不了手,甚至视而不见,放任自流;还有的地方环境执法受到阻碍,使一些园区和企业环境监管处于失控状态。这种状况不改变,环境污染就不可能得到根本治理。

(二)未来挑战依然巨大

在中国这些影响环境生态治理的因素没有得到根本改善的同时,未来的中国环境保护的发展还要面临更大更多的新的挑战。比如:

其一,能源消耗大,空气污染严重将继续。未来十多年,是中国完成资本密集型工业化发展的重要时期,也是人口增长达到高峰的时期,还是实现全面小康提高全民生活水平的关键时期。在这一时期,中国的能源需求总量将大幅度提高,也就是中国能源供给面临巨大压力。根据国家环保总局环境规划院国家信心中心研究报告预测:2010年,能源需求量将达到28.9亿吨标煤左右;2015年,能源需求量将达到35.6亿吨标煤左右;2020年,能源需求量将会达到41.8亿吨标煤左右。从工业行业能源消耗结构来看,未来5~15年,由于重化工业生产中间产品的需求,石油加工及冶炼、黑色金属冶炼及压延加工、化工原料与化学制品制造业、电力、热力的生产和供应业及其交通运输业等行业仍然是能源消费的主导部门。

其二，水需求难以得到根本缓解。1997年1月，联合国发布的《世界水资源综合评估报告》指出，水问题将严重制约21世纪全球的经济和社会发展。水资源作为一种战略资源将成为中国未来发展的一个瓶颈，水危机也将是中国环境安全的首要问题。2002年我国工业用水达711.7亿立方米，比1998年增长了15.1%，年均增长2.15%。预计2010年将达834.1亿立方米，2030年将达1140.1亿立方米，2050年将为1446.2亿立方米。生活用水将由2000年的189亿立方米增加到2050年的730亿立方米。

其三，生活垃圾呈持续快速增长趋势。随着中国城镇化快速发展以及人们消费水平的提高，城市生活垃圾产生量将快速增加，且近几年来中国农村经济发展和农民的生活水平不断提高，农村生活垃圾问题凸现。根据中国城市化趋势预测的结果表明，到2010年和2020年，我国城镇人口比重将达到43%和60%；2010年和2020年我国将分别有6亿和8.36亿人口居住城市。按照目前中国城市人均产生垃圾440公斤推算，将分别产生生活垃圾2.64亿吨和3.98亿吨。

其四，新的环境生态问题的挑战。环境生态问题的出现除了与自然世界本身有关之外，它总是与人类生产和生活方式紧密联系在一起，随着新的生产方式和生活方式的出现，新物质的利用开发，都有可能形成新的环境问题。比如说随着电子技术的开发普及，电子废弃物以及电子用品形成的辐射污染已经越来越影响到人们的生活。来自于个人电脑、电视、电话、手机、电子玩具和其他电子产品的电子废物，是目前世界上增长最快的固体垃圾。有资料表明每年全球范围电子垃圾增加2000~5000万吨，中

国每年废弃的个人电脑就达400万台。这些电子垃圾往往含有水银、镉、铅等有害物质，会对环境和公众健康造成严重伤害。此外随着玻璃在交通工具和建筑物上的大量使用，光污染正在成为城市的重要问题。而转基因技术的利用也带来生物物种和食品安全等方面的问题。此外还有诸如室内环境污染、地面臭氧污染、大气汞污染，以及环境污染引发的各种疾病。诸如此类的不同涌现的问题，都会对生态环境的治理提出新的挑战。

三、加强领导干部应对生态环境危机的能力建设

目前中国的生态环境问题存在诸多的不足要求政府在生态环境治理中扮演主导的角色，需提供直接环境服务。可以说，是否具有生态环境意识，是否具备生态环境治理和生态文明建设能力，是判断一个领导干部是否真正树立科学发展理念的现代型领导的一个重要标准。这对领导干部的能力素质也提出了更高的要求，在生态环境危机治理的能力体系中，以下几个方面是各级领导干部需要注意不断加强和提升的基本内容：

（一）树立生态文明发展新理念

党的十七大报告提出，要"建设生态文明，基本形成节约能源资源和保护生态环境的产业结构、增长方式、消费模式"。倡导生态文明建设，就是中华民族面对日益严峻的生态环境问题做出的明智选择。作为领导干部，应该将党提出的这种理念牢记在心，进一步认识人类社会发展规律，认识当前生态环境中的问题，从而更好地贯彻这一应对生态环境的总原则、总方针。

加快建设资源节约型社会。传统工业社会的经济增长主要依靠高强度地开采和消费资源，是一种"资源——生产——消费——废弃物排放"的物质单向流动的线性经济。循环经济

则要求运用生态学规律，将人类经济活动组织成为"资源——生产——消费——再生资源"的反馈式流程，要求人类的经济活动遵守"3R"——"减量化"（Reduce）、"再利用"（Reuse）、"再循环"（Recycle）——的行为准则。循环经济是以低消耗、低排放、高效率为基本特征，核心是资源的高效利用和循环利用，实质是以尽可能少的资源消耗和尽可能小的环境代价实现最大的发展效益。循环经济理论实现从末端治理转向源头控制的经济增长方式，从根本上缓解日益尖锐的资源约束矛盾和日益突出的环境压力，是实现由依靠物质资源为主转向依靠智力资源为主，由生态环境破坏型转向生态环境友好型的新范式。

（二）加强法制意识，依法行政

我国宪法明确规定："国家保护和改善生活环境和生态环境，防治污染和其他公害。"自1949年新中国成立以来，全国人民代表大会及其常务委员会制定了环境保护法律9部、自然资源保护法律15部。国务院有关部门、地方人民代表大会和地方人民政府依照职权，为实施国家环境保护法律和行政法规，制定和颁布了规章和地方法规近700件。国家和地方还颁布了近1000余项环境保护标准。中国在环境生态法制的制定上初步形成了体系。但从实际情况来看，在法规的实施和执行方面仍需加大力度。虽然本届政府将国家环境生态行政部门进行了重组和升格，但在当前中央与地方的利益和权力架构下，在当前大的司法与行政环境背景中，有关环境生态保护的法规在很大程度上被实际的权力部门和利益集团看作是"软法"，使得其在实施过程中被打折扣，有时不得不为地方经济利益让步。如，个别地方政府领导干部为追求政绩而置法律法规和国家产业政策于不顾、强行批准建设高污染项目或者故意纵容未经批准建设违法项目、对超标排污的企

业视而不见。因此领导干部应进一步加强法律意识，摒弃不健康不合理的政绩观，依法行政，才能使得政府在当前生态环境治理和保护中发挥主导作用。

（三）提高制定科学治理方略的能力

近年来，我国的生态环境危机非常突出，而生态环境治理处于初级阶段，领导干部能否制定科学的治理方案，对于我国的生态环境治理起着至关重要的作用。从我国现实的生态环境问题来看，环境生态治理战略要从城乡分治到城乡统筹转变，统筹规划工业与农业、生产与消费、城市与农村的发展。在治理方略上，坚持综合治理和重点治理相结合。

要加强城乡环境生态综合治理；加强重点地区污染治理，是集中资源优势进行选择性治理的一种有效途径。在近年来中国政府对"三河"（淮河、辽河、海河）、"三湖"（太湖、滇池、巢湖）、国家重点工程（三峡工程、南水北调工程）、"两控区"（二氧化硫控制区和酸雨控制区）、"一市"（北京市）、"一海"（渤海）等全国污染防治的重点地区进行重点治理的基础上，进一步加强对具有全局性影响的重点地区的专项治理。要将重点地区的污染治理和产业结构、能源结构调整结合在一起，做到既要保护环境，又要发展经济，改善人们生活。

（四）培育环境生态保护的社会自觉

实践表明，一种正式的有形制度，如果没有非正式、无形制度的配合，通常是难以得到合意的有效结果的，即使得以实施，其实施的成本也会好高。非正式制度，通常表现的就是一个社会的文化思想、价值观念、意识形态、风俗习惯以及基于其上的行为方式和习惯。在完善环境生态保护的法规体系时，培育全社会的环境生态意识和行为习惯，是一种更加广泛的制度建设。正如十七大报告中提出的要"让生态文明的观念在全社会牢固树立","必须把建设资源节约型、环境友好型社会放在工业化、现代化发展战略的突出位置,落实到每个单位、每个家庭。"要有效提高民众保护生态环境观念,树立人与自然和谐共处的可持续发展观念。

(五)协调整合各种主体力量

生态环境治理是一种多元参与的治理。这些主体包括政府、企业、非政府组织以及公民个体等。

首先是政府作为公共利益的代表,掌握着强大的政治、经济和其他资源,在环境生态保护上应当扮演主导角色。一是要转变政府职能,从经济政府向公共政府转型,在平衡经济效率和可持续发展能力以及人们生活质量上确立好政府自身的价值原则和立场,制定和明确环境生态保护的方针政策;二是提供各种公共资源,为推动环境生态的保护优化承担具体责任,提供从政治行政权力到社会意识形态的资源,同时也要负担其必要的公共财政责任,加大这方面的资金投入。

其次,企业作为现代社会中的组织实体,应当承担起自身作为企业公民的社会责任。

第三,发展社会第三部门力量。作为区别于政府和企业的第三部门力量,主要是以民间组织为代表的一种社会治理力量。在推进生态文明的进程中,随着我国公民社会和民主政治的发展,以民间组织为主的社会第三部门将扮演日益重要的作用。至于社会民众个体作为一个个生态文明的具体实践者,其作用和地位是不言而喻的,这里无须赘述。

如何将政府、企业、社会组织和个体之间融合起来,在这些不同的主体之间如何形成一个有效的合力,达成各方都可以接受和能够遵守的社会契约,形成调动各个主体在生态环境保护上积极承担的机制。这就需要领导干部能够认识到各主体的职责和力量,综合运用各种社会手段和途径,来协调整合各个主体。一是要形成政府和司法监管的强力机制,在依法行政的基础上,运用各种政策措施发挥行政力量;二是要坚持"谁污染、谁付费,谁收益、谁负担,谁开发、谁保护"的原则,建立以市场配置资源和机会,权利义务互担的市场机制;三是要建立信息公开和利益表达机制,通过建立信息公开制度、公开听证程序、设置环保投诉举报热线、信箱等渠道,为群众反映和参与环境生态保护提供体制保障,维护群众享受良好环境的合法权益,同时为公共监督提供便利途径。

(六)妥善化解处置环境群体性事件

近年来,各地因环境污染导致的群体性事件呈增长之势。切实解决环境污染问题,充分关注环境污染引发的群体性事件,有效化解人民内部矛盾,预防环境群体性事件的发生与发展,是地方政府重要的工作内容。领导干部作为政府的代表,应该具有化解处理环境群体性事件的能力。首先,要保持掌握事件苗头的敏锐性。敏锐、准确地把握民情民意,及时认识存在的问题,了解群众想什么,急需解决什么。只有这样才能有的放矢,及早发现苗头,准确掌握动向,及时将事态处置在萌芽状态。其次,增强处置事件的主动性。在处理群体性事件过程中,要做到及时、主动,如在问题引发的初期,及时采取措施,及早化解,可以达到事半功倍的效果。再次,提高处置事件的针对性。要把一切有利于大局稳定的大道理向群众宣传好、教育好、引导好;要把最广大人民群众的切身利益实现好、维护好、发展好。

# 第三章

坚守社会公正理念，促进社会稳定

提升维护稳定的能力

第一节 提高劳动报酬在初次分配中的比重

市场经济中的问题,很多都表现为收入分配问题,它引发了大量的社会矛盾。许多调查证实,收入分配问题已经成为一个严重的社会问题,为各个阶层所广泛关注。从计划经济到市场经济,经济体制的转轨,对领导干部的执政能力、维稳水平提出了新的挑战。

从"效率优先、兼顾公平"到党的十六大报告的"初次分配注重效率、再分配注重公平",再到党的十七大报告中首次提出"初次分配和再分配都要处理好效率和公平的关系","逐步提高居民收入在国民收入分配中的比重,提高劳动报酬在初次分配中的比重"。我国收入分配改革不断深入,收入分配模式日趋成熟。那么,什么是劳动报酬及其决定要素?党的十七大报告为什么提出"提高劳动报酬在初次分配中的比重"?有什么意义?如何提高?本节将对这几个问题进行探讨。

一、劳动报酬的概念及决定劳动报酬的基本要素

(一)劳动报酬的内涵是什么

关于劳动报酬的含义,目前有多种理解。与"劳动报酬"接近的概念还有"工资"、"工资报酬"等。

就国际社会而言,国际劳工组织《男女同工同酬公约》第1条规定:"'报酬'一语指普通的、基本的或最低限度的工资或薪金以及任何其他因工人的工作而由雇主直接地或间接地以现金或实物支付给工人的酬金"。可见,《公约》中"报酬"的含义覆盖了基于雇佣关系而产生的全部薪酬,既包括直接成分,也包

括间接成分，其含义比通常所指的数额固定并且定期支付的"工资"一词更丰富。也就是说，劳动报酬的含义，"除了工资以外，还可能包括奖金、佣金、认股权、人寿保险、养老金计划、医疗保险、住房补贴等一切与劳动关系有关的好处或权益。"

就我国的情况而言，20世纪80年代以来，我国法律法规规章中同时使用"工资"、"劳动报酬"、"工资报酬"等概念。在劳动法理论研究中，我国学者也分别使用"工资"、"劳动报酬"等概念，但对"工资"、"劳动报酬"的含义及其关系的认识不一。主要可以归纳为两种观点。

一是认为工资与劳动报酬同义，或者说广义上的工资与劳动报酬同义。叶静漪教授认为："工资，又称'薪金'、'薪水'，是指基于劳动关系，用人单位根据劳动者提供的劳动数量和质量，按照法律规定或劳动合同约定，以货币形式直接支付给劳动者的劳动报酬。"二是认为工资是劳动报酬的一部分。冯彦君教授认为："工资，又称为薪金、薪水，是指劳动者因付出职业劳动所获得的，由用人单位按照一定的标准和形式所支付的劳动报酬。……劳动报酬包括两个部分：基于民事合同所从事的各种服务性劳动所获得的报酬和基于职业劳动所获得的报酬；基于职业劳动所获得的报酬为工资。可见，工资是劳动报酬的一部分，是基本的劳动报酬。"

国家统计局对"工资总额"的指标解释中也用到了劳动报酬。工资总额指各单位在一定时期内直接支付给本单位全部职工的劳动报酬总额。工资总额的计算原则应以直接支付给职工的全部劳动报酬为根据。各单位支付给职工的劳动报酬以及其他根据有关规定支付的工资，不论是计入成本的还是不计入成本的，不论是按国家规定列入计征奖金税项目的，还是未列入计征奖金税项目的,不论是以货币形式支付的还是以实物形式支付的,均包括在工资总额内。《中国统计年鉴》(由国家统计局编写)对劳动报酬的定义是:指企事业单位在一定时期内直接支付给本单位全部职工的劳动报酬总额。

综上所述,劳动报酬具有以下几个方面的特点:

其一,劳动报酬是劳动者付出体力或脑力劳动所得的对价,体现的是劳动者创造的社会价值。

其二,劳动报酬就是劳动者从事劳动所获得的工资、福利待遇等回报,是劳动者依据按劳分配的原则,通过货币或实物,从社会领取的一定数量个人消费品,主要在初次分配领域实现。

其三,劳动报酬包括三部分:货币工资,用人单位以货币形式直接支付给劳动者的各种工资、奖金、津贴、补贴等;实物报酬,用人单位以免费或低于成本价提供给劳动者的各种物品和服务等;社会保险,指用人单位为劳动者直接向政府和保险部门支付的失业、养老、人身、医疗、家庭财产等保险金。

其四,劳动报酬的来源主要有以下渠道:公民参加工农业生产取得的各种报酬;公民参加各种服务行业为社会提供服务而取得的各种劳务收入;公民从事科学研究、文学艺术创作活动所获得的报酬;专利权的转让、专利实施许可和非专利技术的提供、转让取得的收入;中高级科学技术人员在完成本职工作任务的前提下的外聘兼职收入;个体工商户从事正当经营、农民从事家庭副业所取得的收入。

(二)决定劳动报酬的基本要素

(1)国民收入分配结构。国民收入分配可分为初次分配和再分配,其中再分配又包括二次分配和三次分配。经过初次分配所形成的收入叫"原始收入",经过再分配所形成的收入,叫"派生收入"或"最终收入"。劳动报酬主要在初次分配领域实现。

个人收入在初次分配中的比重对劳动报酬的影响。初次分配指国民生产总值直接与生产要素相联系的分配。国民收入的初次分配，也就是国民收入的一次分配，一般来说它总是在生产领域中进行的。初次分配主要由市场机制形成，生产要素价格由市场供求状况决定，政府通过税收杠杆和法律法规进行调节和规范，一般不直接干预初次分配。经过初次分配之后，国民收入将被分解为三大构成部分：

一是国家所得部分，即税收收入。是以利税的形式由各个生产经营单位上缴给国家的，并且作为国家集中的纯收入由国家统筹安排于全社会范围内使用。一个主权国家的政府为它的国民提供了国防、社会基础建设设施、社会公共产品设施、社会经济环境等特殊的产品与服务，同时又对国家的方方面面进行组织与管理，而且还是一部分社会生产资料的所有者，因此国民收入的初次分配的一部分形成国家的所得。这对整个经济社会的进一步发展极其重要。

二是生产经营企业所得部分，即企业收入。是以企业基金形式留归企业支配，用于企业发展生产等方面的收入。国民收入本身就是由各个生产经营单位创造的，将国民收入按照一定原则规定分配给各个生产经营单位是应当的。鉴于生产经营企业是多种多样的，这一块收入主要由企业生产基金、企业发展基金和企业奖励基金构成。

三是劳动者个人所得部分，即个人收入。国民收入初次分配之后最终形成了国家收入、企业收入和个人收入三大收入。这三大收入是经济社会的三大基本的原始收入。在国民收入的初次分配中，分配率决定了劳动报酬的高低，或者说积累基金和消费基金的比例决定了劳动报酬的高低。分配率越高或者说消费基金所占的比例越大，劳动报酬的水平也就越高，反之亦然。

一个国家的良性发展需要正确处理国家收入、企业收入和个人收入之间的关系及其各自内部的关系，协调好国家利益、企业利益和个人利益的关系，确保社会的和谐进步。过去，当三者之间的收入分配发生矛盾的时候，由于经济发展水平、经济发展指导思想和经济体制等方面的原因，往往按"确保国家、留足集体（或企业），最后是个人"的原则进行处理。虽然在一定的经济发展阶段，按这一原则协调三方面的利益关系有必要、也是不得已的，但经过30年的改革开放和经济高速增长，中国的经济总量已经发生了显著变化，逐步提高居民收入在国民收入分配中的比重，提高劳动报酬在初次分配中的比重，已经具备了物质和体制基础。

再分配中政府的调控对劳动报酬的影响。再分配包括二次分配和三次分配。在市场机制的作用下，由于人们所拥有的禀赋不同、对生产要素占有的差异，按生产要素分配必然带来社会成员收入上的差距，差距过大则有失社会公平；而且，收入结构的失衡会导致消费结构的失衡，最终影响经济总量的增长和经济结构的平衡，反过来又影响企业的效率。所以，再分配要充分发挥政府的调节功能，实现收入分配的相对公平，限制社会各类人员之间收入差距的过分悬殊，通过税收、财政转移支付等政策措施，使高收入个人、阶层、行业或机构收入的一部分再转化为社会的收入，并使低收入阶层成为收入再分配的主要获益者。

国民收入的二次分配是指国民收入在初次分配的基础上，各收入主体之间通过各种渠道实现现金或实物转移的一种收入再次分配过程。通过国民收入的再分配，不直接参与物质生产的社会成员或集团，从参与初次分配的社会成员或集团那里获得收入。再分配主要由政府调控机制起作用，政府进行必要的宏观管理和收入调节，是保持社会稳定、维护社会公正的基本机制。

国民收入的第三次分配主要是慈善公益事业较为发达的国家，通过多种途径和多种方式的捐助活动，将一些人的财产直接或间接地转移到了另一些人手中，客观上起到国民收入再分配的作用。第三次分配是人们自觉自愿的一种捐赠，它带来的影响不仅是经济的，而且还有社会与政治的，因而发挥了市场调节和政府调节无法替代的作用。近年来，收入分配制度改革一直是社会关注的焦点。曾经一段时间我们把缩小收入差距的希望寄托于二次分配或者三次分配。其实现阶段更多更大的分配不公，不在二次分配或者三次分配，而是在初次分配。初次分配是更为基础性的涉及面更广的分配关系。如果在初次分配中出现重大的社会不公正，在政府再分配中就很难加以扭转。初次分配市场中调节机制的缺失，会导致分配秩序混乱，从而造成收入差距扩大。初次分配的不公、再分配调节不力因素叠加在一起拉开了我国收入分配的鸿沟。其中，最重要的是初次分配的影响。

提高劳动报酬要在初次分配上下工夫。二次分配、三次分配这两种再分配形式都仅仅是初次分配的补充。如果初次分配不能解决劳动报酬过低的问题，通过再分配来解决总是事倍功半。

（2）资本与劳动的比重。在一定的国民收入下，劳动者的工资即劳动力的价值高，那么企业家的资本回报即利润就会低；反之，企业家的资本回报即利润高，劳动者的工资即劳动力的价值则会低。在税收比重一定的情况下，劳动报酬比重的下降，也就是资本报酬的上升，二者之间是此消彼长的关系，而劳动报酬与资本报酬在比重上的悬殊,正是造成当前我国居民收入差距过大的一个重要原因。人们的收入主要来源于劳动、资本等生产要素的回报,但人们所拥有的劳动要素和资本要素是有差别的。一方面,劳动为大多数人所拥有,而资本则被少数人所掌握。另一方面,劳动的所有者拥有劳动的多少相差不大,因而劳动引起的收入差距也不太大;而资本的所有者,其掌握的资本却相差很大,因而资本引起的收入差距也就非常大。这样,在社会成员之间,拥有较多资本的人,其资本收入就会远远超过没有资本只有劳动的人的劳动收入。在这种情况下,提高劳动报酬就会降低资本收入,因而必然会缩小收入差距,防止两极分化。国民收入初次分配的公平性是整个社会收入分配公平性的基础,而劳资关系又是市场经济国家根本的社会关系,只有通过初次分配平衡了资本利益与劳动利益的关系,才能从全局平衡社会总体利益格局,进而促进经济和社会协调发展。

(3)劳动者的劳动生产率水平。劳动生产率是具体劳动生产使用价值的能力或效率。劳动生产率水平可以用同一劳动在单位时间内生产某种产品的数量来表示,单位时间内生产的产品数量越多,劳动生产率就越高,反之,则越低;也可以用生产单位产品所耗费的劳动时间来表示,生产单位产品所需要的劳动时间越少,劳动生产率就越高,反之,则越低。只有不断提高劳动生产率,才能不断提高人民的物质文化生活水平。一般来说,劳动生产率水平越高,劳动报酬水平也越高。

二、提高劳动报酬在初次分配中比重的重要意义

合理的收入分配制度是社会公平的重要体现。"提高劳动报酬在初次分配中的比重",这是党和政府针对我国劳动报酬过

低、收入差距过大的现实而提出的。在这样的背景下,中央提出提高劳动者报酬在初次分配中的比重,具有重大意义。这些决定和举措可以提高、改善劳动者生活水平,缩小收入差距,有效缓解日趋紧张的劳资关系,彰显社会的公平与正义,推进社会主义和谐社会的构建,促进国家繁荣、社会稳定。具体来看,主要有以下几个方面:有利于彰显社会公平正义;有利于坚持和完善社会主义初级阶段基本分配制度;有利于缩小收入分配差距;有利于缓和日趋紧张的劳资关系;有利于转变经济发展方式;有利于发挥劳动者的积极性;有利于提高劳动者的生活水平,做到以人为本、共建共享;有利于扩大消费需求,拉动经济增长。

三、当前我国劳动报酬在初次分配中比重的现状分析

（一）劳动报酬在国内生产总值中所占比重呈下降趋势

——职工工资比重进一步下降。一般来说,衡量一国国民收入初次分配是否公平的主要指标是分配率,即劳动报酬总额占国内生产总值的比重。如果劳动者的工资总额占GDP的比重越高,则说明国民收入的初次分配越公平。改革开放以来,我国职工工资总额占国内生产总值的比重大大降低。

市场经济成熟国家的分配率一般在54%~65%之间,而我国的分配率由17%降至11%,这说明我国的分配率原本就很低,改革开放以来还呈现出进一步降低的趋势。初次分配中劳动报酬的比重严重偏低。

统计表明,从1978年到2005年,我国GDP年均增长率约为9.6%,而同一时期内,城镇居民人均可支配收入年均增长率只有6.9%,农村居民人均年纯收入增长率只有7.0%。收入增长率与GDP增长率之间的鸿沟,经过30年的累计放大,已经形成了较大

的缺口，按可比价格计算，从1978年到2005年，我国人均GDP指数由100上升为878.9，而同一时期内，城乡人均劳动收入指数只从100上升为579.2。这就要求我们在经济发展的同时，不断提高劳动报酬在初次分配中的比重。

强调初次分配的公平不是要否定效率，否定市场机制。要提高劳动者尤其是农民、农民工及城市工薪者的劳动报酬及福利待遇，让劳动者所得在GDP中所占比重达到50%以上，适当降低资本所有者的回报，同时控制财政收入的增长步伐，彻底打破行业垄断，真正体现初次分配中的按劳分配与按生产要素分配的原则。

——资本收入畸高，利润侵蚀工资。计划经济时期，我们的分配形式是单一的按劳分配，抑制了其他生产要素比如：资本、技术、管理的作用，使生产效率大大降低，经济发展受到严重制约。改革开放后，我们实行了以按劳分配为主体，多种分配形式并存的分配制度，调动了劳动、资本、技术和管理的积极性，使生产力得到大发展，各种要素的积极性都调动了起来。然而，又逐步出现了矫枉过正的情况。当前我国资本与劳动要素的分配格局尚处于不规范运行状态中，资本资源稀缺，劳动力过剩，整体上仍是资强劳弱，资本侵蚀劳动利益的现象仍然存在。资本与管理在分配中比重越来越大，劳动报酬比重越来越小。特别是随着引进外资，资本拿走创造价值的大头，管理得到了中头，劳动得到很小部分。

——税收收入比重迅速增长。国家发改委公布的《中国居民收入分配年度报告（2006）》显示，上世纪90年代以来，我国国民收入分配出现了向政府和企业倾斜的现象，政府和企业的可支配收入占国民可支配收入的比重不断上升，居民可支配收入占国民可支配收入的比重则持续下降,形成了国民收入"蛋糕"政府、企业"切大块",居民"切小块"的分配格局。

财税收入占GDP的比重,究竟多高比较合适,需要认真研究。应结合新一轮税制改革,实行结构性减税政策,适度降低税收收入规模和增长速度。今后,在政府、企业和居民三者之间的分配关系调整到合理比例的限度内之后,从长远来看,应使税收收入的增长与GDP的增长保持大体同步。

(二)我国劳动报酬的国际比较

在市场经济比较成熟的国家,随着经济的发展,劳动报酬在国民生产总值中所占的比重是逐步提高的。据西蒙·库兹涅茨研究,近几年,西方国家劳动对国民收入的贡献已达到了75%,资本仅占25%。而目前我国初次分配却存在着资本所有者所得畸高、劳动所得持续下降的局面。我国劳动者收入之低,是世界罕见的。2004年,中国生产工人平均工资仅为每小时0.8美元,这一水平仅相当于德国的2.61%韩国的8.0%和泰国的40.8%。

劳动和资本的分配关系,决定了消费和投资的比例。由于劳动报酬比重过低和逐年下降,造成了我国居民消费需求遭到严重压抑,我国的最终消费率也低于世界平均水平。消费占GDP的比重从1981年的最高点52.5%逐年下降到2006年的36.4%。我国的资本形成占GDP的比重却从1978年的38.2%上升到2004年的43.2%。2005年,最终消费对经济增长的贡献率只有36.1%,而资本形成和出口贡献率分别为38.1%和25.8%,两者合计对经济增长的贡献率高达63.9%。目前,我国最终消费率不仅低于世界平均水平,而且低于同等收入国家水平。2000年,中低等收入国家的最终消费率在56%左右,世界平均水平为62%,而到2006年,我国居民消费支出占按支出法计算的国内生

提升维护稳定的能力

产总值的比重仅为36.3%。

四、提高劳动报酬在初次分配中比重的思路和途径

劳动报酬不仅仅是收入分配比重问题，而且是重大的民生问题和政治问题。提高劳动报酬在初次分配中的比重，与国家的繁荣昌盛和人民的幸福安康息息相关。当前，我国劳资矛盾凸显，人民群众没有共享经济社会发展的成果，究其原因，主要是劳动报酬在初次分配中的比重过低，严重损害了劳动者的根本利益。这就需要政府有所作为，需要工会积极发挥作用，也需要劳动者提高自身的素质和技能，在遵循市场经济规律的前提下，多管齐下，共同提高劳动报酬在初次分配中的比重。

（一）政府应当在提高劳动报酬的比重方面有所作为

政府在提高劳动报酬的比重方面的作用应当主要体现在：

——维护市场秩序，完善劳动力市场机制。提高劳动报酬的比重不能离开市场机制，必须遵循市场经济规律，依靠市场的力量。市场经济体制下，劳动贡献的大小由市场衡量，劳动报酬由市场决定和实施。在劳动力市场上，供给与需求的相互作用决定着劳动报酬水平。在提高劳动报酬在初次分配中的比重的过程中，政府要在建立有利于科学发展的宏观调控体系的过程中，发挥对劳动力市场的指导和规范作用。要使劳动力供需双方公平地在市场上竞争，使劳动报酬客观地反映劳动力生产要素的稀缺程度和再生产劳动力的成本。因此，政府要加快培育和发展劳动力市场、完善劳动力市场价格机制和劳动力市场服务体系等，使市场机制在劳动力资源配置方面发挥基础性作用。要放宽对劳动力流通的限制，形成劳动力跨城乡、跨地区、跨行业、跨职业的大范围流动，建立健全公平、竞争、统一、有序的劳动力市场，发

挥供求机制、竞争机制、价格机制等在劳动力资源配置中的作用。打破劳动力市场上的各种垄断,消除各种形式的就业歧视。大力发展和完善劳动力中介组织,建立通畅、透明的劳动力供需渠道,加快劳动力市场信息网络建设等。

——完善劳动立法和工资立法,严格劳动执法,保护劳动者的正当权益。我国已经通过了《劳动法》和《劳动合同法》等,《工资法》等相关法律也应及早出台,确保劳动者的劳动报酬随着经济增长而稳步提高。要随着经济增长逐步提高最低工资标准,不断调整工资指导线,推动企业建立健全工资集体协商制度,形成企业工资共决机制、正常增长机制和支付保障机制等。严格劳动执法是保护劳动者正当权益的重要途径,也是确保劳动报酬能够落实的重要手段。政府还需要充分履行劳动监察责任,查处企业损害劳动者权益的行为,落实《劳动法》、《工会法》、《劳动合同法》的规定,不断提升经营者的法制观念,保障劳动者在劳资关系中的发言权,促使劳动者工资良性增长机制得到执行和完善,稳步促进企业职工收入正常增长。要使劳动工时和劳动强度符合国家的规定,八小时工时制落到实处,加班能够得到合理报酬,减少恶意欠薪等现象。要加大执法维权力度,对企业用工条件、用工行为、工作生活环境等情况开展不定期检查,依法维护劳动者的合法权益,保证劳动者"劳有所得"。

——加强工资分配的宏观调节。政府要运用宏观调控手段,提高劳动报酬,全面刺激国内消费。这涉及到多个领域,包括大范围提高劳动者工资,建立健全职工工资决定机制、正常增长机制和支付保障机制,严格执行最低工资制度,逐步提高最低工资标准,调高个税起征点,建立对低收入阶层补贴的长效保障机制，提高住房货币补贴的标准等，使劳动报酬能够随着经济发展逐步合理地增加。不断健全以工资指导线、劳动力市场工资指导价位和行业人工成本信息三项制度为核心的企业工资宏观管理体系。按照《最低工资规定》中关于最低工资标准每两年至少调整一次的要求，适时调整月最低工资，并颁布实施小时最低工资标准。以区域和行业为重点大力推进工资集体协商，建立劳动者工资正常增长机制。建立国家统一的职务与级别相结合的工资标准，规范津贴补贴制度。推进事业单位收入分配制度改革。同时，政府要采取有效措施积极提高农民工等低收入阶层的收入，地方政府要扭转重资轻劳的行为。此外，政府还要实施积极、稳健的财政政策和货币政策，防止劳动报酬的提高被物价上涨所抵消。

——改革税收体系，形成有利于提高劳动报酬比重的税收格局。我们国家长期以来形成了高积累、低消费局面，城乡居民总收入占GDP比重严重偏低，政府财政收入比例偏高。自分税制实施以来，我国的税收收入和国家财政收入逐年增加，2007年我国税收收入再创新高，达到了49449亿元，占GDP的比重已经高达20%。在目前国家财力已经十分雄厚的背景下，要提高劳动报酬比重，一个有效的途径就是实施轻赋薄税、藏富于民的战略。通过逐步降低企业所得税税率，降低企业的赋税负担，从而为企业增加劳动者收入提供较大的空间；这就需要深化企业增值税改革，完善征管环节的管理，同时深化个人所得税改革，等等。要真正贯彻落实"初次分配和再分配都要处理好效率和公平的关系，再分配更加注重公平"的精神。初次分配重视公平，要落实好两个提高：提高居民收入在国民收入分配中的比重，提高劳动报酬在初次分配中的比重。这就要求改革税收体系，形成有利于提高劳动报酬在初次分配中比重的税收格局。再分配更加注重公平，要充分利用税收等二次分配手段，调节过高收入，扩大中等收入阶层比例，提高低收入者收入，提高扶贫标准和最低工资标准以及各项社会保障资金需要。

（二）要重视发挥工会的作用

中国工会是中国共产党领导的职工自愿结合的工人阶级群众组织，是党联系职工群众的桥梁和纽带，是国家政权的重要社会支柱，是会员和职工权益的代表。在提高劳动报酬方面，工会尤其要发挥重要的作用。通过推动开展工资集体协商，建立企业职工工资共决机制，保障职工参与工资分配和获取劳动报酬的权益，是职工核心利益所在，也是工会维权机制建设的重点。通过对提高劳动报酬在初次分配中比重问题的研究，提出工会对提高一线职工工资收入的思路举措和政策主张，维护劳动者权益。要推行工资集体协商制度，要加强宣传和指导，强化企业的社会责任，维护劳动者权益，要提高劳动者自身的素质和技能。

五、提高一线职工工资收入的政策主张

一线职工特别是农民工收入偏低且增长相对缓慢的问题，一直是各级党政和工会组织、社会各界关注的重点，是广大一线职工关心的热点问题。提高一线职工的劳动报酬，是贯彻落实科学发展观，构建和谐社会，夺取全面建设小康社会新胜利的必然要求；是尊重劳动，体现以人为本，实现人的全面发展的必然要求；是全心全意为人民服务，发展为了人民，发展依靠人民，发展成果由人民共享的必然要求。

在2007年北京市第六次职工队伍状况调查中，职工认为自己

提升维护稳定的能力

的收入在北京市属于中等偏下和低收入的占62%，职工反映目前收入分配中最主要的问题排在前两位的，依次是普通职工工资水平低和经营者与普通职工收入差距过大。据2007年市政协对国有企业"两低一困"职工(指普通职工整体收入水平低、早期退休人员养老金低、困难职工生活负担重)收入状况进行的调查，调查涉及的21家企业的33608名职工中，有七成以上的国有企业在岗职工平均工资低于全市平均线，其中三成以上的在岗职工平均工资在全市平均线50%以下。为此，要加强政府对企业职工工资收入分配的有效调控和指导，要通过立法与执法对社会弱势群体权益予以倾斜性保护，通过一系列的政策措施，加强对企业工资收入分配的指导，建立并完善企业职工工资正常增长机制和支付保障机制。

（一）形成不断提高最低工资标准的机制，保障劳动者的基本生活

我国是实行最低工资保障制度的国家。所谓最低工资保障制度，是指劳动者在法定工作时间内提供了正常劳动的前提下，国家以法律形式保障其应该获得的能够维持其生存及必要的供养其家属的最低费用的制度。我国最低工资制度的实施，对于维护劳动者取得劳动报酬的合法权益、保障劳动者个人及其家庭的基本生活需要起到了非常重要的作用。

（二）完善工资正常增长机制，促进职工工资与经济发展的协调增长

在经济社会发展、企业效益提高、社会财富增加的同时，确保企业职工工资收入的合理适度增长，是维护和保障劳动者合法权益的基本要求，也是实现经济、社会和人的全面发展的具体体现。发达国家的经验表明，工资在GDP中的比重，同经济发展程

度成正相关关系的。随着我国经济的发展,一线职工的基本工资也应及时地增长,使一线职工工资的增长与经济的增长速度相匹配,保证广大劳动者共享经济发展的成果。

(三)经营者的收入增长和考核评价与一线职工收入增长相结合

来自中华全国总工会2007第6次全国职工队伍状况调查显示,全国26.7%的普通工人,在过去5年内从未增加过工资,与经济增长和经营者收入增长形成鲜明对比。从常州市的调查情况看,一线职工与企业经营者的工资收入差距比较悬殊,且呈逐年扩大的态势。2002年,被调查企业一线职工平均工资为13980元,相当于中层管理人员的60%、高层管理人员的32%,到2004年,一线职工的平均工资已经下降为中层管理人员的51.8%、高层管理人员的28.2%;2002年,被调查企业中收入差距最大的10家企业,其高层管理人员的平均收入大致相当于一线职工的9.3倍,到2004年,这一差距进一步扩大到了10.1倍。按照规定,实行年薪制的国有及国有控股企业,经营者的工资收入最高不得超过本企业职工年平均收入的3倍,而在实际操作中,这一规定并没有得到很好的落实,一些国有企业高层管理人员的收入增长基本处于无序状态,在一定程度上挤占了一线职工的实际利益。接受调查的24家国有企业(含国有商业银行),其高层管理人员的工资收入在两年中增长了93%,而同期一线职工平均工资仅增长33.5%;高层管理人员与一线职工平均工资的比例也由2002年的2.4∶1上升到了2004年的3.4∶1,其中差距最大的企业,高层管理人员的年平均工资已经相当于一线职工的8倍。

各级政府要深入研究市场经济条件下的劳资关系问题,制订相关的调控政策及措施,一是要建立经营者收入增长与一线职工收入增长的联动机制。一线职工收入不增长的,企业经营者的收入不得增长;职工收入增长幅度未达到一定比例的,经营者的收入增长幅度不得高于一线职工的收入增长幅度。在企业经济效益增长和完成企业生产经营目标的前提下,一线职工平均工资低于市或行业平均水平的企业,一线职工年人均工资水平应比上年增长一定比例;微利、亏损企业在不亏损和不增加亏损的前提下,应在指导线下线或考虑物价增长幅度增加一线职工的收入,如企业没有承受能力的,集团或子公司通过统筹帮扶办法予以解决,等等。二是要把一线职工工资增长纳入对经营者的考核评价范围。针对当前部分企业经营管理者收入增长较快,而一线职工工资增长较慢的情况,在考核经营业绩决定经营者收入的时候,应将一线职工工资收入作为经营者经营业绩的组成部分,一并加强考核。把一线职工工资增长纳入对经营者的考核评价范围,从而推动经营者在分配上适当向一线职工倾斜。通过把一线职工工资增长纳入对企业经营者的考核评价范围,从制度上保障职工利益,直接帮助职工参与到与资方的博弈中,为工资增长提供制度保障。

(四)完善宏观调控机制,扭转劳动要素分配权益弱化趋势

各级政府要在坚持按劳分配为主体、多种分配方式并存分配原则的基础上,综合运用法律的、经济的、行政的手段,进一步完善宏观调控体系。要规范收入分配秩序,加大对收入分配差距的调节力度,研究资本、管理、技术等要素参与收入分配应当遵循的基本原则,完善"调高保低"的双向调节机制。要纠正部分企业中存在的少数人或资方单方决定工资分配的不正常现象,维护企业工资分配制度执行中劳资共决、利益兼顾的原则,督促企

业建立以工资谈判为主要形式的工资决定机制，使劳动真正以第一要素的身份参与收入分配。要严格控制经营管理层不合理的收入增长以及挤占一线职工工资的现象，使各类生产要素的分配格局更趋合理。

同时，要通过各种政策措施，引导企业经营者树立以人为本、科学发展的理念，增强社会责任感，尊重一线劳动者在企业发展过程中的作用和贡献，着力构建和谐的劳资关系和分配关系，使劳动者的劳动潜能得到自由的、充分的发挥，同时引导企业将更多的精力放在调整产品结构，强化内部管理方面，通过降低原材料成本、提高产品的科技含量和附加值，来拓展企业的盈利空间；要针对当前劳动力资源总体供过于求和中高级技术工人结构性短缺并存的特点，把职业技能培训纳入国民经济和社会发展规划，遵循开发就业岗位与提高劳动者素质技能并重的原则，鼓励企业加大职业技能培训的投入，鼓励一线职工参加各种形式的岗位技能培训，通过技能素质的提高来保障一线职工在收益分配中的话语权。

第二节 推进基本公共服务均等化

2006年3月国家"十一五"规划《纲要》首次提出了"基本公共服务均等化"的政策目标，为基本公共服务指明了方向。此后，越来越多的学者开始关注这一问题，分别从不同的角度进行了探索性研究。在此背景下，全面、系统地研究我国的基本公共服务均等化问题具有重要的现实意义和理论意义。

推进基本公共服务均等化是保证社会稳定、协调、和谐发展的需要。国际经验表明，人均GDP从1000美元到3000美元这一

提升维护稳定的能力

发展阶段,既是"黄金机遇期"又是"矛盾凸显期"。在这一阶段,很多发达国家都是采取经济增长和社会公共服务增长并重,跨入高收入国家行列。当前,我国人均GDP已经突破1000美元大关,但是由于转型期的城乡差距、区域差距和贫富差距的存在,造成了复杂的、日益突出的社会矛盾和社会问题,并且影响了经济的可持续发展。我们要重视各种容易诱发社会矛盾的不和谐因素,加大公共服务的投入,促进社会公共服务增长,实现人与自然、经济社会的协调发展,加快社会主义和谐社会的建设进程。公共服务均等化的推进能够有效的缓解城乡之间、区域之间因发展不平衡所引发的矛盾,有利于社会的稳定与和谐。

近年来经济发展与社会发展不协调,表现在我们经济社会发展存在"经济建设这条腿长,社会事业这条腿短"的问题。一方面,由于国家长期对经济职能的重视,经过30年的经济发展,我国经济建设取得重大成就,大家有目共睹,经济建设这条"腿长";另一方面,由于长期忽视公共服务领域的职能,对公共服务重视不够,服务意识淡薄,政府在教育、医疗、社会保障等民生问题相关的社会建设投入不足,出现了公共服务供给严重不足的问题,影响经济进一步发展。基本公共服务均等化的推进,能够缓解经济发展与社会发展的不协调状况,使社会绝大多数的人能够免除后顾之忧、安居乐业,促进社会稳定、协调、和谐发展。

一、基本公共服务均等化的内涵

(一)基本公共服务的概念与内容

基本公共服务是指政府为了回应社会基本公共需求,维护国家经济社会的稳定,保护公民基本的生存权与基础性的发展权,以公平正义为价值取向,运用手中所掌握的公共资源,为社会所提供的产品和服务的总称。这里尤其需要注意的是基本公共服务最直接的目的就是满足社会基本公共需求，保护公民基本的生存权与基础性的发展权，这里的发展权是基础性的发展权，不是一般性的发展权。以教育为例，义务教育和高等教育都关系到公民的发展，是一项重要的发展权，基本公共服务就是要保障公民有基础性的发展权，全体公民都有机会接受到义务教育，义务教育是基本公共服务。高等教育就不属于基础性的发展权，是一种相对于义务教育而言更高的公共需求，是非基本公共服务（准公共服务或者混合公共服务）。

基本公共服务通常是人民群众最关心、最直接、最现实的问题，很多人在谈到基本公共服务时，往往是谈以改善民生为重点的基本公共服务。笔者认为基本公共服务既包括与民生问题相关的纯公共服务（如义务教育、基本医疗等），也包括一般性的基本公共服务（如社会治安、生态环境等）。按照我国现阶段确定基本公共服务内容的原则，我们可以知道，当前基本公共服务主要包括关系到基本生存权的最低生活保障、基本养老保险、最低住房保障（这里是指有房子住，或租或买）、社会救济、生态环境治理、社会治安、国防安全；关系到基本健康权的基本医疗卫生；关系到基本能力基础性发展权的义务教育、就业服务等。

（二）基本公共服务均等化的内涵

"基本公共服务均等化"是我国的特有提法，是由"基本公共服务"和"均等化"组成的一个复合词。要理解基本公共服务均等化的内涵，关键是要理解"均等化"一词。笔者认为均等化可以从以下三个方面来理解：它是一种理念与目标追求；是一个动态过程；是最终的分配结果。

提升维护稳定的能力

首先,均等化是一种理念与目标;其次,均等化是一个动态过程。均等化是一个由非均等化状态逐步走向均等化的一个动态过程。此外,均等化也是分配结果的最终均等,而过程的机会均等与公正则是结果均等与公正的保障。

笔者认为,基本公共服务均等化是指政府为了回应社会的基本公共需求,保护公民基本的生存权与基础性的发展权,以公平正义为价值理念,运用手中所掌握的公共资源,为社会公众提供基本的、在不同阶段具有不同标准的、最终大致均等的公共服务。

二、推进基本公共服务均等化的重要意义

(一)是实现社会主义公平正义价值目标的必然要求

公平正义是社会主义的价值取向,是社会主义国家制度的首要价值,是社会主义始终不渝追求的价值目标。2007年3月16日,温家宝总理在两会后的记者招待会上指出:"正义是社会主义国家制度的首要价值。"美国学者罗尔斯认为:"正义是社会制度的首要价值,正像真理是思想体系的首要价值一样。一种理论,无论它多么精致和简洁,只要它不真实,就必须加以拒绝或修正;同样,某些法律和制度,不管它们如何有效率和条理,只要它们不正义,就必须加以改造或废除。每个人都拥有基于正义的不可侵犯性,这种不可侵犯性即使以社会整体利益之名也不能逾越。"[①]推进基本公共服务均等化的实质在于解决基本公共服务非均等化的问题,逐步缩小城乡之间、不同区域之间、不同群体之间在基本公共服务方面的差距,促进社会公平,让更广大的人

---

① [美]约翰·罗尔斯著,何怀宏等译,《正义论》,中国社会科学出版社1988年版,第3页。

民群众沐浴公共财政的阳光,共享改革发展的成果,实现社会的和谐发展与共同富裕。

(二)是实现政府职能转变,建设服务型政府的需要

政府存在的一个重要理由就是为社会提供公共服务。基本公共服务均等化,是公共服务体系建设的长远目标,也是服务型政府建设的重要价值追求。2006年10月,十六届六中全会通过的《决定》指出,要"建设服务型政府,强化社会管理和公共服务职能。……按照转变职能、权责一致、强化服务、改进管理、提高效能的要求,深化行政管理体制改革,优化机构设置,更加注重履行社会管理和公共服务职能。以发展社会事业和解决民生问题为重点,优化公共资源配置,注重向农村、基层、欠发达地区倾斜,逐步形成惠及全民的基本公共服务体系。"2007年10月,党的十七大报告指出,要"加快行政管理体制改革,建设服务型政府。……健全政府职责体系,完善公共服务体系,推行电子政务,强化社会管理和公共服务。"2008年02月23日,胡锦涛在中共中央政治局第四次集体学习时指出,建设服务型政府,要"把公共服务和社会管理放在更加重要的位置,努力为人民群众提供方便、快捷、优质、高效的公共服务。"

此外,基本公共服务均等化是加强以改善民生为重点的社会建设的需要;是缩小城乡差距、区域差距,解决农村问题的必要选择;是解决市场失灵,实现公共服务供给与需求平衡的客观需要。"政府公共服务职能的存在是因为市场失灵的存在,政府公共服务是政府为弥补市场失灵而采取的各种干预手段的竞争。"①在市场失灵情况下,就需要政府通过适当的财政政策、社

---

① 李军鹏著:《公共服务学——政府公共服务的理论与实践》,国家行政学院出版社2007年版,第74页。

会保障政策、社会福利和救济等政策来对国民收入进行第二次分配，实现基本公共服务均等化，使公共服务的供给与需求达到一种平衡状态，以满足社会成员最基本的生存条件和发展条件，维护社会的公正与稳定。

三、我国基本公共服务非均等供给现状

目前，我国基本公共服务的具体情况如何呢？2007年年底，中央党校"社会形势分析与预测"课题组对在中央党校学习的154名地厅级领导干部进行调查，结果显示（见图3-1）："居民收入差距"、"看病难看病贵"、"教育不公平"和"失业"等基本公共服务方面的问题均被列入2007年社会形势发展中最严重的十大问题。在要求领导干部对2007年经济、政治、社会和外交各领域共17项工作进展情况的显著性进行评价时，结果显示：经济和外交等方面的工作进展最为显著，而"推进医疗卫生事业改革"、"调整收入分配"和"促进教育公平"等社会建设方面的工作进展最不显著。具体而言，持"显著"评价超过70%的有四项，它们依次是："保持经济增长势头"（84.4%）、"处理国际事务"（79.2%）、"扩大对外开放"（76.0%）和"减轻农民负担"（72.1%）。这些成效显著的工作主要涉及经济和外交领域。而持"显著"评价低于20%的工作有五项：它们依次是："调整收入分配"（9.7%）、"深化机构改革"（10.4%）、"解决农村公共产品的供给问题"（14.9%）、"推进医疗卫生事业改革"（15.6%）和促进教育公平（18.8%）。这些进展显著性差的工作主要表现在基本公共服务方面。

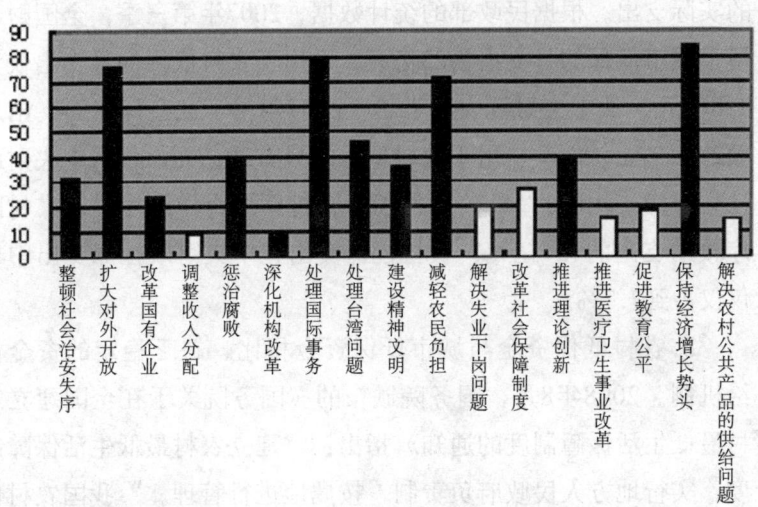

图3-1 领导干部对2007年各领域工作进展情况"显著"的评价
注：其中白色的为基本公共服务方面的各项工作进展情况。

基本公共服务主要涉及到基本生存权、基础性发展权、基本健康权三个方面。我们在此分别阐述这三个方面的非均等状况。

（一）基本生存权方面的不均等

基本生存权方面的均等化主要包括最低生活保障、基本养老保险、住房保障与社会救济。由于自然灾害、城市流浪乞讨人员救济和法律援助等社会救济的对象具有特殊性、偶然性，且不分城乡与地域，因而总体而言还是比较均衡的。

——城乡分离的最低生活保障体系

城乡的最低生活保障体系是一种分离状态，城市居民所享有的最低生活保障无论是覆盖范围与标准，还是资金供给保障，都远远好于农村。城乡最低生活保障城乡严重不均，具体表现在：

1.城乡之间低保标准和实际支出水平差异悬殊。农村低保标准远低于城市低保标准，农村低保实际支出水平远低于城市低保

提升维护稳定的能力

的实际支出。根据民政部的统计数据,2007年第三季,全国财政用于城市低保的月支出为23亿元,而用于农村低保的月支出仅为8.8亿元。从中央财政支出来看,2007年用于社会保障的支出总额2017亿元,而其中用于农村低保的只有30亿元,仅占中央财政社会保障支出的1.5%。如果加上农村新型合作医疗以及农村医疗救助支出的127亿元,农村社保支出在中央财政社保支出中也仅仅占到7.7%。

2.农村低保资金与城市低保资金相比,缺乏稳定的资金供给机制。2008年8月,国务院颁布的《国务院关于在全国建立农村最低生活保障制度的通知》指出:"建立农村最低生活保障制度,实行地方人民政府负责制,按属地进行管理。"我国农村低保资金的供给极少得到中央财政的投入,资金供给一直以来是由县、乡财政和村经济负担的。一些财力单薄的基层财政根本无力提供充足的资金以满足农村低保需要;而城市低保的资金则有稳定的供给机制。依据1999年《城市居民最低生活保障条例》第5条规定,"城市居民最低生活保障所需资金,由地方人民政府列入财政预算,纳入社会救济专项资金支出项目,专项管理,专款专用。"同年,中央财政开始对部分财政贫困地区的城镇低保资金予以补贴。2005年,享受中央财政提供城镇低保资金补贴的省份共有25个,补贴力度达全年低保资金支出总额的55%。城市最低生活保障制度只覆盖拥有城市户籍的人口,已经越来越不适应我国快速的城市化要求,这就迫切要求我们建立城乡一体化的最低生活保障制度,以适应农村劳动力向城市转移的情况并维护城乡居民平等的生存权。

——城乡分离的基本养老保险

我国城乡的基本养老保险处于分离状态,城市基本上已经拥有了较为完善的基本养老保险体系，城市老年人能够在体系中享有政府提供的基本养老保险，安享晚年；而农民基本上被排斥在正式基本养老保险制度之外，农村老年人主要依靠土地和家庭养老，它们没有任何退休概念，由于这种养老模式与自然生产环境和子女的赡养责任心息息相关，所以非常不稳定，很多老人被迫"活到老干到老"，甚至到死。

公务员的"铁饭碗"不仅"铁"在工作的稳定性方面，而且"铁"在有较为完善的社会保障方面，政府机关、事业单位员工（他们是准公务员）的养老退休制度，是适应计划经济条件的一种高福利的国家养老制度。企业单位员工、部分经营性事业单位员工拥有社会养老保险制度。1991年民政部在全国试点推行《农村社会养老保险基本方案（试点）》，该方案下的农民互保自助式保险制度与城市居民的养老退休制度、养老保险制度，在资金来源、财务模式、政府责任等方面迥然不同（见表3-1）。即使有少部分的农村居民参加了基本养老保险，他们的退休费也比城市居民低得多（见表3-2）。

提升维护稳定的能力

表3-1 我国城乡人群的不同养老保障制度比较

	城市居民		农村农民
基本养老保障制度	企业单位员工、部分经营性事业单位员工	政府机关员工、主要事业单位员工	农民
基本养老模式	养老保险制度	养老金福利制度	立足于农民自我保障：集体保障＋家庭保障＋土地保障
社会再分配功能	强	强	弱
主管单位	劳动与社会保障部门	人事部门	民政部门
资金来源	企业、个人缴费	财政拨款	集体、个人缴费
财务模式	社会统筹与个人账户相结合的"混合模式"（半基金制）	现收现付	完全个人积累制（基金制）
财务平衡方法	以支定收、财政最后"兜底"	根据养老支付需求从财政列支	以支定收
政府责任	财政承担最后"兜底"职责	财政承担所有职责	不与财政挂钩，财政不承担"兜底"职责
养老金发放单位	社会机构	各政府机关、事业单位	社会机构
受益模式	待遇确定型与缴费确定型	待遇确定型	缴费确定型
与基本养老配套的制度	有最低生活保障（待遇确定型）	有最低生活保障（待遇确定型）	没有最低生活保障

注：2008年大部制改革后，劳动与社会保障部与人事部合并为人力资源和社会保障部。
资料来源：吴湘玲，叶汉雄：《我国基本养老保险的城乡分割及其对策探讨》，载《江汉论坛》2005年第11期。

表3-2 我国城市与农村居民的人均离休、退休、退职费比较　单位：元

统计年份	全国城乡平均	城市居民			农村居民
		企业单位员工	事业单位员工	政府机关员工	农民
1990	1712.76	1663.78	1889.50	2006.08	/
1995	4194.75	3869.82	5163.24	5612.40	/
1999	6455.29	5841.47	8587.42	8532.80	354.45
2000	7000.00	6200.81	9614.08	10035.90	417.83
2001	7579.89	6472.14	11020.78	11927.02	481.21
2002	8591.04	7411.54	12379.37	13494.15	429.40
2008	9092.45	8221.09	13499.51	14882.84	492.15

资料来源：1991-2008年劳动与社会保障统计年鉴。

（二）基本健康权方面的不均等

图3-2　中国居民个人医疗卫生支出与其他国家比较

资料来源：赵青平，赵素梅：《忧患中国公共服务体系》，载《数据》2005年第8期。

改革开放以来，由于医疗卫生事业的发展，全体国民的健康水平有了很大提高。目前，我国的人均寿命延长到了71岁，但是我国医疗事业的发展与其他国家相比，个人医疗卫生的支出比例

提升维护稳定的能力

要高得多（见图3-2）。与此同时，城乡的差距也在不断扩大，这一差距在医疗卫生领域尤为明显，城乡基本医疗卫生非均衡发展，卫生医疗资源的公平分配逐渐成为社会关注的焦点。据2002年世界卫生组织公布的数据，中国卫生分配的公平性在世界排名中位居第188，为倒数第4位。国家社科院经济所收入分配课题组2003年的一份调查报告显示[①]：城乡居民公共卫生资源分布差异非常大。占全国人口近70%的农村人口所拥有的公共卫生资源不足全国总量的30%。农村每千人口平均拥有病床不足1张，而城市约为3.5张；农村每千人只拥有1名卫生技术人员，城市则在5名以上；农村人口医疗保险覆盖率只有9.58%，城市则为42.09%。截至目前，农村还有近1亿人口得不到及时的医疗服务，近20%的县未达到2000年人人享有初级卫生保健规划目标的基本标准，4亿多农村人口尚未饮用上自来水，近8%的农村婴幼儿没有享受免疫接种。城乡之间的基本医疗卫生的不均等表现在许多方面：

一是城乡之间、区域之间初级卫生保健差距较大。从妇幼保健水平来看，2004年，农村地区的新生儿死亡率、婴儿死亡率、5岁以下儿童死亡率、孕产妇死亡率分别是城市地区的2.1倍、2.4倍、2.4倍和2.4倍；县级范围内住院分娩率则只有市级范围内的80%。更让人担忧的是，2002年农村初级妇幼保健水平远不及城市20世纪90年代初期的水平。

二是城乡医疗资源分配不均，卫生服务可及性差距较大。城乡医疗资源分配严重不均，医疗资源主要集中在城市。以北京为例，优质医疗资源的分布集中在四环以内，三级甲等医院多集中在城市中心区，高级医疗卫生人才主要集中在三级医院。农村和

---

① 夏锋：《基本公共服务均等化与城乡差距》，载《南京人口管理干部学院学报》2007年第3期。

城市郊区的医疗资源与城市中心区的医疗资源存在很大的差距。北京市的公共卫生投入主要向医院倾斜,尤其是投向三级医院。2005年北京市财政补贴卫生投入共计29.94亿元,85.46%投入医院,其中投入综合医院54.64%,卫生院为8.77%。农村地区卫生人员缺乏,专业素质低,乡村医生中中专以下学历占68%,尚未达到国家制定的标准。①

三是疾病在城乡居民致贫原因构成中的比重不同。疾病是导致农村居民贫困的重要原因。改革开放后,由于传统的农村合作医疗相继解体,农民只能自己购买医疗服务,农村的许多贫困者无力购买医疗保险,当大病发生时,疾病又反过来加重贫困,农村部分家庭在贫困与疾病之间形成了恶性循环。调查数据显示,在各种致贫的原因中,"疾病损伤"是略低于"劳动力少"的居于第二位的重要致贫因素,而"劳动力少"很多时候也是由疾病导致,所以,在农村地区,可以认为疾病是导致贫困的最重要原因。疾病也是城市居民致贫的原因之一,但它们在致贫原因构成中的比重比农村居民小得多,城市居民疾病损伤只占致贫原因的4.44%,而农村居民则高达21.61%(见表3-3)。

---

① 张工主编:《2007年北京市社会发展蓝皮书——让社会公共服务惠及市民》,中国大百科全书出版社2007年版,第77-78页。

表3-3 贫困发生率及致贫原因构成   单位：%

调查地区	贫困发生率	劳动力少	自然条件差	自然灾害	人为原因	疾病损伤
调查地区合计	5.71	17.13	10.82	2.28	7.69	15.19
城市合计	7.24	7.07	0.58	0.16	2.88	4.44
农村合计	5.06	23.13	16.94	3.54	10.56	21.61
大城市	12.76	2.26	0.24	0.00	1.07	1.90
中城市	2.31	9.91	0.00	0.00	9.91	9.01
小城市	4.89	21.29	1.90	0.76	5.70	10.65
一类农村	3.97	27.75	7.33	1.05	9.42	23.82
二类农村	3.59	20.19	9.05	2.55	9.05	22.74
三类农村	5.63	19.82	18.53	3.73	10.81	24.32
四类农村	9.29	27.80	30.04	6.28	12.56	13.90

资料来源：卫生部信息中心：《中国卫生服务调查研究——第二次国家卫生服务调查分析报告》，中国协和医科大学出版社1999年版，第7页。

四是城乡居民期望寿命差距较大。由于农村的基本医疗卫生条件比城市差，农村居民的期望寿命也比城市低。以北京为例，2005年北京市远郊区县居民人均期望寿命为77.46岁，比城郊居民少了3.98岁（均为户籍人口）。其中，男性期望寿命二者相差约4.7岁，女性期望寿命相差约3.1岁；远郊区县居民总死亡率为6.19%，是城区居民的1.21倍；心血管病死亡率为145.25/10万人，是城区居民的1.13倍。此外，流动人口的健康问题是个薄弱环节，外来人口的孕产妇死亡率明显高于户籍人口，外来人口平均寿命明显低于户籍人口。①

（三）基础性发展权的不均等

保障义务教育的公平和就业公平，就是保障人的基本能力的公平，关系到人的基层性发展权，关系到社会的安定、城乡的和谐以及经济发展的后劲，主要体现在教育的不均等、就业服务的不均等两个方面。

四、实现基本公共服务均等化的基本原则

要想促进基本公共服务均等化目标的实现，不仅要贯彻公平正义的基本理念，还必须坚持一定的原则，立足国情。当前推进基本公共服务必须坚持四个基本原则，即现实性原则、法治性原则、相对均等原则、渐进均等原则。在坚持这几个原则的基础上，有计划、有步骤地逐步实现基本公共服务均等化。

（一）现实性原则

我国正处于并将长期处于社会主义初级阶段，这就是我国的基本国情。

社会主义初级阶段包含两层含义：第一层含义是从社会性质上来讲，我国的社会已经是社会主义社会，社会主义的目标是始终不渝的追求全社会的公平正义。因此，我们党要不断的推进基本公共服务均等化，缩小全体公民的基本公共服务差距，"努力使全体人民学有所教、劳有所得、病有所医、老有所养、住有所居，推动建设和谐社会"，更好地体现社会主义的优越性，反映社会主义公平正义、共同富裕的本质。第二层含义是我国正处于不发达、不完善的社会主义初级阶段，这是从社会发展程度上讲的。

---

① 张工主编：《2007年北京市社会发展蓝皮书——让社会公共服务惠及市民》，中国大百科全书出版社，第78页。

坚持现实性原则，不仅要从我国的实际财力出发，而且要从基本公共服务均等化的现实状况出发。一方面，我国的基本公共服务总体供给严重不足。2007年，由国务院发展研究中心、中国社会科学院相关部门的专家完成的《中国公共服务发展报告2006》指出："我国当前政府公共服务'总体水平偏低、发展不平衡、效率低、水平趋同'，基本公共服务综合绩效整体处于偏低水平。"① 从目前情况来看，我们的社会保障体系还不完善，公共卫生体系也不健全。另一方面，我们基本公共服务分配也存在失衡，城乡之间、区域之间的基本公共服务差距较大，广大弱势群体不能充分享受基本的公共服务，与强势群体享受的基本公共服务存在着较大的反差。我们推进基本公共服务均等化，必须从这些现实的情况出发，去解决人民群众最关心、最直接、最现实的问题，不断增加基本公共服务的供给，促进基本公共服务均等化。

（二）法制化原则

依法治国，坚定不移的发展社会主义民主，是社会主义的本质要求。基本公共服务均等化同样要坚持法制化原则，加强法制建议，依法推进基本公共服务均等化。法律制度建设在实现基本公共服务均等化过程中起着至关重要的作用，在实现推进基本公共服务均等化过程中，我们要想让基本公共服务均等化更加顺利和有保障的实现，就一定要认真的梳理我国现有的法律，分清哪些法律是符合基本公共服务均等化的理念与价值取向，有利于实现基本公共服务均等化；分清哪些法律会进一步加大公民之间或区域之间的基本公共服务差距，需要完善或修改。

---

① 施芳：《我国基本公共服务严重不足》，载《人民日报》2007年4月17日。

（三）相对均等原则

基本公共服务的均等不是绝对均等，只是一个相对的概念，是指分配结果与效果的相对均等，而不是绝对平均化，这也是我们在推进基本公共服务均等化要把握的重要原则。基本公共服务均等化并不是要完全消除城乡公共服务供给差距，使城乡间的基本公共服务完全同等，而是满足各城乡需求主体需要的、存在合理差距的均等。

（四）渐趋均等原则

分清层次、有序推进是基本公共服务均等化的战略规划。实现基本公共服务均等化要循序渐进，制定战略规划。以医疗为例，据卫生部原副部长殷大奎透露，政府投入的医疗费用中，"80%服务用于850万左右的以党政干部为主的群体，而剩余的近13亿人口则只能分享20%的医疗资源"①。从实际出发，我们要实现的第一层次的均等是地区间的均等，第二层次的均等是城乡之间的均等，然后才是阶层之间和个人之间的均等。而对于基本公共服务的内容，现阶段其重点应首先定位于对低保、义务教育、基本医疗、必不可少的公益性基础设施等基本公共产品、公共服务和社会事业的支持。之后再逐步推进到更为广泛的领域。基本公共服务均等化是一个过程，既要尽力而为，又要量力而行。

五、促进基本公共服务均等化，领导干部怎样做

如何改变基本公共服务严重不均等的现实，干部怎样才能有所作为？

---

① 殷大奎：《建立公平高效的卫生医疗服务体系》，为作者在中欧国际工商学院举行的第二届中国健康产业高峰论坛上的演讲题目

提升维护稳定的能力

（一）发展经济、增强财力

均等化的过程是发展的过程，只有做大经济"蛋糕"才能更好地实现公共服务均等化。或者说，实现基本公共服务均等化离不开发展，寓于发展之中。在经济发展和财力增加的基础上，逐步增加国家财政投资规模，建立政府投资的稳定增长机制，提高政府调控能力，促进经济增长，不断增强各级政府提供公共产品和公共服务的能力，特别是服务全局和跨地区的公共产品和公共服务能力。

（二）完善均等化的财政转移支付制度

如果财力增加了，但是缺乏合理的制度，没有用于社会建设方面，那么财力再多也无法保障公平。改革开放三十年，我国的经济实力大大增强，国家财政收入大幅增加，但是用于公共服务的财政支出却在增长中表现出明显的不足。总量增长不足的背后，还伴随着区域之间、城乡之间、社会阶层之间基本公共服务不均等。因此，基本公共服务均等化的制度基础是改革公共财政制度，调整财政支出结构，把更多财政资金投向公共服务领域。当前加大财政资金对目前比较薄弱的基本公共服务领域的投入，尤其要确保新增财力主要投向义务教育、医疗卫生和基本社会保障等方面。

（三）建立健全统筹城乡的基本公共服务制度

城乡二元结构的制度安排，是造成城乡基本公共服务非均等的根源。推进城乡基本公共服务均等化，必须打破现有的城乡二元结构，建立城乡一体化的基本公共服务制度。实现城乡基本公共服务均等，制度要先行。要扫除制度障碍，改革户籍制度，实现农民和市民之间的平等。在此基础上，建立统筹城乡的公共服务供给制度，即：建立城乡一体化的义务教育制度，完善新型农村合作医疗制度，健全农村最低生活保障制度，探索符合农村特点的养老保障制度等。为此，应当改革户籍制度，消除城乡基本公共服务均等化制度障碍。要加强农村中小型基础设施建设的投入；"授人以鱼不如授人以渔"，"输血不如造血"，要促进城乡义务教育均衡发展；保证城乡义务教育的公平与均衡发展，能够为城乡居民参与社会竞争提供公平的起点；要加强农村公共卫生服务建设，提高农民医疗保障水平。截至2008年底，我们已经在农村全面建立了新型农村合作医疗制度建设，全面覆盖有农业人口的县(市、区)，参合农民达8.15亿人，参合率为91.5%，提前两年完成目标。这极大地缩小了城乡基本医疗卫生的差距，使广大农民也能在一定程度上享受到优质的医疗服务。但是，我们的新型农村合作医疗刚刚建立不久，在运行中还存在一些问题，需要我们继续加强农村公共服务体系建设。

（四）转变政府职能，加强政府公共服务能力建设

转变政府职能，加强政府公共服务能力建设是基本公共服务均等化的重要手段。公共服务的短缺和失衡与政府的"越位"、"缺位"、"错位"有关。转变政府职能，加强政府公共服务能力建设，是提高政府公共服务供给效率，实现基本公共服务均等化的重要保障。政府的定位应该是服务型政府。一要进一步明确政府的职能定位，强化其社会管理和公共服务职能，实现由经济建设型政府向公共服务型政府的转变；二要建立健全基本公共服务均等化的考核体系，强化对地方政府的公共服务行政问责；三深化行政审批制度改革，规范行政许可，提高审批效率；四要推进政府机构改革，逐步解决层次过多的问题；五要推进与政府机构紧密相关的社会事业单位改革，强化监督管理类和公益类事业单位的公共服务职能。

提升维护稳定的能力

（五）整合社会力量

整合社会力量是基本公共服务均等化的有效补充。由于我国广大农村地区的公共产品供给水平很低，供给任务十分艰巨，再加上我国财政实力有限，仅仅依靠财政力量难以保证农村公共产品的有效供给。实现基本公共服务均等化是一项长期的系统工程，在短时间内仅仅依靠公共财政是很难实现这个目标的。因此，可以鼓励民间资本积极参与农村公共品服务，补充政府供给的不足，实现公共产品供给主体的多元化。构建多元化的公共产品供给机制，形成以公共财政为主体、社会各方共同参与的公共产品供给机制。

第三节 增强基层政府公共服务能力

基层政权是维护社会稳定的第一道防线，是维护社会稳定的根基。加强基层政权建设，夯实维护社会稳定的第一道防线，是维护社会稳定的重要保证。当前，基层政权呈现弱化趋势，社会控制力逐步减弱。我们要正确看待基层政权弱化问题，分析其弱化的原因并提出强化基层政权的一些建议，以筑牢维护社会稳定的第一道防线。

一、要正确认识基层政权弱化问题

基层政权重在基层，直接面对群众是基层政权组织的一个个重要特点，它处于"上情下达"和"下情上达"的位置上，是连接国家与群众的桥梁与纽带，发挥着重要的组织与协调作用，它所具备的基层性质和基础地位是显而易见的。但是，近些年来，农村基层政权的弱化现象明显，主要表现在以下方面：财政保障能力弱化，许多乡镇的财政运转非常困难，甚至有的乡镇依靠举债运转；社会整合与控制力弱化，由于基层政权威信在不断降低，因而农村的很多矛盾都无法化解；社会动员能力弱化，政府的号召力在不断降低；提供公共服务的能力弱化，由于财政困难，基层政权在提供义务教育、医疗保障、社会救助等公共服务方面能力较差。

基层政权弱化问题的出现有正常的原因，也有非正常的原因，对此要作科学分析，不要一听到基层政权的弱化，就害怕，就批判。基层政权建设要解决三个基本的问题：一是发展方向问题；二是与服务对象的关系问题；三是自身的服务能力问题。方向问题是为谁服务的问题，是基层政权组织的定位问题，是各方面要体现出来的民主化问题。民主民主，人民做主，这一点需要用体制来保障。搞基层选举，给老百姓以自由，不断给老百姓松绑，这是历史潮流，是我们改革的一个重要目标，我们改革的方向是正确的，而且取得了很大成绩，这一点要予以充分肯定。但是，从计划体制下的强控制到市场体制下的少控制弱控制，这是一个大趋势，要正确对待，当然基层政权的弱化有一个"度"，超过这个"关节点"，基层政权过度弱化，就会走向另一个极端，政府在国家建设过程中就会丧失对基层政府官员的控制和约束力，中央的政策方针根本就无法落实到基层。贵州省黔南布依族苗族自治州瓮安县发生的严重突发事件（简称"6·28"事件），就凸显了基层政权过度弱化所带来的问题。我们要找准基层政权弱化的政策和制度性根源，强化基层政权建设。方向问题决定着与服务对象的关系问题，在正确的改革方向指引下，要用体制来保障基层干部的执政为民问题，而不是为难百姓，有的甚至欺压百姓。发展方向问题和与服务对象的关系问题解决好了,接下来就是基层政权组织自身的服务能力问题,有心无力也是办不好办不成事的,因此我们党提出了要提高执政能力执政水平这个大问题。应当说这三个问题我们都想到了,也提出了明确要求,但是都没有落实好,原因是多方面的,要从政策上制度上和体制上找原因,不能一出问题就是百姓的素质问题,是所谓个别人的别有用心,这是解决不了根本问题的,只能成为一些人逃避责任的托辞。

二、基层政权弱化的政策和制度性原因

基层政权弱化的政策和制度性原因体现在多个方面,家庭联产承包责任制的实行、农业税等税费制度的改革、财税体制的改革、社会主义民主政治的发展等等,都会影响到基层政权的控制力。此外,社会流动在一定程度上也弱化了基层政权。

家庭联产承包责任制的影响。家庭联产承包责任制是国家与农民关系的一次重大调整,大大弱化了基层政权。在家庭联产承包责任制下,农民在自己承包的土地上有充分的自主权,种植什么、种植多少等等都充分自主,只需按照国家的规定缴纳相应的税费就可以。农民与国家之家的经济利益关系远不如"人民公社"时期紧密,基层政权对农民的控制力大大下降,却大大提高了农民的生产积极性,从此农村面貌焕然一新。

农业税等税费制度改革的影响。现代社会,国家和公民的关系通过法制得到新的确认和稳定。税制的变化会直接影响原有基层政权的能力。2006年1月1日起,国家废止《农业税条例》,这意味着在中国延续两千多年的农业税正式成为历史。全面取消农业税,有利于减轻农民负担,增加农民收入,使广大农民更多地分享改革开放和现代化建设的成果,从改革中得到实实在在的利

益。但是与此同时,它也进一步弱化了基层政权。税费改革前,有人形象的把基层政权的职能比喻为"要钱要粮要命"(抓计划生育)。税费改革后,基层政权的职能只剩下"要命(抓计划生育)"了,遵守计划生育政策的农民,就基本上可以不与基层政权发生直接联系了。因此,基层政权对农民的控制力大大减弱。在税费改革之前,乡镇政权还能靠多向老百姓收点费(当然很大一部分是不合理的)来保持收支平衡,税费制度改革后,基层政权再也不能任意收取老百姓的钱了,这导致许多乡镇陷入财政困境。传统体制下基层政权的控制力与征收的税费之间成正比。农民需要上缴的税费越多,对政府的依赖性就越强,基层政权对农民的控制力就越强;农民需要上缴的税费越少,对政府的依赖性就越弱,基层政权的控制力就越弱

财税体制改革的影响。1994年实行分税制改革,目的在于理顺中央和地方之间的财力分配关系,增强中央的宏观调控能力,明确各级政府的责、权、钱。这次改革使中央和省级政府吸取财税的功能不断强化,比重不断上升。与此同时,农村基层的财力却不断被削弱,承担的责任越来越多。乡镇一级不设立单独财政,需要县乡财政供养的人口却很多。连吃饭都成了问题,更"无钱办事"了。这种财税体制是基层政权制度弱化的重要原因。

基层民主政治发展之影响。党和国家鼓励群众自治,十七大报告指出:要"发展基层民主,保障人民享有更多更切实的民主权利","要健全基层党组织领导的充满活力的基层群众自治机制,扩大基层群众自治范围,完善民主管理制度,把城乡社区建设成为管理有序、服务完善、文明祥和的社会生活共同体"。近些年来,我国农村村委会的成员普遍实行了直选,

提升维护稳定的能力

有的县乡甚至实行了直接选举,农民更加民主自由了。与此同时,一些城市居委会也实行了直接选举。选举是公民自治的重要方式和手段,而公民自治程度是衡量一个国家民主水平的重要标志。选举制度,尤其是直接选举,使广大群众在政治上由过去的被动变成了主动,农民有了更多的知情权、参与权。在这个意义上,基层政权控制力与社会主义民主政治发展程度之间成反比。社会主义民主政治发展程度越高,农民对政府的依赖性就越低,基层政权对农民的控制力就弱;社会主义民主政治发展程度越低,农民对政府的依赖性就越高,基层政权对农民的控制力就强

社会流动在一定程度上也弱化了基层政权。社会流动是社会进步的重要标志,它是社会成员发展自我潜力、实现向上流动的重要渠道。但另一方面,由于农村剩余劳动力大量流向城镇,流入地和流出地的基层政权组织都难以管理他们,基层政权组织原有的工作模式和方法遇到前所未有的挑战。一些地方甚至一度出现消极、被动的局面,基层的工作严重受阻,群众与基层政权组织的关系僵化冷淡。没有外出打工的农民对党中央的政策也有了自己的理解与选择,对于能给自己带来利益的活动就积极参与,不能给自己带来利益的活动就少参与或不参与,政府也无法强行要求他们参与这些公益劳动。因此,现在农村许多公益事业(如修水渠、修筑村道等)说得多,做得少。

三、强化基层政权建设的三个重点

"基础不牢,地动山摇",基层政权建设的好坏,直接关系到整个政权建设的稳定。因此,在新的发展条件下加强基层政权建设,防止基层政权弱化非常重要。以下几项工作对于重新认识

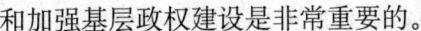

和加强基层政权建设是非常重要的。

（一）方向要坚定，思路要清晰

发展基层民主，保障人民享拥有更多更切实的民主权利，这是方向是目标，要坚定不移。发展基层民主的途径有很多，各个地方的情况又很不一样，但思路一定要清晰，程序一定要科学合理，细节一定要周到严密，这些做到了，不但可以保证有良好的结果，而且可以有效避免黑恶势力、家族宗族势力对基层政权组织的不良影响。一个得民心的、有效率的、强有力的基层政权的改革发展思路，需要上层来定夺，需要中层来细化，需要底层来落实，需要广大民众的真正参与，大家各负其责，齐心协力，就会越来越接近我们所希望的目标。

（二）要对基层政权的机构进行改革

要缩减乡镇规模，乡镇政府不能是县级政府的"缩小版"，"麻雀虽小，五脏俱全。"机构庞大，使得本来财政就困难的基层政权"僧多粥少"。近些年来，许多地方都在实施乡镇合并，精简机构，把计划经济遗留的一些部门如农机站、农技站等从乡镇政权编制中裁减出去，把它们投向市场。这些部门的市场化，一方面可以服务社会，另一方面，也能减轻乡镇一级的负担。但要注意的是，在乡镇合并的过程中，要注意保持农村基层政权的稳固，因为这关系到整个农村乃至全社会政治经济的稳定。与此同时，严格核定各部门的人员编制，裁减冗员，减少财政支出；协调好党委、政府、人大之间的关系，形成整体意志和行动，使乡镇政权由原先的刻板的毫无生气的"大政府"转变为目标准确、机构精干、运转协调的"小政府"。运转协调、高效的基层政权是加强控制力的有效组织保障。

（三）要突出公共服务职能

提升维护稳定的能力

"加快行政管理体制改革,建设服务型政府"是党的十七大提出的明确要求。2008年2月23日,胡锦涛在中共中央政治局第四次集体学习时指出,建设服务型政府,要"把公共服务和社会管理放在更加重要的位置,努力为人民群众提供方便、快捷、优质、高效的公共服务。"为此,基层政权组织要正确定位,转变职能。今后,基层政权的主要职能应当是为群众提供更多更优质的教育、卫生、脱贫等公共服务。在提供公共服务中加强与群众的联系,增强基层政权的号召力和影响力。

1.增强基层政府提供基本公共服务的能力

县乡基层政权是基本公共服务的主要供给主体之一,基本公共服务均等化的实现与基层政府的公共服务能力紧密相关。基于此,胡锦涛在党的十七大报告中指出,要"完善省以下财政体制,增强基层政府提供公共服务的能力"。完善省以下财政体制,加强基层政权建设,增强基层政府提供基本公共服务的能力,能够为实现基本公共服务均等化奠定扎实的物质基础。

(1)完善省以下财政体制,推行财政体制改革。基本公共服务均等化是我国公共财政制度改革的基本目标之一。反过来,完善省以下财政体制,推行财政体制改革,对于缓解县乡财政困难,增强基层政府提供基本公共服务能力,促进基本公共服务均等化也具有重要意义。

完善省以下财政体制,缓解县乡级政府的财政困难,可以考虑从以下几个方面着手:一是要强化省级政府调节省以下财力分配的责任意识,增强省级财政对市县级财政的指导和协调功能,加大省对下一级政府转移支付力度,逐步形成合理的纵向与横向财力分布格局,增强基层政府提供基本公共服务的能力。二是积极探索"省直接管县"财政体制改革。近年来、浙江、湖北等省实行"省直接管县"的财政管理体制试点改革,在减少了财政管理层次,提高行政效率和资金使用效益,缓解县乡财政困难方面具有积极的作用。鉴于此,我们要进一步扩大"省直接管县"的财政体制试点范围。省级财政在体制补助、一般性转移支付、专项转移支付、财政结算、资金调度等方面尽可能直接核算到县。三是以增强基层财政保障能力为重点,推进县乡财政管理体制改革。县乡新的财政管理体制框架要体现财力与事权相匹配,以事权定财力,以责任定财力,对加强的职能要增加财力支持,对弱化的职能要减少支出;体现财力支出向公共服务倾斜、向基层倾斜,增强乡镇政府履行职责和提供公共服务的能力。积极推进乡镇财政管理体制改革试点,对经济欠发达、财政收入规模小的乡镇,试行由县财政统一管理乡镇财政收支的办法;对一般乡镇实行"乡财县管乡用"方式,在保持乡镇资金所有权、使用权和财务审批权不变的前提下,采取"预算共编、账户统设、集中收付、采购统办、票据统管"的管理模式。①

(2) 加大对基层的财政转移支付,积极实施财政奖励补助政策。完善财政奖励补助政策,加大对基层的财政转移支付,是缓解县乡财政困难的有效措施。县乡级政府直接为农村和基层提供基本公共服务,如果它们缺乏应有的财力,就无法完成其所承担的职责。为了实现基本公共服务均等化的目标,我们在鼓励基层政府自身增强财力的同时,还要加大对基层政府的财政转移支付力度,以保障乡镇政权也具备提供基本公共服务的财力。换句话说,要通过保障基层政府财力均等来推进基本公共服务均等。

---

① 参见金人庆:《完善公共财政制度,逐步实现基本公共服务均等化》,载《求是》,2006年第22期。

提升维护稳定的能力

为了缓解县乡基层政府财政困难，近些年来，中央和省级政府加大了向县乡级政府的转移支付力度，增强了县乡级政府的基本公共服务供给能力。到2006年底，全国财政困难县的总数已由2005年初的791个大幅减少到200个左右。①

为了切实缓解县乡财政困难，我们在加大对基层的财政转移支付力度的同时，还要积极实施财政奖励补助政策，加大"三奖一补"②资金规模，力争在短期内，使县乡财政困难状况明显改善。与此同时，我们还要研究建立县乡政府支出安排绩效评价体系，加大资金使用监管力度，确保财政困难县政府将获得的"三奖一补"资金主要用于基本公共服务领域。

成都市增强基层政府公共服务能力的实证分析

2003年以来，为了统筹城乡经济发展，成都市不断创新体制，完善适应城乡一体化发展的财政管理体制，以增强基层政府的基本公共服务能力。成都市在缓解基层政权财政困难，提高基层政府基本公共服务供给能力方面的措施主要包括以下几个方面。

（1）完善财政管理体制，增强基层政府提供基本公共服务的能力。第一，进一步完善市对区（市）县财政体制，做大区（市）县财政收入这块蛋糕。近年来，成都市确定了支持县域经济发展，财力向区（市）县倾斜的方针，并不断完善市对区（市）县财政体制。2003年，该市实行税收征收属地化改革，市级政府不再直接征收税收，原市国税、市地税直接征收分税所辖

---

① 财政部《关于2006年中央和地方预算执行情况与2007年中央和地方预算草案的报告》。

② "三奖一补"：对财政困难县增加本级税收收入和省市级政府增加对财政困难县财力性转移支付给予奖励，对县乡政府精简机构和人员给予奖励，对粮食主产县给予奖励，对以前缓解县乡财政困难工作做得好的地区给予补助。

税源全部在按部按属地下划征管权的基础上,相应调整了市对区(市)县财政体制。市级财政按统一分税比例参与中心五城区征收税收中省以下部分的分享,通过调整税返收入和财政间结算保证市及五区既得利益。市级不再参与其他区(市)县的税收分成。这样使得县级财政收入快速增长,在2003~2006年,全区(市)县财政收入年平均增长高达39.2%,大大增强了基层政府的公共服务供给能力。

第二,确保乡镇及村级机构正常运转。该市明确要求区(市)县要结合本地经济发展水平和财源机构特点,以着眼于确保乡镇及村级机构正常运转为根本,制定有效的县对乡镇财政体制模式。对于经济欠发达、财政收入规模小的乡镇实行"乡财县管乡用"预算管理模式,由县级财政保障乡镇必要的支出。另外,该市把村级组织因农业税减收带来的影响,统一纳入市、县两级财政转移支付补助范围。

(2)建立和完善转移支付制度,增强基层政府提供基本公共服务的能力。成都市着力于完善转移支付制度,增强基层政府提供基本公共服务的能力。一是建立一般性转移支付制度,增加财力性转移支付规模,优化转移支付结构,逐步弥补困难区(市)县间财政保障公共服务能力的均等化。二是加强对区(市)县专项转移支付管理。对已不符合实际情况的原各类转移支付项目进行整合,对交叉、重复的项目进行清理和归并;同时,增加了有利于推进城乡一体化的转移支付项目。三是逐年加大市对区(市)县,尤其是贫困地区的财政转移支付规模。通过建立和完善转移支付制度,市财政对区(市)县的各项转移支付额逐年增加,从2003年的17.1亿元上升到2006年的46.9亿元,年均递增40.1%,为保障基层政府的基本公共服务供给提供了有力

提升维护稳定的能力

的财力支持。

弱化与强化是相对的,计划经济条件下的那种强化不一定是好事,市场经济条件下的弱化不一定是坏事,时空的转换,环境的改变,需要我们对一些问题作重新思考。面对当前基层政权组织的弱化问题,我们同样要采取这个态度,重要的是要找到其中真正的根本的原因。在大的改革背景和思路下,进一步改革创新与基层政权组织建设密切相关的政策和制度,无疑是重建基层政权组织权威的关键所在,也是提高领导干部特别是基层干部领导能力的重要机会。

第四节 构建和谐劳动关系是维护社会稳定的关键

党的十六届六中全会《关于构建社会主义和谐社会若干重要问题的决定》中,明确提出要发展和谐劳动关系,这是党的文件第一次系统论述这个问题。同时,《决定》明确提出了具体的制度建设和政策措施。十六届六中全会《决定》明确提出"发展和谐劳动关系"的要求和目标,这是针对当前我国经济社会发展的具体特征和构建和谐社会的总体目标要求提出的。构建和谐社会的关键,在于进一步整合社会力量,调整好社会成员间的利益关系,最大限度地减少社会矛盾,实现社会公平。构建和谐的劳动关系不仅是社会稳定的需要,也是经济社会向更高层级发展的需要。

一、和谐劳动关系是社会稳定的关键因素

恩格斯指出:"资本和劳动的关系,是我们现代全部社会体

系所围绕旋转的轴心。"①历史表明,近代以来,随着工业化的进程,劳资关系成为现代社会最核心的社会关系之一,劳资关系的和谐与否,直接关系到社会秩序的稳定与和谐状况,甚至影响到整个国家的政治、经济、社会生活秩序的状况。为此,加强劳动关系的制度与政策建设,努力实现劳资之间的力量平衡和关系和谐,成为现代国家政治经济与社会生活中的核心内容之一。

在工业社会的早期阶段,企业等组织基本上处于社会福利体制以外,雇主并不在工资以外零星负责其雇员的养老医疗工伤失业等方面的保障,也不负责为员工提供各种福利性服务。相反,在"利益最大化"的经济原则驱动下,资本家为了榨取尽可能多的剩余价值,使工人的劳动条件和生活状况急剧恶化。面对这种处境,西欧爆发了不计其数的工人反抗斗争,甚至爆发革命。在此形势之下,各国政府为避免激烈持续不断的对抗斗争,以协调劳资关系,稳定国家政局,逐渐改变了资本主义发展初期放任自由的劳资关系政策,转而采取建设性干预政策。政府开始对改善工人状况进行国家干预。正是在这样的背景下,社会政策走上历史舞台,成为协调劳动关系的重要工具。正如1872年休谟纳在主持德国社会政策学会预备座谈会时就说:"社会政策学会的性质,不是讨论主义,而是要深入问题的中心,把握目前最重要的社会改革事项,例如对于工会、罢工、工厂法及劳工住宅等问题,使发生实际的效果。"②从1802年英国通过第一个现代意义上的劳动法《学徒健康和道德法》以后,各国相继通过了有关保护妇女和儿童就业、减少工时、以社会援助的形式发放各种津贴和失业补助的一些法律和条例。从实践来看,劳动关系与社会政策

---

① 《马克思恩格斯全集》第21卷,北京:人民出版社,1986年版,第362页。
② 刘修如:《社会政策与社会行政》上册,台湾,五南图书出版公司1988年版,第15页。

提升维护稳定的能力

的交集主要体现在再就业政策、收入分配与社会福利政策、社会保障政策等方面。

社会政策的干预，为政府在劳资关系上寻求平衡提供了机会和途径，同时，政府力量在劳资之间楔入了一道防火墙，社会政策内容的调整，成为劳资关系之间最具有伸缩性的战略缓冲区间，成为劳资双方力量争夺的重要空间。社会政策的出现也改变了劳资关系的协调模式。西方主要资本主义国家中的劳资关系，由资本主义发展初期劳动者和资本家的直接协调冲突，转变为了工人、资方和政府之间的三方博弈协调机制，劳资之间的利益诉求也通过社会政策的改变和调整得以体现。社会政策的调整，可能成为缓冲和消解劳资矛盾的润滑剂，也可能成为导致劳资冲突的导火索和火药桶。这一点我们在2005年法国"首次雇用合同"引起的社会骚乱，以及近两年金融危机爆发后，西方国家此起彼伏的街头政治和社会运动中可见一斑。在失业和贫困的持续状态下，各国的街头运动与罢工潮很快兴起。去年12月，在全球性金融危机打击下，希腊全国失业率高达7%，民众的贫穷化程度加重。希腊一名在贫民区巡逻的警察滥用职权，向一群"问题少年"开枪，导致一名15岁的少年不幸丧生。该事件引发成千上万的希腊学生走上街头。希腊大规模社会骚乱后，保加利亚、拉脱维亚、立陶宛、法国、英国等都先后出现罢工和反政府骚乱。2009年伊始，法国又爆发了百万人罢工示威游行并引发了骚乱。在英国，炼油厂工人罢工引发其他能源行业的工人加入，威胁能源供应。金融危机也重创"金砖四国"之一的俄罗斯，在过去两个月内有1000万人失去工作，越来越多的民众选择走上街头。1月31日，俄罗斯首都莫斯科和远东城市符拉迪沃斯托克爆发大规模示威活动，数千

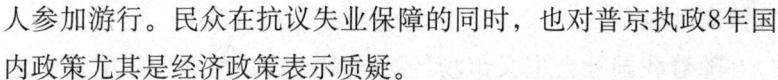

人参加游行。民众在抗议失业保障的同时,也对普京执政8年国内政策尤其是经济政策表示质疑。

就中国而言,同样受金融危机的影响,部分企业生产经营困难,为此较多使用非全日制用工、劳务派遣用工等灵活用工,非正规劳动关系比重上升,部分企业不签订劳动合同,不能全面履行劳动合同,无力支付解除劳动合同经济补偿金的现象增多。受经济下行的影响,部分企业不仅提高职工工资水平十分困难,有的企业为渡过难关,采取裁员降薪等措施。一些企业经营困难甚至破产倒闭引发拖欠工资现象增加,从而造成劳动关系在短期内出现纠纷案件增加,形成井喷之势。据统计,今年一季度全国发生涉及劳动关系方面的百人以上的群体性事件有大幅增加。

从国内外的历史与现实中,我们不难看到,劳动关系作为现代社会最基本的社会关系形态,它的和谐与否,是直接影响到社会稳定乃至整个社会生活的最重要因素之一,构建和谐的劳动关系是实现社会稳定与和谐的必然要求。提高政府部门和领导干部的维稳能力,一个重要的内容就是要提高构建和谐劳动关系的能力。

二、当前我国劳资关系状况

如前所述,劳动关系是劳动者和劳动力使用者所结成的一种社会经济利益关系,是生产资料与劳动者结合的具体表现形式。当一个社会的经济体制、产业结构、生产方式乃至企业的经营管理模式出现变化时,必然会对劳动关系产生影响。

(一)当前构建劳资关系协调机制的主要经验

1.坚持市场机制基础配置作用的前提下,逐步建立和完善三

方协商机制

随着我国社会主义市场经济体制的逐步建立，我国逐步建立起了在市场机制基础配置作用的前提下的劳动关系三方协商机制。但随着人们对市场经济规律的认识逐步提高，以及劳动关系发展的现状，纯粹自由主义市场原则给劳动关系带来的损害日益明显，如何在既不损害市场，又能维护和谐劳动关系的问题上各地作出了认真的探索。根据劳动保障部、全国总工会和中国企业联合会三家联合发布的《关于建立健全劳动关系三方协调机制的指导意见》规定，提出了三方分别代表政府、工会和雇主。各地成立了劳动关系三方协调会议办公室，并形成定期召开协商会议的制度。目前劳动关系三方协调机制建设步伐正在加快，在各县（市、区）全面建立劳动关系协调机制的基础上，有的县（市、区）正向乡镇、街道一级延伸，初步形成了多层次的网络体系。三方协调机制为促进劳动合同签订、开展集体合同和工资集体协商做了大量的工作，以推广行业性（区域性）集体合同（工资集体协商）工作。

2．推行"劳动信用"制度，规范劳动管理行为

将劳动信用管理纳入"信用开发区"建设体系，从信用角度来规范劳动管理。企业劳动信用等级的评定内容为企业遵守法律法规以及接受劳动行政部门指导管理的情况，按照劳动年检、劳动合同签订、工资支付和劳动保护等方面内容计分，设置不同等级。劳动部门建立企业劳动信用档案，实施分类管理，对不诚信企业，实行申报星级企业一票否决。目前一些地方在建立企业劳动信用制度的基础上，正考虑对劳动者也建立相关的劳动信任档案，为引导和规范劳动者就业行为提供制度保证。

3．严格落实最低工资制度，建立欠薪保障金制度，从源头杜

绝拖欠工资行为

劳资纠纷的主要类型为工资支付争议和工伤赔偿争议两类，集中发生在建筑施工单位和租赁企业。为从源头杜绝工资拖欠，规范租用厂房企业和建筑施工企业的劳动用工行为，建立了欠薪保障金制度，设立欠薪保障金专户，实行专款专用。欠薪保障金的建立，有效解决诸如租赁企业携款逃匿或建筑施工企业层层转包的劳动者工资问题。各地、各部门切实做好农民工工资支付工作，确保农民工足额领到工资，确保不发生因欠薪引发重大群体性突发事件。

4.宣传劳动政策法规，培育社会良好环境

和谐劳动关系的建构是以劳动关系的政策法规为基本依据的。通过政策法规的宣传，提高劳动关系各个主体的守法意识，提高其依法用工，依法维权的意识和能力是构建和谐劳动关系的思想认识基础。因各地都重视通过各种途径、采取多种形式，以报刊电视、宣传手册、广场咨询、横幅标语等为载体，广泛深入开展劳动保障法律法规知识宣传，提高劳动者依法维权意识和用人单位守法诚信意识。在工作中各地结合"作风建设年"、"创建优质服务窗口暨创建群众满意基层站所"等系列活动，以各项劳动关系政策法规为宣传重点，编写宣传教材和宣传品，通过日常巡查和各类行业专题会议，做好政策宣传和解释工作。

5.整顿劳动力市场，规范劳动用工秩序

经过几年有针对性的劳动力市场整顿，各大劳务市场及职介中心职业介绍行为已日趋规范，职介过程中出现的纠纷也能及时通过各类中心自行设立的调解机构得以妥善解决，求职者基本上能实现放心求职。但劳动力市场外的招工行为，尤其是游击式的私车贴牌招工广告和私人举招工牌子，影响了正常的招用工行

提升维护稳定的能力

为,并侵犯了求职者的合法权益。针对这一情况,为维护劳务市场秩序,尤其是打击场外非法招工行为,各级劳动保障部门在公安、人事、工商等部门的支持、配合下,实行联合执法检查,有效制止了一些企业不规范招工的现象。对检查过程中存在的严重违法职介行为,则坚决予以处罚。

6.强化劳动监察工作,改进劳动争议仲裁机制,加大劳动争议处理力度,维护劳动关系主体权益

劳动保障监察部门采取切实措施,加强日常巡查、举报专查和专项执法监察工作,推行劳动监察网格化管理新模式。在协调纠纷解决机制上建立了信访接待、劳动监察和劳动仲裁一个窗口办案的制度,建立纠纷预警信息网络,及时收集拖欠工资的信息,将拖欠工资屡有发生的企业列为重点监控对象,采取企业工资支付情况按月上报制度,分片专人跟踪检查,做到"早预防、早发现、早解决"。同时,劳动监察部门还组织包括公安、国土、工商、安监、卫生、总工会等部门开展联合执法检查,开展"和馨行动"、"春苗行动"及整顿规范矿山资源开发、打击非法生产、非法经营、非法建设等专项行动,通过各类排查、联合检查和举报专查,开展整治非法用工打击违法犯罪的专项行动。

7.提升企业品质,改善企业管理

在企业方面,企业经营者对劳动关系的认识也逐步提升,随着现代劳动关系理念的形成和管理模式的运用,一些企业在构建企业和谐劳动关系方面也做出了自己的探索,"善待员工,受益无穷"成为一些企业家的管理信条,企业主关爱员工的意识增强,员工休息时间增加,生产生活条件有所改善。许多企业制订实施了关爱员工的一系列举措,如瓯海通用锁具有限公司建立了企业爱心基金会,专门用于对突发困难的员工的救济;康奈集团

投资建造了高标准的员工住宿公寓,同时配有1500平方米的员工俱乐部,设有图书室、电脑培训室、电教室、党员活动中心、乒乓球室、羽毛球场等文娱场所。许多企业把原来每月休息1天调整为每周休息1天,在生产淡季的月份安排职工外出旅游,建立了保底工资制度。一些企业的民工享受到"五一带薪休假"待遇。还有一些企业为员工提供"精神福利",实施所谓"员工心理援助计划"。

(二)当前我国劳动关系现状与政策中的主要问题

改革开放以来,我国已初步建立了具有中国特色的劳动关系政策框架,但从实践看,无论是劳动关系相关政策制订还是劳动关系的现实存在状况,都还存在一些明显的问题。

1.劳动关系政策中的主要问题

其一,在劳动关系政策的理念上长期受到"效率优先、兼顾公平"的价值原则的影响。新制度主义的研究认为,在制度的变迁过程中,处于社会主导地位的社会群体的信念及其"意向性"对制度的设立变更等具有不可忽视的作用。在我国进入转型加速期后,总体上出现了"经济中心主义"的指导意识,这种意识对经济社会的发展产生了一定的负功能。首先,就总体而言,在经济政策与社会政策的关系上,社会政策与经济政策两者之间呈现出严重的不同步和不平衡。其次,就既有的社会政策而言,受到"效率优先"思想的影响,在"保增长"的思路下,社会政策通常异化成为经济政策的配套工程,要服务于经济发展,这种附庸地位使得社会政策丧失或者弱化了其所特有的价值原则和目标追求,导致在具体制度设计和实施时出现偏差,难以达成既定的目标。这一理念的长期坚持加剧了劳资格局的严重失衡,也损害了劳动者、企业和政府之间的关系。

其二，在制定社会政策时，缺乏合理、科学的机制和程序。社会政策的制定过程、执行过程应该是一个各个相关利益主体共同参与、协商、谈判、妥协、博弈的过程。而在实际过程中，并非如此。缺乏充分民主协商的政策形成机制，在很大程度上影响到政策合法性，也影响政策执行的成本和效果。在某种程度上必然影响到劳动关系各方主体之间的关系。

其三，在前述两个特点的影响下，我国劳动关系的相关社会政策出现了一些制度政策设计上的缺陷，影响到劳动关系的和谐发展。一是政策制度的供给不足。我国经济转轨时期，随着市场化劳动关系的形成，传统公有制企业产权关系发生变化，新型所有制企业不断涌现，新用工形式与新劳动关系问题不断产生，但是由于政府的制度供给能力和意愿不足，加上制度供给的时滞效应，出现如社会保险关系转移、"人才租赁"与劳务派遣等等许多问题都没有相应政策制度规范。二是政策制度的过剩。首先是政策制度供给主体单方强制性供给的制度，有的可能并不是社会经济发展所需，或与社会发展相悖，可能遇到抵制而效力下降；其次是由于经济转轨时期社会发展较快，相应制度更替严重滞后，旧制度未及时清理，造成制度过剩。三是政策制度失效。主要是由于制度设计缺陷或者实施机制没有发挥预期作用，政策实施中的"灵活性"原则通常变成了一种无约束的自由裁量权，使制度得不到贯彻执行或实施不充分，从而造成部分制度成为一纸空文。

其四、社会政策中的国家意志与地方意识冲突。劳动关系法规政策的制定和实施，是国家意志在经济社会生活中的体现。但是这种国家意志的实现在现实中常常会遇到与其并不一致甚至相抵触的社会性行动。其中一个重要方面是地方性知识和利益结构对政策制度的抗拒和扭曲。在劳动法规政策的实施过程中,各种"规避"或"变通"的现象也是普遍存在的,这一点从劳动合同法颁布前后火爆的各种相关培训活动中就可见一斑。值得注意的是,这样的规避通常建立在一种地方性共识之上,就是将某些行为通过公开或者"潜规则"的方式形成为一种非正式制度,在构建劳动关系中发挥作用。笔者在一些地方调查的大多数企业都有一条不成文的规定,就是普通职工(企业中层管理人员以下)工资的起薪水平都是当地最低工资标准。事实上这样的"规矩"目前也已经被大多数企业职工所接受和认同,"大家都是这样的"之类的话语已经不再只是一种简单的现象描述,而是成为一种解释性理由。

2.劳动关系现状中存在的主要问题

有关劳动关系社会政策的上述缺陷对劳动关系的影响造成了当前最突出的后果是:现实中劳动关系的不和谐现象仍然普遍存在,劳动者权益严重受损,作为中国主要社会群体和执政基础之一的劳工阶层的整体弱势化,因此而导致的当前劳动关系的紧张以及在此基础上出现的社会紧张和社会治理风险的加大。

根据劳动监察部门的统计资料,近几年来,劳动争议的数量逐年增加,尤其在劳动合同法出台前后,劳动争议的数量增加较快。这一点通过近几年逐年增加的劳动关系争议和有关群体性事件就能看到(见表3-4)。

提升维护稳定的能力

表3-4 近年来全国劳动争议案件情况

年份	1999	2000	2001	2002	2003	2004	2005	2006	2007
劳动争议案件数（万）	12.0	13.5	15.5	18.4	22.6	26.0	31.4	44.7	50.0
比上年增长率（%）	28.3	12.5	14.4	19.1	22.8	15.2	20.5	9.9	11.9
集体争议案件数（万）	0.90	0.82	0.98	1.1	1.1	1.9	1.9	1.4	1.3

资料来源：根据相关年份劳动和社会保障事业统计公报整理。

一些以前潜在的问题因为新法规政策的出台而显性化，以前"不是问题"的问题现在形成了现实的争议，劳动争议的内容和方式也开始出现新的动向，社会保险等长期权益问题逐步进入争议的重点，争议发生的时间也由以往的季节性向常态化方向发展，争议不再集中在春节和假日前的一小段时间，而是趋向于在各个时间段内出现均态分布的态势。但构建和谐劳动关系的意识在逐步加强，构建和谐劳动关系的协调机制正在形成。现实劳动关系的不和谐现象在各个层面都普遍存在。

其一，在劳动报酬权益方面，劳资之间的分配不合理和不公正现象比较严重，改革以来，我国的收入分配制度经过几次大的理论和制度调整，目前已经形成了劳动收入偏低的总体趋势，普通劳动者的工资收入水平与经济发展水平不相匹配，笔者在一些地方的调查表明，很多企业在招聘员工时都是以当地最低工资为基准工资水平，虽然多数职工最后所得总数超过这一法定的最低工资水平，但由于企业存在的大量超时工作和加班现象，其按时计算的实际平均工资却要低于这一最低工资标准。职工工资的增长机制没有形成，与企业发展和利润增长之间没有形成稳定的挂钩。

其二，劳动者的社会保障福利没有得到应有的保障，这里需要特别指出的是，在一些地方，这种现象似乎得到了从企业到政府有关部门和劳动者之间的"认同"，都把这看作是企业额外的劳动成本，而不是当作一种法定的责任和义务。

其三，企业在劳动管理中也存在一些侵害劳动者权益甚至人身自由和尊严的现象，比如，不能提供保障职工基本卫生安全条件的劳动条件和劳动保护，在招聘和管理员工时存在扣押职工证件，收取某种形式的押金，实施封闭管理，体罚员工等现象。

其四，尽管随着劳动合同法的实施，劳动关系中的合同意识得到进一步加强，合同签订率也有大幅提高，但在合同签订中存在诸多不按法定内容和法定原则程序办理的现象。空白合同、霸王条款、虚假合同等在一定程度上存在。尤其劳动者在签订合同时并没有真正理解合同的含义和意义，很多人把签订劳动合同看作只是一个应付政府有关部门检查的形式。也就是说劳动合同作为一种真正规范劳动关系权益义务的法律文本的作用还没有得到社会的充分认识和重视。其在调整现实劳动关系中的作用和意义大打折扣。

其五，尽管协调劳动关系的三方机制已经初步建立，但要让其发挥真正有效的作用，还需要进一步完善。三方机制的作用受到诸多因素制约，其中最重要的是两个方面，一是政府在其中扮演的角色至关重要，政府对于劳动关系的立场和判断是决定性的因素，在当前中国特有的政治体制环境中，不管是劳动保障行政部门还是作为另一方主体的工会，实际上都受到地方政府主导者观念意识的制约；二是在企业中，工会难以真正代表职工立场和发挥职工利益的独立代言人的作用,也就是说工会作为三方机制的主体,并没有真正完全的独立性,在企业层面受到企业的节制,在非企业层面受到政府的领导。这就使得三方机制实际上并没有形成一种权力的平衡制约机制。

此外,作为劳动关系三方机制的主体,劳动者的弱势,以及三者之间的关系目前还存在一些不平衡的地方。信息和组织,通常被看作是现代社会中最重要的两种资源,是社会行动者最重要的能力来源,但调查显示,劳动者在这两个方面都有所缺乏。

根据国际劳工组织1976年144号《三方协商促进国际劳工标准公约》规定,三方机制是指政府(通常以劳动部门为代表)、雇主和工人之间,就制定和实施经济和社会政策而进行的所有交往和活动。即由政府、雇主组织和工会通过一定的组织机构和运作机制共同处理所涉及劳动关系的问题,如劳动立法、经济与社会政策的制订、就业与劳动条件、工资水平、劳动标准、职业培训、社会保障、职业安全与卫生、劳动争议处理以及对产业行为的规范与防范等。但从目前各地建立三方机制的状况来看,三方在劳动关系协调机制中进行权利义务谈判和分配上是拥有不同的权力和资源的,三方之间并不存在一个力量和机会的平衡状态,因此也难以真正在实际的劳动关系上实现权利和义务的均衡。

三、进一步促进劳动关系和谐的途径

根据当前我国整体的经济社会形势、劳动关系发展趋势以及劳动关系的现状,我们认为,在当前,构建和谐的劳动关系应当遵循的基本思路,应该是在科学发展观指导下,按照构建和谐社会目标和社会主义市场经济规律要求的总体原则,坚持以市场机制为主导,以加强政府规范监督职能、培育劳动者主体能力为重点,以培育和充分发挥社会第三部门力量作用,实现企业、劳动者和政府之间有效协商为主线,以建立规范有序、公正均衡、互利共赢、和谐稳定的社会主义新型劳动关系为目标的劳动关系协调机制。

(一)加强科学决策,明确劳动关系政策目标

和谐劳动关系的构建,在很大程度上与国家的劳动关系法规和政策有关,其所体现的价值观念取向、制定的具体政策措施都从最根本的意义上形塑一个社会劳动关系的基本轮廓。因此在国家宏观层面的法规制定和政策设计中要对一些基本关系加以明确和合理安排。在新时期构建和谐劳动关系,其基础就是要在新的目标要求和条件下,对劳动关系的政策框架体系进行必要的调整和完善。

首先,要树立经济社会协调发展的科学发展观,坚持劳动关系法规政策的效率与公平价值追求。

其次,要以实现社会保护基础上的社会促进为目标原则。劳动关系在不同时期的重点,与不同社会政策模式的契合。西方主要工业化国家的劳动关系政策在目标原则和政策模式上都经历了一个不断发展的过程。从重视利益分配到重视权利实现,从物质资源分配到社会关系,从剩余模式到制度模式,从分散的个体保护到整个社会治理机制改善。就目前的现实政策需求来说,建立和完善坚持以社会公平为目标的分配制度是当务之急。分配问题仍然是当前劳动关系中最直接、最现实也是社会最关心的问题。分配关系的调整要按照十七大报告提出的原则,在初次分配和再次分配中都要坚持效率和公平的原则。

按照传统的观点,社会政策的实质只是支持,在对原来社会政策目标和模式的反思基础上,世界范围内进入新一轮的社会政

策调整。"社会投资","资产建设"等一些概念进入社会政策的理论和实践。

就我国而言,根据我国劳动关系政策发展的现阶段特征,借鉴国外社会政策发展的经验。我国的社会政策应该在坚持社会公平的基本理念基础上,确立在实现社会保护基础上的社会促进为目标原则,以减缩社会代价,增促社会进步。要根据这一目标原则来确定我国社会政策,包括劳动政策的内容和模式。所谓社会保护,主要是指政府对在劳动关系变迁过程中的利益受损者和弱势群体提供积极的保护和补偿。所谓社会发展是指通过实施社会政策来提高整个社会的人力资本,增强处境不利者在经济社会文化等方面的能力建设和各种形式的资本积累,以求得整个社会在正义公平基础上的效率提高。①这里,社会保护是基本的、直接的、优先的目标,社会发展是第二阶段的、长期的目标。

(二)培育劳动关系主体,完善协调机制

从应然价值的角度,社会政策的价值标准是公正、平等、利他,其功能目标在于实现对社会成员的保护,促进社会发展。但我们看到,在实践领域,社会政策在本质上是社会利益的调整,这就使得社会政策有可能背离其应然价值和目标,结果是某些群体的福利可能导致其他群体的不利,甚至在某些情况下,社会政策成为暗藏的不平等倍加器和社会发展的障碍。要实现社会政策的价值追求,达成其政策效应,在外部发展环境约束既定的条件下,关键是要在社会政策的主体培育和机制建设上创造条件。

就劳动关系来说,其主要的社会政策主体包括劳动者、政府和企业,这三者也应该成为相关社会政策的主体。在主体培育方

---

① 王卓祺,雅伦获加《西方社会政策概念转变及对中国福利制度发展的启示》,《社会学研究》,1998,第5期。

面,目前的内容一是政府主体的职能转换,二是企业主体的社会责任意识培养,三是劳动者主体的能力建设。要形成以服务型政府和提升执政能力为目标的政府职能转换;要以形成社会责任伦理建设和管理升级为重点的企业主体建设;要以形成提升社会行动能力为重点的劳动者主体建设;要发展社会第三部门力量,加强社会伙伴关系建设。在当前我国现实的权利结构中,三方主体在资源权力不平衡的情况下,需要进一步发展社会力量对这种协调机制的补充作用;要建立组织化、制度化的主体协调机制。在政府职能部门、用人单位组织代表和劳动者组织代表建立三方谈判和协调的组织结构。通过相关机构和程序规则,就有关劳动关系的立法与社会政策制定以及与劳动关系调整密切相关的重大问题的解决,相互沟通、平等交涉、共商对策、合作共事。这种协调机制要在国家立法和政策制定的宏观层面,到地方政府政策制定和执行的中观层面,在企业具体劳动关系的建立和协调的微观层面都得到制度化、组织化的体制保障。

(三)要协调好劳动关系和宏观经济形势之间的关系

"如果《劳动合同法》要是早一年两年实施,可能就没有现在这么大的阻力了。"《劳动合同法》作为当前调整和规范劳动关系的重要法律基础之一,可以说自制定到实施的整个过程,就经历着纷纷扰扰的争议,在其贯彻实施中更是遭遇了困局和尴尬。当前的宏观经济形势给《劳动合同法》的实施带来的压力是巨大的。宏观经济社会环境对劳动关系的影响在近几年表现明显。随着宏观调控政策的实施,银根收紧,物价上涨,部分用人单位出现资金周转困难,劳动领域违法违规现象在外来务工人员比较集中、员工流动性大的建筑装修、服装制鞋等劳动密集型行业尤为突出,由此已引发了多起重大劳资纠纷,突发性群体事件

提升维护稳定的能力

增多,成为影响社会稳定的一大隐患。

在当前这种复杂的宏观经济社会环境下,《劳动合同法》能否得以顺利实施,关键就在于政府的态度和立场。应当看到,近年来中国政府在劳动关系上,秉承的实际上是"劳资两利"的原则,但这是建立在劳资双方的利益共同基础之上的,而一旦出现劳资利益矛盾和冲突,如何在劳资双方的利益天平上进行博弈平衡?调查中"救企业,就是救职工"的观念被一部分人提到,这种观念的逻辑就是,要维护职工的权利,首先就要维护企业的生存和利益。然而,考察国外工业化国家劳资关系发展历程,可以发现,其特征则是在经济越困难的时期,就越更加注意保护劳动者的利益。一些国家最苛刻的劳工法案,通常就是在经济形势最困难的时期制定和实施的。这两种不同的思路背后,实质上反映的是政府在劳资关系格局中的价值观念和立场。在经济困局和劳动权益之间作出怎样的选择,是对政府发展观念和理政智慧的考验。

(四)当前需要注意加以重视和解决的具体问题和建议

针对当前劳动关系的现状,我们最后还需要特别提出两个具体问题。

一是关于社会保险问题。企业依法为劳动者建立社会保险关系,是我国劳动法一贯以来的规定,也是企业的法定义务。但调查显示,企业劳动者社会保险关系缺失的现象普遍存在,大量中小企业可以说是"非法地合法存在"。近来随着《劳动合同法》及其实施细则的颁布施行,这一问题得到了一定程度的认识和重视,但在社会保险关系不能转移的认识下,无论劳动者、企业还是政府部门,对这一问题仍然存在"走一步看一步"的认识和态度。然而,根据我们在劳动保障部门调查所得的情况来看,劳动者维护社会保险权益的意识已经越来越强,从劳动监察机构所得的上诉和咨询案例来看,以社会保险权益为诉求标的的劳动争议和纠纷比例已开始大幅上升。可以预见的随着社会保险关系转移政策的出台,这种诉求必然还将大幅提升,并且成为一种现实的维权行动。由于根据现有法规,社会保险权益是可以追溯以往的,就是说企业不但要为劳动者交纳现在的社会保险费用,还需要补缴以往欠缴部分,这种"秋后算账"的历史欠账必然给企业造成临时的财务压力,对那些中小企业的冲击将是巨大的,也势必对劳动关系产生巨大影响。因此我们建议有关部门和企业现在应当高度重视这一问题,未雨绸缪,做出应对的对策,一方面可以通过政府财政和企业资金建立一个应急预备基金,用来预防突发性事件的安排处置,另一方面,应当预防企业在政策出台前采取临时性行动实行大规模的解除劳动关系,造成劳动关系的震荡和群体性事件的发生,此外,政府部门应当从现在开始严格按照有关劳动法规要求督察企业缴纳法定的社会保险费用,在2~3年的过渡期内将企业的社会保险关系规范化,逐步清缴历史欠账,以避免井喷式的劳动争议发生。

二是防止出现周期性的劳动关系解除高潮。在劳动合同法实施之前,出现了两种现象,一种现象是一些企业老板逃逸,造成劳动关系紧张,一种现象是一些企业临时进行了劳动关系调整,将与企业直接建立劳动合同的用工形式改为劳动派遣或者临时用工形式,前者受到了政府有关部门的重视和妥善处置,而后者也得到了某种程度上的默认。但是根据劳动合同法关于无固定期限合同的有关规定,我们需要预防的是,在十年劳动合同期规定之前的一两年内,企业为了规避法定义务,增强用工灵活性,可能出现的周期性劳动关系调整。这也是我们现在需要考虑应对的问题。为此,我们建议:一方面需要企业在建立稳定劳动关系方面

提升维护稳定的能力

提高认识;另一方面也要建立一定制约机制,比如建立企业解聘员工10人以上需要劳资双方集体协商,一次性解聘20人以上需要经由三方协商机制决定、政府劳动部门备案的制度。

三是要注意把握和控制劳动关系政策法规的平衡推进,防止政策执行宽松不一带来的不良后果。事实上,调查中我们发现在《劳动合同法》的实施中确实存在一个执法的不平衡性的问题。从一些地方来看,目前在劳动力成本问题上,事实上是处于一个左右为难的局面。在当前经济流动性较大的环境下,劳动用工法规中存在的执法不平衡性造成一定困扰。一方面,在国内一些地方,由于劳动法规得到比较好的执行,劳动者的权益得到较好保障,对部分劳动者尤其是素质较高的劳动者产生"高端吸引";另一方面,一些地方在执行劳动法规过程中提供"宽松环境"降低劳动力成本,这对一部分资质并不太好的资本形成"洼地吸引",前段时间出现的一些地方资本外逃现象在很大程度上就是因此引起的。面对这一问题的解决,需要坚持严格执法,根据当地经济发展水平和产业结构的趋势,对一些不能适应形势的产业和工厂企业进行有引导型的转移和消减,同时还需要与外部环境进行积极和充分的沟通,保持一种内外基本平衡的态势,避免形成恶性竞争和无序的流动。

第五节 完善社会保障体系,夯实社会稳定制度基石

"社会保障是社会安定的重要保证。要以社会保险、社会救助、社会福利为基础,以基本养老、基本医疗、最低生活保障制度为重点,以慈善事业、商业保险为补充,加快完善社会保障体

系。"2007年中国共产党第十七次全国代表大会报告如是说。而早在2006年10月中共十六届六中全会审议通过的《中共中央关于构建社会主义和谐社会若干重大问题的决定》就已明确提出"适应人口老龄化、城镇化、就业方式多样化，逐步建立社会保险、社会救助、社会福利、慈善事业相衔接的覆盖城乡居民的社会保障体系。"

近两年来，对于中国，对于每一位中国人，都将是难以忘怀的年份。一切该来的和不该来的，希望来的和不希望来的，在经意或者不经意之间，都来到了人们面前：雪灾、物价、股市、地震，还有接踵而至的金融危机、三鹿奶粉和甲型H1N1流感，等等。

社会保障，被看作是社会的"稳定器"、经济运行的"减震器"和实现社会公平的"调节器"。在维护国家经济社会健康发展中发挥着不可替代的独特作用。正因为如此，在西方现代化建设进程中，建立健全完备的社会保障体系，一直是现代工业国家经济社会发展最核心的因素之一，是影响国家政治、经济、社会生活的焦点，也一直是现代国家中政府所着力强调的中心政策。因此，推进建立起完备健全的社会保障体系，维护经济社会的稳定安全运行，既是政府的职责，也是现代领导干部实现社会管理所不可或缺的内容之一。正是近年来我国社会保障体系建设的快速发展，提供了可靠的保护伞和支持网络，使得我们在遭遇各种自然灾害、社会风险、经济困难和人生挫折的时候，能够不那么无助，能够依然生活安定而充满信心。

一、社会保障体系建设的新进展

（一）灾害应急机制逐步完善

"今年以来，我国重大自然灾害频发，全国各类自然灾害造

提升维护稳定的能力

成死亡70938人,失踪17990人;紧急转移安置2682.2万人;农作物受灾面积3999万公顷,其中绝收面积403.2万公顷;倒塌房屋1097.8万间,损坏房屋2682.2万间,因灾直接经济损失13547.5亿元。"在2009年全国民政工作会议上,民政部部长对2008年我国自然灾害情况给出了这样的总结。

在中国,人们也对"居安思危""未雨绸缪""有备无患""多难兴邦"等诸如此类的词语耳熟能详,这折射出的是中华文化的传统中从来就不缺居安思危的因子,也不缺乏应对各类灾变的智慧和经验手段。然而,在现代社会,仅仅怀有忧患意识,仅仅凭借经验主义的方式是难以应对各种灾害风险的。现代社会就需要有适应现代的救灾救助体系。

1.应急预案构建救灾制度基础。

汶川特大地震发生后,当看到国家领导人和救援队伍第一时间出现在现场,人们惊诧于中国政府反映之迅速。在如此短的时间,一个庞大的国家救灾救助机器就快速而有效地运转起来。这种效率何来?一方面固然有中央领导"时间就是生命,灾情就是命令"的人文情怀和领导魄力;另一方面,也得益于我国在救灾救助应急机制的建设上。2002年民政部和财政部曾联合出台《中央级救灾储备物资管理办法》, 2005年5月国务院颁布了《国家自然灾害救助应急预案》,根据突发自然灾害危害程度设定四级响应机制,民政部于2006年4月在《灾害应急救助工作规程》的基础上修订出台了《应对自然灾害工作规程》,对每一级响应的条件、程序和措施作了详细规定,各省、地、县部分乡镇出台了本级救灾应急预案,全国自然灾害应急预案体系初步建成,应急响应机制进一步完善,应急反应能力明显提升,做到了重大灾情2小时内报国务院,中央救灾资金72小时、救灾物资24小时基本到位。建立完善了灾害应急救助、灾区民房恢复重建和冬春灾民生活困难补助等三个工作规程，明确了各级政府及相关部门在救灾各环节工作中的主要职责和应对流程。2007年，国务院颁布了《国家综合减灾"十一五"规划》。与此同时，救灾工作确立了"政府主导、分级管理、社会互助、生产自救"的新时期救灾工作方针，明确政府在救灾工作中的主要责任。组建国家减灾委员会，建立了由国务院统一领导、国家减灾委综合协调、有关部门分工负责的抗灾救灾综合协调体制，减灾委成员单位之间的协调机制初步建立。

正是这些制度机制的建立，使得灾情发生后，有关部门能紧急启动应急响应，迅速调拨救灾款物。在短时间内，紧急转移安置1500多万受灾群众，各级部门启动救灾物资应急采购和调运机制，向地震灾区调运帐篷150多万顶、彩条布4500多万平方米、衣被1900多万件（床）及大量方便食品等生活物资，为抗震救灾部队提供军供服务59万人次，下拨生活救助专项资金107亿元，震灾发生三天之内就协调下拨中央救灾应急资金10亿元，为安置受灾群众、有序抗震救灾奠定了基础。着眼于推进救灾救助制度建设，建立健全保障困难群体基本生活的长效机制，逐步完善救灾工作法规，将救灾救助工作不断向制度化、规范化、程序化方向推进，为灾民和困难群众的基本生活提供更可靠的制度保障，这正是近年来我国救灾救助工作的突出特点。在汶川地震后，国务院还颁布实施了《汶川地震灾后恢复重建条例》，第一次以国家行政法规规范一个地方的灾后恢复重建工作；民政部、财政部和国家统计局共同制定出台了《汶川地震抗震救灾捐赠款物统计办法》。这为进一步开展抗震救灾和灾后重建等工作提供了规范和保障。

提升维护稳定的能力

2. 公开迅速的信息传递与广泛的社会动员机制。

汶川特大地震后，各级民政部门即时报送灾情，民政部在的两个多月里坚持每日向社会公众发布灾情和社会捐赠情况；公布救灾进展、灾害损失、人员伤亡、群众安置、社会捐赠、救灾款物分配使用等信息。与此同时，各级部门与有关社会组织通力协作、精心组织策划，慈善组织积极行动，社会成员广泛参与，形成了建国以来最大规模的社会捐赠热潮和最大规模的社会志愿服务行动。仅四川汶川大地震就接受捐赠款物750多亿元；成千上万的志愿者、社会工作者奔赴灾区，从事现场搜救、就地救援、医疗救护、卫生防疫、物资配送等志愿服务，为争取抗灾救灾斗争的伟大胜利做出了巨大贡献。

3. 根据实际拓展服务内容，提高政策效能。

汶川特大地震发生后，根据不同时段受灾群众生活所需，及时出台了临时生活救助、后续生活救助、"三孤"人员救助安置等政策，国务院决定对因灾生活困难的群众实施临时生活救助，对因灾无房可住、无生产资料和无收入来源的困难群众，每人每天10元补助金和1斤成品粮，补助期限三个月；因灾造成的"三孤"（孤儿、孤老、孤残）人员补助标准为每人每月600元，受灾的原"三孤"人员补足到每人每月600元，补助期限三个月。国务院抗震救灾总指挥部第23次会议决定，在3个月临时生活救助政策到期后，对汶川地震重灾区四川、甘肃、陕西三省困难群众继续给予后续生活救助。救助对象主要包括"三孤"（孤儿、孤老、孤残）人员、生活困难的遇难（含失踪）者、重伤残者家庭人员、异地安置人员、因灾住房倒塌或严重损坏且生活困难的受灾群众，救助期限为3个月，救助标准为每人每月平均200元。同时，各项救灾政策与现行冬春灾民生活救助、城乡低保、农村五保和社会福利等制度及时衔接、平稳过渡。指导灾区集中安置点组建临时管理服务机构，开展自我互助服务。针对地震特殊灾情，有针对性地组织社会工作者等专业人员对遇难者家属进行心理干预和安抚体恤，指导社区群众自治组织帮助受灾群众重建社会关系、调适社会心理、恢复社会功能。而在抗击南方部分地区严重低温雨雪冰冻灾害过程中，民政部门还首次将铁路、公路滞留人员和城市被困人员纳入灾害救助范围，累计救助铁路公路滞留人员和受灾群众655.5万人次。

（二）社会救助体系在普惠中提升品质

社会救助作为一种社会保障制度，是指对基本物质生活陷入困境、自己无力维持最低生活水平的人，提供各种形式的援助，有利于及时有效地保障低收入群众的基本生活权益，促进社会经济稳定协调发展，也是能否尽快建立与完善保障制度的关键。目前我国社会救助取得的成就主要有：

首先，最低生活保障面不断扩展。1994年，民政部经过努力决定在农村初步建立起与经济发展水平相适应的层次不同、标准有别的最低生活保障制度。1997年，为了妥善解决城市贫困人口的生活困难问题，在全国建立城市居民最低生活保障制度。十年之后，2007年，《中共中央国务院关于积极发展现代农业扎实推进社会主义新农村建设的若干意见》（中发〔2007〕1号）和十届全国人大五次会议《政府工作报告》都指出，2007年要在全国范围建立农村最低生活保障制度。7月11日，国务院下发的《关于在全国建立农村最低生活保障制度的通知》（国发〔2007〕19号），对农村低保的目标任务、原则要求、保障标准、对象范围、操作程序、资金筹集、组织机构等内容进行了规范。8月2日，财政部、民政部下发了《关于下达2007年农村最低生活保障补助资金的通知》（财社〔2007〕102号），并首次下拨中央财政30亿元补助资金，用于资助财政困难地区建立和完善农村低保制度。目前，城市低保人数是2200多万人，已基本实现应保尽保，保障面占城镇人口的5.4%左右；农村低保人数达到3900多万人，保障面占农村人口的4.4%。中国民政部部长李学举在2009年全国民政工作会议上表示，2009年农村要将符合条件的困难群众全部纳入农村低保，基本实现应保尽保。

其次，医疗救助不断增强。2008年1～9月，共支出城市医疗救助金9.7亿元，累计救助城市居民人数213万人次，人均支出水平为454.8元，比上年增长48.3%。共支出农村医疗救助金16.7亿元，累计救助人数1950.9万人，同比增长32.8%。其中，民政部门医疗救助346.8万人，民政部门资助参加合作医疗1586.1万人。

第三，临时救助得到加强。2008年上半年，全国很多省份的物价在高位运行，为了使低保家庭的生活不因物价水平的上涨而下滑。各地也积极出台政策保障百姓生活，除了财政专项资金给低收入家庭支出物价补贴外，还通过提出提高最低工资标准、失业保险金标准、提高企业退休人员基本养老金水平和优抚对象生活补助标准等，帮助困难群体提高应对生活风险和困境的能力。云南省针对未纳入城市低保的低保边缘家庭的特殊困难，如因疾病、教育等原因，造成生活出现突发性、临时性生活困难等，建立健全城乡临时救助制度，2008年1月，云南省已下拨了2000万元临时救助资金。2008年东莞为应对物价飙涨也向19.9万名困难户籍市民发放了每人1000元的"红包"。

第四，救灾和救助标准大幅提高。中央于2006年和2007年连续两次调整救灾补助标准，因灾倒塌房屋重建补助标准提高了5

倍，由原来的每间300元提高到每间1500元；地震灾害损房补助标准提高4倍，由原来的每间50元提高到每间200元；特别是去年低温雨雪冰冻灾害后，对倒房困难户重建住房每户补助5000元，一般户补助3000元；汶川地震后，对倒房农户重建住房平均每户补助10000元；灾害应急救助标准由原来的每人100元提高到每人150元。低保家庭的生活费补助与物价指数联动机制初步建立，城市低保补助水平逐年提高，全国城市低保对象月人均补助水平达到130元，农村低保对象月人均补助水平达到41元。对特别困难家庭的生活补助还实行适当浮动。与此同时，农村五保户供养制度日趋规范，供养水平有所提升。分散供养人员已达每人每年1691元，集中供养人员已达每人每年2229元。

第五，社会福利和社会慈善事业继续发展。社会福利作为我国社会保障事业的重要组成部分，现以居家为基础、社区为依托、机构为补充的社会福利服务体系基本形成，企业化扶老、助残、救孤、济困为重点的社会福利迈出新步伐，社会福利社会化有了可喜进展。截至2008年9月，收养性社会福利单位4.1万个，比上年增长1%；床位217.5万张，比上年增长6.3%；收养173.1万人，比上年增长5.9%。与此同时，慈善事业获得新发展。截至2008年9月，全国共建立经常性社会捐助工作站、点和慈善超市2.7万个，基本形成覆盖全国城市的社会捐助网。

（三）社会保险制度走进"覆盖城乡"新时代

社会保险，是我国社会保障体系中最主要的制度安排。我国建国初期建立的社会保险制度一直延续到20世纪90年代初，这种保险制度主要是覆盖城镇职工的社会保险制度，可以说是一种企业化的保险制度。随着改革开放的深入，我国的社会保险制度也不断地探索改革。

提升维护稳定的能力

2006年10月8日至11日召开的中共十六届六中全会审议通过的《中共中央关于构建社会主义和谐社会若干重大问题的决定》提出"适应人口老龄化、城镇化、就业方式多样化,逐步建立社会保险、社会救助、社会福利、慈善事业相衔接的覆盖城乡居民的社会保障体系。"这一次大会明确提出"覆盖城乡居民的社会保障体系"。一年之后的2007年10月,党的十七大报告再次明确提出"社会保障是社会安定的重要保证。要以社会保险、社会救助、社会福利为基础,以基本养老、基本医疗、最低生活保障制度为重点,以慈善事业、商业保险为补充,加快完善社会保障体系。促进企业、机关、事业单位基本养老保险制度改革,探索建立农村养老保险制度。全面推进城镇职工基本医疗保险、城镇居民基本医疗保险、新型农村合作医疗制度建设。"十七大报告再一次明确"覆盖城乡居民的社会保障体系"的目标,并进一步就这一体系的基本内容做了阐述,提出加快建立完善这一体系的基本思路、方针政策和具体任务。这两个纲领性文件,明确了2007年以及今后一段时期我国社会保障的发展目标,描绘了发展轨迹。将我国社会保障体系建设从以城镇为中心转向了城乡统筹覆盖的快车道。毫无疑问,它们开启了社会保障事业的一个新时代,也将成为下一步行动的指南针。

事实上,近十多年来,我国社会保险事业得到了长足的发展,取得了丰硕的成果。一是统筹城乡社会保障工作的制度框架已经搭建。企业职工各种保险制度的建立完善,农村新型合作医疗保险制度的实施,被征地农民的养老、医疗保险制度的开展,农村养老保险的试点,标志着社会保障不再是城市职工的"特权"。二是社会保险的覆盖范围迅速扩大,各类非公有制单位职工、个体灵活就业人员、进城务工人员、城镇居民将成为制度实施的主体。三是随着公共财政体制的建立、工资水平的提高、基金收入的逐年增加，保障能力显著增强。四是基本养老保险个人账户的逐步做实，标志着确保制度可持续发展的长效机制已经开始建立。五是基层劳动保障平台和服务机制基本形成，社会保障服务更加高效便捷。

近些年，随着单位制的式微，"去组织化"和"去集体化"的发展，原有的社会组织结构发生变化，社会流动更加频繁，社会群体的异质性和流动性大大增加，人们对于劳动保障的需求也日益复杂，要求越来越高。同时，社会保障体系的完善、制度的健全和管理规范化，对社会保险经办工作提出了挑战。因此，大力加强社会保险经办机构的能力建设，提高社会保障的服务水平，也是这几年社会保险事业发展的一个亮点。一是适应经济社会结构的变化，将社会保险工作的重心下移，将经办服务机构延伸至街道社区，重新构建社会保障服务的组织网络。目前各级劳动保障部门已在全国近7000个街道27000多个社区建立了劳动保障工作服务站，为社区居民提供更加便捷高效的参保登记、待遇申领、医疗费报销、账户查询、政策咨询等方面的服务。为了打造劳动保障的基层服务平台，各级政府部门加大了投入，各地劳动保障部门也在制度制定和规范管理方面作了许多探索。社会化管理服务各项基础性工作进一步加强。截至2007年底，全国已纳入社区管理的企业退休人员达到3136万人，占企业退休人员总数的71.2%，比上年末增加303万人。二是针对不同的社会保障需求，不断拓展了社会保险经办服务内容。除各项社会保险待遇实现社会化发放外，许多地区还建立了12333电话咨询服务系统，集中管理企业退休人员档案，健全退休党员组织机构，开展疾病防治、老年护理，及适应老年人特点的各项文体娱乐活动。城镇居民基本医疗保险试点城市拓展社区平台职能，为居民的参保登记、缴费、就医管理提供基础性服务。三是为适应社会保险事业发展的需要，准确记录参保单位和参保人员的缴费和待遇支付情况，确保基金安全，劳动保障部按照国家统一部署，正在搭建部省市三级贯通的信息化管理系统，目前部省两级网络已经全部开通，22个省区市实现了省市联网。信息系统的建设为全面提升社会保险的经办服务能力奠定了重要基础。

二、社会保障体系建设的新挑战

由于我国现代社会保障事业起步较晚，受各种主客观因素影响，目前整体体系建设还存在诸多不足，同时还要面临许多可预期或不可预期的各种新的风险挑战。

（一）制度分割，体系不健全

2008年4月底，广东东莞市市委书记刘志庚曾在一次座谈会上表示，受澳门为市民发红利的做法的启发，打算给市民发放补贴，以减轻CPI上涨给市民造成的影响。6月初，"红包"派发方案出炉，东莞市政府下发《关于向有关市民发放一次性临时生活补贴问题的复函》中明确：此次补助的发放对象包括：低保对象、五保户、非低保对象的优抚对象、非低保对象的一至四级残疾人、非五保户的孤寡老人、弃婴、已治愈的麻风病人和低保边缘户（即家庭人均收入为401元~600元的人员）八类人员。同一人多重身份的只能领取一次性临时生活补贴，不能重补，发放标准是每人发放1000元。

然而，出乎东莞市领导意料的是，这一本意善政的惠民措施却引发了一场不大不小的"红包风波"。引发风波的焦点直指政策不公，一方面是关于政策对象的确定标准和资格确定，据说政策一出，东莞就出现了一股"哭穷风"；另一方面是政策对象的范围只针对东莞原籍人口而不包括"新莞人"。东莞"红包"作为一项地方性政策，其做法自然有其道理。但由此而折射出的问题，也正暴露了当前我国社会保障体系的软肋：制度体系不完善，公平机制尚缺。

事实上，无论社会救助还是社会保险，我国现行的制度政策都是建立在一个高度分化和相互分割的社会身份结构基础之上的。这个分割的基础结构既体现在城乡之间、不同地域之间、又体现在不同群体之间。以社会保险制度为例，当前我国的各种保险制度可谓五花八门，机关、事业单位和企业职工实行的是各不相同的社会保障制度，更典型的是有时在同一个办公室工作的几个人员也分别享有不同的社会保障，主管的公务员是"走公务员系列"，负责执行的人是"事业编制"，"打工的"享受"企业职工"待遇或者参加"灵活就业人员"社会保险。而在农村，不但有"老农保"和"新农保"，还有农民居民、失地农民和农民工之别；即便是农民工在上海参加的是"综保"，在广东参加的则是"城保"，在另一个地方则参加的是"农保"。而在所有这些区别的背后还有一条"户籍人口"和"非户籍人口"的鸿沟。如此这般，可谓一地鸡毛，有学者将之称为"制度碎片化"。制度碎片化的后果，就是加大社会不公平程度，进一步拉大本就存在的各种差距，扩大城乡之间、地区之间和社会阶层之间相互流动沟通的鸿沟，妨碍社会生产要素和社会成员的合理流动，妨碍经济社会健康运行和社会保障制度体系本身的可持续性发展，形成阻碍社会主义市场经济与和谐社会建设的制度陷阱。

（二）覆盖不广，保障能力不足，待遇偏低

2008年9月，在北京天安门广场，一位名叫付信达的农村老

提升维护稳定的能力

人因故意抢劫入狱,而这位老人故意抢劫,只是想以这种极端的方式解决"两年没吃过肉"的生活困难和养老问题。在现有的社会保障制度实践中的另一个不足,主要体现在覆盖不广,保障待遇在总体偏低的情况下,差别悬殊。

虽然"广覆盖"一直是我国社会保障体系建设的最优先目标,我们的某些项目比如低保制度和医保制度也在"制度上"实现了全覆盖,但现实是,要真正的做到有效覆盖,则任重而道远。中国社会科学院《2009中国社会形势分析和预测》报告的调查数据表明,在18~69岁的非农户口的人口中,城镇养老保险(包含城镇基本养老保险和企业补充养老保险)的覆盖率接近53%,城镇医疗保险(包含城镇职工基本医疗保险和城镇居民医疗保险)的覆盖率约为58.7%;但失业保险和工伤保险的享有者比例较低,分别为20.7%和16.2%。对同年龄段的农业户口居民而言,83.8%的人参加了新型农村合作医疗,但农村社会养老保险由于推行时间较短,只有5.7%的覆盖率。目前,乡镇企业职工、进城农民工、城镇私营企业就业人员以及许多灵活就业人员大多没有参加社会保险,而这部分人员占从业人员的比例逐年增加。由此可以看出我国社会保障的覆盖面水平还比较低,与国际比较,只相当于低收入国家水平。

我国不仅一部分群体仍未被社保制度覆盖,而且保障总体水平不高。就养老金而言,尽管国家2005~2007年连续3年提高企业退休人员基本养老金,企业月人均养老金从714元提高到963元,但仅为全国城镇单位在岗职工月平均工资1750元的55%,也大大低于机关事业单位退休人员的养老金。劳动保障部还表示,从2008年起,企业退休人员养老金再连涨三年,且涨幅高于前三年。全国总算账,企业退休人员养老金平均水平将超过每人每月

1200元,企业退休人员养老金水平还是偏低。就最低生活保障标准来说,尤显得偏低。经济发达的上海市,城镇居民低保标准2008年4月起为每人每月400元; 2008年4月,乌鲁木齐的城镇居民低保为月人均165元,加上各项补助为217元;农村居民低保更加偏低。全国农村最低生活保障月平均标准为81.5元/人,最低生活保障月人均支出水平为43元/人,而此时中国的贫困线划定在1067元。可见,我国农村最低生活保障平均标准要低于贫困线。

(三)社保关系异地流转困难重重

在现代社会的各种"潮"中,有一种"潮"也许是中国独有的一道"风景",那就是"退保潮"。由于城乡二元结构、中央地方之间以及和地方群体利益冲突,当前我国上亿的流动人口,其身体和权益被各种社会制度撕裂,包括社会保障权益在内的各种基本权利,不能与其作为劳动力工具的身体统一。其突出的表现就是社会保险关系的转移接续难题。尽管从国家法规文件来看,没有一条规定是禁止社会保险关系流动的,只有社会保险关系可以转移的规定,但是由于各种利益关系的制掣,社会保险关系异地流转困难依旧"重重复重重"。流动民工不得不在"参保"——"退保"之间被不断折腾。据新华社记者报道,2008年第四季度仅厦门市就有5.7万多名农民工退保,同比增加50%以上。每年春节前,在东南沿海地区,随着农民工返乡人数增多,"退保潮"可谓"壮观",一天竟有上千人排长龙退保,数百警察维持秩序。近年来,有的地区的退保率达95%。农民工退保并不意味着他们不需要社会保险。相对于其他群体,收入较低、工作不稳定的农民工对社会保障的需求更加迫切。大量农民工退保,一方面是要缴满15年才能领取养老金,更重要的方面是,目前,在城乡之间、地区之间,社保不能有效对接转移。目前,我国养老保险等主要社会保险制度被分割在2000多个统筹单位,多为县市级统筹内运行,各统筹单位之间政策不统一,难以互联互通,养老保险关系无法转移接续。镇一级的社保机构尚未健全,许多农民工不知道今后这笔钱会转到哪里。农民工退保,不仅蒙受经济损失,而且直接影响日后的社会保障。更令人担忧的是,部分年龄较大的农民工返乡后,在退休前社保缴费年限不能满15年,按政策规定将被当地社保体系拒之门外。农民工大量退保将使各地多年来扩大社保覆盖面的努力和成果付之东流,通过社保体系消弭城乡之间、地区之间保障差距的政策效应也可能打折扣。

(四)管理体制不顺,管理效率有待提升

我国社会保障管理分散,政出多门,没有形成统一的管理体制,比如从管理机构上看,国有企业职工归人力资源和社会保障部门负责,医疗保障归卫生部门负责,贫困人口救济的保障归民政部门负责,这就形成多头管理,而且造成管理成本的加大和各自为政局面的出现。由于这些部门所处地位和利益关系不同,在社会保障的管理和决策上经常发生矛盾。于是多家分割,条块分割,政事不分,缺乏监督,就使本来已经够乱的制度体系运行更加混乱。

(五)其他新的挑战

首先是各种差距持续扩大带来的挑战。社会保障的一个功能是要实现"社会整合",以实现社会的公正、安定和谐。当前这种整合功能面对的一个重要的基本的、长期的挑战,就是我国社会城乡之间、地区之间和群体之间持续分化,各种差距持续不断扩大的发展趋势。其中,尤以以经济收入为标准的贫富差距为要。

其次,要应对经济周期性调整带来的社会压力。中国经济社会在改革开放以来,经历了30年的快速发展,成就斐然。但随着国际经济社会环境的变化,中国经济社会发展的结构性矛盾也日益凸现。应对经济社会发展的结构性调整和外部冲击可能带来的各种社会性风险和危机,仍然是我国社会保障体系需要面对的难题。事实上,这个难题已经撞到了鼻子上。2008年开始席卷全球的金融危机不仅给我国就业和经济及其发展带来了影响,而且正在对我国的社会保障体系提出现实的挑战。人力资源与社会保障部发布数据显示,2008年1至10月,全国累计实现城镇新增就业人员1020万人,为全年目标任务1000万人的102%,完成了新增就业目标,但随着金融危机影响的扩大,2009年形势变得非常严峻。2008年3季度,人力资源和社会保障部公布的城镇就业登记失业率是4%左右,但是中国社会科学院《2009中国社会形势分析和预测》公布的2008年全国调查数据显示,城镇调查失业率是9.6%。因金融危机的影响,农民工大量提前返乡,农业部根据固定观察点最近对10个省市的数据调查,得出农民工提前回流量占农民工总量的6.5%。因此,如以6%的回流量估计,全国1.3亿外出农民工中已有780万人提前返乡。人保部副部长张小建也表示,2009年中国大学生毕业人数将达610万,2009年需安排就业者达2400万人,就业形势更加严峻。根据2009年6月份的数据,到6月底,应届大学生的签约率为68%。超过30%的应届大学生目前没有找到工作,加上历年结存的失业大学生,人数应当在300万人左右。失业潮的冲击,直接给我国的失业保险制度开了一场大考。正如前述,近年来我国失业保险得到了长足发展,几年来失业保险基金积累不菲。按说"养兵千日,用在一时",但是,按现行规定,我国企业的城镇职工才能领取失业金,据媒体报道:"广东100多亿失业保险基金躺在银行'睡大觉'",而

提升维护稳定的能力

在失业浪潮冲击下，首当其冲的则是农民工和大学生，按现行规定，他们都不能领取失业保险金。金融危机带来的失业潮造成的第二号冲击波，就是有可能造成部分人员和家庭的收入锐减，导致他们陷入贫困境地，这种"次生灾害"，需要的是我国社会救助制度来发挥作用。

再次，我国经济社会还将面临各种新的灾害侵袭的可能。由于我国地理环境特殊和气候不稳定性强，近年来，随着全球气候持续变暖和地球环境的变化，自然灾害发生的几率增大，干旱、洪涝、地震、风雪、泥石流等灾害频发、突发，给我国经济社会发展和人民生命财产造成巨大损失。随着社会形态和社会发展环境的变化，一些新的致灾因素会不断产生，各种新的灾害形态会不断出现，即使以往司空见惯的灾害在新的社会环境和条件下也会产生不同的影响。这些因素也许不是"五十年不遇"、"百年不遇"，而是我们从来就不曾遇到过的。面对灾害发生的新趋势，如何未雨绸缪，如何应对，使突发性自然灾害的损失降到最低，将直接检验我国社会保障体系的抗风险能力。

三、社会保障体系发展完善的新趋势

2008年底《社会保险法》（草案）在经过人大会议二次审议后，公开征求意见。这标志这部法律历时10多年的立法进程正在进入尾声。该法律的制定和颁布实施将为推进我国社会保险制度的加快发展完善提供重要的法律基础。与此同时，我国多部有关灾害应对、社会救助和社会福利事业等的重要法规文件也在近期已经颁布或将要颁布实施。可以预见的是我国社会保障体系将迎来一个发展的机遇期。根据我国社会保障体系的现状及其面临的问题，在今后一段时间，社会保障体系建设将在几个方面得到发展。

（一）不断完善制度体系，扩大社会保障覆盖面

社会保障建设的目标是要建立一个覆盖全民、没有漏洞、有机衔接的制度体系。首先要尽快为尚未纳入社会保障体系的社会成员建立相关社会保障制度，填补制度体系的空缺。具体而言就是要建立包括农村居民、农民工和城镇居民在内的养老保险制度、医疗保险制度和生育保险制度，加快建立多支柱多层次老年保障体系。在社会救助方面，要在《社会救助法》立法基础上，在统筹城乡最低生活保障基础上，建立综合的城乡社会救助体系上做出新的突破，大力推进城乡医疗救助工作和建立临时救助制度。社会救助体系是要覆盖困难群众全部生活的。目前，我国农村有"五保"人员570万和数十万城市"三无人员"，孤儿近60万，孤老、孤残和孤儿的供养标准普遍偏低，一些地方其居住条件简陋，要提高孤老、孤残、孤儿供（抚）养标准，提高各类优抚对象抚恤补助和医疗补助、军休人员生活待遇、退役士兵扶持就业补助经费等。要采取积极措施完善失业、工伤与疾病保障制度。目前对农村居民和城市居民建立大病保险，是一种不得已的办法。随着经济的发展，应当加大对基本医疗尤其是预防方面的投入。通过疾病预防、教育和环境卫生改造，让人们少得病，这样投入的钱更有效益。失业保险的覆盖面也要扩大。同时要加强失业保险基金的使用管理，将一部分失业保险基金用于培训、职业介绍，实施积极的劳动力市场政策。

（二）强化政府财政责任，构建社会支持网络

社会保障制度作为一项公共政策无疑具有公共物品属性，其有效供给是政府基本而又必须的职能。首先，政府应该调和利益集团等诸多政策主体之间的矛盾，加快完善社会保障制度。

其次，政府应加大对社会保障投入力度。财政责任是政府在社会保障中的第一责任。社会保障是用经济手段解决社会问题，社会保障制度的运行离不开政府的财力支持。我国财政用于社会保障支持的比例仍比较低，虽然由1998年的5.52%提高到2006年的11.05%，但是，占GDP的比例还很低。2005年，我国社会保障、福利支出为13427亿元，占GDP的7.3%。然而，与国际水平相比，我国的比重明显偏低。在日本，社会保障总费用占国家GDP的13.7%；美国为16.81%；瑞典为32.14%，是我国的15～20倍；英国为22.83%；德国为29.07%；法国为29.72%，远远高于我国的支出水平。我国较低的社会保障支出，难以满足社会的需求，人们的基本保障受到极大的约束。由此可见政府亟待加强财政责任。

改善政府财政的分配结构，除了增加政府财政社会保障支出在总支出的比例外。在社会保障的财政分配结构上也要进一步改善，一是改善中央与地方财政的支出比例，加大中央财政的制度力度，二是要将政府财政的支出方式改兜底支付为即时支付，政府财政不只是做"救火员"，更要做"输血员"，也就是在社会成员参加社会保障项目时的补贴支付，这是一种进口补贴，可以增加社会成员的进入机会和即时激励，同时也让政府财政责任由潜在状态转变为现在状态，有利于政府财政责任的兑现和提高使用效率。

社会保障作为一项公共政策，其实不只是政府的责任，顾名思义，它会具有很强的"社会性"，尤其在社会救助上，表现更为突出，2008年的抗震救灾，就是一个生动写照。因此，既要明确政府的责任主体地位，发挥政府在救灾救助工作中的组织、协调和资金保障的基本职能作用；同时又要在积极引导社会力量参与，充分利用社会资源，构建社会互助支持网络。

（三）理顺管理体制，完善治理机制，提高服务效能

当前我国的社会保障体系主管部门主要是人力资源和社会保障部、民政部，但与之相关的职能部门和机构却有十几个。以社会救助为例，社会救助体系包含着多个单项社会救助制度，这些制度建设的内容分属于不同的部门单位，如城市低保、农村五保和特困户救助、流浪人口救助、医疗救助等属于民政部门的职能范围，住房救助在多数地方属于城市建设部门的职能，教育救助、司法援助等是教育、司法部门的职能。即使是属于民政部门职能的低保、五保、流浪人口和医疗救助，没有财政、公安、卫生等部门的配合也是难以实施的。同样，在社会保险方面，个个社会保险项目也分属不同的管理部门，各个险种之间也需要协调衔接，在信息共享，政策统一，流程规范，工作程序等方面，都需要进一步整合协调。社会保障在管理体制和治理机制上需要进一步理顺，基层经办机构和服务部门的服务条件和服务质量，也需要进一步改善和提升。在救灾救济方面，要进一步加快建立以救灾工作分级负责、救灾经费分级负担制度为基础，社会动员机制为补充，应急措施相配套的灾害应急救援体系；逐步形成制度完备、运行协调、服务优良、效益显著的救灾救助工作格局。必须更新技术装备，革新工作手段，大力推进信息系统建设，逐步实现救灾救助数据传输、救灾救助信息共享、救灾救助事务管理、救灾救助工作监督等工作的信息化。不断更新救灾理念，转变工作方式，开放救灾过程，提升应急救援能力，努力提高灾害救助的社会效果。

第四章

提升管理能力，
创建维稳长效机制

提升维护稳定的能力

第一节　提升管理能力，应对公共危机

进入21世纪以来，经济发展步伐日益加快，全球化浪潮席卷全世界，全球化的到来加速了风险社会的蔓延，我国也不可避免地卷入其中。吉登斯在《现代性的后果》一书中这样描述："核战争的可能性，生态灾害，不可遏制的人口爆炸，全球经济交流的崩溃以及其它潜在的全球性灾难，为我们每个人都勾画出了风险社会的一幅令人不安的危险前景。"另外，改革开放以来，我国进入转型加速期，经济持续高速发展的同时，环境破坏、公共卫生恶化和多种社会问题日益突出，各种自然灾害和人为事故等公共危机事件不断发生，给社会和人们的生产生活带来了巨大危害和损失。特别是2003年以来，我国人均GDP达到1000美元，按照世界的一般规律，人均GDP达到1000美元至3000美元这个阶段，经济社会发展往往进入一种不稳定的状态，表现出双向性：一方面是经济快速增长，进入"黄金发展时期"；另一方面是社会动荡不安，进入"矛盾凸显时期"，即人口、资源、环境、效率、公平等社会矛盾的瓶颈约束最为严重的时期，比较容易造成社会失序、经济失调、心理失衡等问题，形成一些不稳定因素。我国在一段时间内将处于这样一个"非稳定状态"的发展阶段，也是进入公共危机频繁发生的阶段。我国社会发展的实践也印证了上述的规律。近年来，我国公共危机事件发生的种类和频率都呈明显增加态势，如近几年发生的"非典"疫情、禽流感，以及在云南、新疆、四川等地发生的地震等。在社会安全事故等公共危机事件方面，如广西南丹煤矿爆炸事故、吉林松花江水污染事故、三鹿奶粉事件等等，这些事件造成了重大的人员伤亡和

损失,给社会带来极为恶劣的影响。随着社会进一步转型,在政治、经济、社会等各领域都发生或将发生程度不同的危机事件。

一、公共危机的含义与特征

公共危机是由相对于人类生活中正常的社会关系秩序而引入的一个概念。公共危机,可以从"公共"和"危机"两个方面理解。"公共"在《辞海》中的解释是:"社会的共同领域,共同利益";在《现代汉语词典》中的解释为:"属于社会的;公有公用的。"其基本词义是"共同"。"危机"在《现代汉语词典》中的解释:"一是指危险的根由;二是严重困难的关头。"研究危机管理的先驱美国学者赫尔曼于1972年提出,危机就是"一种情境状态,其决策主体的根本目标受到威胁,在改变决策之间可获得的反应时间很有限,其发生也出乎决策主体的意料。"可见,公共危机就是一个事件突然发生而对大众和社会构成威胁的状态。它意味着一系列终止事物正常进程和瓦解社会正常秩序的事件(如海啸、地震、极端气候现象、恶性疾病流行、恐怖事件、种族冲突等等)正在迅速展开,对社会稳定的破坏力大大超过了正常水平,迫使以政府为核心的公共管理主体系统必须在时间、人员、物力、信息、策略等应对资源稀缺的压迫性约束条件下做出反应,采取控制或调节行为,以维持社会系统的生存与正常运转。

公共危机事件根据不同的划分标准,可以分为不同的类型。根据发生的原因,最简单的划分,由自然原因造成的和社会原因造成的。自然原因造成的比如说地震、洪水、雪灾等自然灾害,如2008年汶川大地震,今年刚发生在南方某些地区的洪灾;人类社会自身原因造成的,比如说社会骚乱、战争、恐怖袭击等等,如2008年发生在西藏的"3·14"事件。对于人类社会自身原因导致的各种公共危机，有人就进一步地区分，比如说由于技术原因、经济原因、政治原因、社会纠纷和冲突、社会心态等等导致的公共危机。根据公共危机事件的发生过程、性质和机理为标准，可以将公共突发事件分为自然灾害、事故灾难、突发公共卫生事件、突发社会安全以及经济危机等五大类。

尽管各种公共危机在产生原因、发展过程、影响机制、作用结果等诸方面存在很大差异，但无论哪种公共危机，也都表现出某些共同的特征，概括而言，主要体现在以下几方面：

（一）公共危机的突发性和紧急性

公共危机往往是在意想不到、毫无准备的情况下突然爆发，这种突发性可能是因为危机发生之前人们对它一无所知，或者是虽然人们长期以来一直关注其发展，却一时疏忽大意而酿成的。公共危机之所以具有突发性的特征，是因为其爆发是一个从量变到质变的过程，造成危机的因素是一个积累渐进的过程，通过潜伏期的隐藏和埋伏后，如果未能得到有效的控制，就会继续膨胀，最终爆发，并迅速蔓延，产生连锁反应。同时，人们无法及时地获得危机发生的时间、地点等全面的相关信息，也就难以进行有效的危机预警，致使危机不期而至。比如，美国在9·11事件发生之前，虽然其情报部门已经获得了一些零乱的信息，但这些信息还不足以证实，所以，当第一架客机撞上世贸大楼后，美国决策层普遍认为这是一起偶然事故，并非危机已经降临。可见其突发性完全出乎了人们的预料。正由于公共危机往往是突发的，因此，其也就具有紧急性，其巨大的冲击力和危害性需要决策者和当事人在第一时间内做出及时准确而有效的回应，否则将给社会带来巨大的生命和财产的损失。面对突如其来的公共危机，决策者和当事人可以利用的有效时间、资源极为有限，这些都体现了公共危机的紧急性。

（二）公共危机的不确定性和易变性

危机之所以成为危机，是因为危机是否发生、什么时间发生、发生条件是什么、发生地点在哪里、发生原因、是否会继续扩展、是否会引起其他灾害等都具有不确定性。同时，公共危机也具有易变性，也就是危机一旦发生，它的演变往往是不确定的，比如说非典，由于一些个案，造成那么大的危机，大家一开始也不是那么清楚。另外，由于信息时代的到来，事物之间的联系越来越呈现多元和共时的特征，环境的不确定性、人类的有限理性和资源的有限性也会导致事实上的顾此失彼，形成"连锁反应"，把危机的影响扩大，人们无法事先确定。例如2003年的"非典"虽然是发生在公共卫生领域的危机事件，但它的影响远远超过了公共卫生领域，甚至影响到了政治、经济领域。

（三）公共危机的危害性和破坏性

公共危机事件的发生，事实上都会对社会和人们的生产生活起危害和破坏作用，其危害性和破坏性有有形的和无形的、短期的和长期的之分。有形的危害和破坏包括物质财富受损、人的生命财产受到损害。如2008年发生的汶川大地震就造成遇难和失踪人员达8万多人，造成的直接经济损失近万亿元。无形的危害和破坏是指公共危机造成人们心理、精神的伤害，造成危机发生单位或地区形象的破坏，社会基本价值观受到挑战和威胁。比如说美国的"9·11"袭击，对美国公众心理上打下的烙印很深，留下一个创伤。无论是有形的还是无形的危害性和破坏性，都有可能是现时的，也有可能是长远的。公共危机是危害和破坏到社会系统的基本结构或者基本价值规范的一种形式，它对过去的稳定

提升维护稳定的能力

状态构成了一定的威胁。在危机爆发期间,人们日常的生活方式和社会体系将受到威胁,如果不及时加以处理,或处理不当,这种威胁将进一步加剧。

(四)公共危机的快速传播性

公共危机总是在短时间内猛然爆发,具有很强的急迫性,一旦爆发会造成巨大影响,不论何种性质的危机事件,其爆发都会立即引起媒介、公众和相关组织及个人的密切关注,它常常会成为社会各界和舆论关注的焦点和讨论的话题,成为新闻界报道的热点。由于现代传媒技术的发达,有关危机的信息其传播速度甚至比危机事件本身的发展还要快。使得一个地方的危机事件有可能在最短的时间内传遍全国乃至全世界,这也从另一个方面使危机的影响扩大化。

(五)公共危机的可控性

任何事物的产生、发展和结局都是内外部矛盾运动的必然结果。危机则是事物内外部矛盾积累发展到一定程度的必然结果,而危机管理的过程就是解决危机相关矛盾的过程,也是充分发挥人的主观能动性的过程。矛盾解决得好,就可以化解危机;矛盾解决得不好,就可能进一步激化矛盾,甚至引起更大更多的危机。就此而言,危机通常是可以控制的。

二、公共危机发生的新趋势

人与自然关系的失调、许多传统的传染病没有得到有效的控制、新型疾病成为人类社会安全的新威胁、社会转型带来的利益矛盾和价值冲突、经济体制改革带来的社会运行体系失范以及全球化带来的不同国家、不同民族、不同宗教的矛盾和冲突等问题,形成诸多不稳定因素,也就存在形成不同危机的可能。就现实观察而言,我国现阶段社会突发事件呈现出几个新的发展趋势。

(一)公共危机事件呈多元化

进入21世纪以来,我国不仅接连发生传统的公共危机事件——重大的自然灾害,如,2008年南方的冰灾、5·12汶川大地震,等等。而且,由于现代化、城市化所带来的新的危机事件也不断发生,如征地引起的群体性事件,工业生产造成环境污染引起的群体性事件。中国社会正处于转型期,这也往往是"经济容易失调、社会容易失序、心理容易失衡、社会伦理需要调整重建"的关键时期。在政治、经济和社会等各个领域都发生了程度不同的危机事件,如国有企业改革尚未到位、农村发展不足、移民安置不当、土地纠纷、社会基本保障不公平、政府职能的界定尚未完全明晰、腐败渎职现象严重等等因素引起的群体性事件常有发生。同时,国际形势日益复杂多变,像恐怖主义这样的非传统安全因素,也对我国产生了危害,如7·5犯罪暴力事件就是境外"三股势力"煽动而引起的。所以说,我国面临的公共危机所涉及的领域越来越广泛,呈现多元化的特点。

(二)公共危机事件发生的次数增多

近年来,我国各种重大、恶性公共危机事件的发生频率增高。2003年的SARS,2008年的三聚氰胺事件、汶川地震、三鹿奶粉事件,2009年的甲型H1N1流感、7·5犯罪暴力事件等为代表的公共事件引人关注。一些群死、群伤的重特大安全事故接连发生,这些事故的规模大,波及范围广泛,影响非常恶劣。如2009年1~6月,国家旅游局共收到各地上报的旅游突发事件20起,共造成75人死亡,1人失踪,263人受伤。重大事故5起,共造成56人死亡,104人受伤。再如2009年上半年,煤炭生产发生重大事故6起,死亡82人。

（三）公共危机事件规模变大

近几年,我国无论是自然因素还是人为因素引发的公共危机事件都接连发生而且危机规模扩大。像自然因素引发的危机有：2006年的"桑美"台风是新中国成立以来最强大台风；2008年南方出现历史上罕见的冰灾。人为因素引起的危机无论在公共卫生、工业生产还是交通、生态环境等方面都发生多起严重事故,尤其是矿井重大安全事故接连不断,特别是同构性的重大事故的接连发生,在一定程度上已经成为社会经济生活中的阴影。此外,在近年来出现的一些群体性冲突中,参与及波及的人数也越来越多,如贵州省瓮安县发生的全国关注的"6·28"群体性事件。

（四）公共危机事件影响扩大化

近年来的一些危机事件如SARS、重庆天然气泄漏事故、阜阳"大头娃娃"事件、三鹿奶粉事件等对社会产生的影响非常巨大,在某种程度上引起了恐慌。危机事件的发生往往涉及社会不同利益群体,敏感性、连带性很强,而且随着社会信息化的发展,传播渠道多元化,危机事件引起的震动频度明显增大。

（五）公共危机事件易变异转化

事件发生发展过程中,一个事件外的因素可能对事件的演变产生很大作用,像媒体的一条不慎重的报道,甚至一条客观公正的报道时机不当,也会使危机出现新的问题。如今年河南开封杞县钴60事件,导致不明真相的成千上万的杞县民众举家避难。

同时,伴随着全球化的进展,危机事件的发生也具有了一定的国际互动性,这增加了危机事件的应对难度。

三、现阶段我国公共危机管理存在的主要问题

公共危机既然给社会大众带来危害,也不是某一社会个体所能解决的。这要求政府进行公共危机管理,能够采取措施来防范、应对和化解危机,以保证人们正常的生产和生活活动,维护社会稳定,促进社会的良性运行。长期以来,我们一直不能把危机与社会主义国家联系在一起,因此,对于危机事件特别是现阶段出现的新形式的危机事件的处理没有现成的经验可以借鉴,难免会遇到这样或那样的不足和问题,主要表现在以下几个方面:

(一)公共危机防范意识不强

我国从政府到社会、从群体到个人,严重缺乏危机防范意识。从政府来看,重抗灾救灾,轻监测防灾;重临时应急,轻常规建设;能够在紧急时刻不计代价地动员全社会抗灾抢险,却疏于在平时投入少量的人、财、物力加强防范。从群众来看,缺乏水灾、火灾、地震、暴力等危机发生时的自救能力和基本的常识,更缺乏危机的防范意识。

(二)缺少健全的公共危机管理法律框架

发达国家公共危机管理的成功经验之一,是它们有个比较全面的公共危机管理法律框架,在应对紧急事态方面,有法律依据和支撑,政府应该怎么做,公民应该怎么做,相关的社会组织怎么做,法律有基本的甚至是详尽细致的规定,如美国的《联邦应急计划》、法国的《紧急状态法》、俄罗斯的《关于保护居民和领土免受自然和人为灾害法》与《事故救援机构和救援人员地位法》等。目前,我国已经颁布了一系列与处理突发事件有关的法律、法规,例如应对骚乱的《戒严法》,应对自然灾害的《防震减灾法》、《防洪法》等,应对安全生产事故的《安全生产法》等,应对公共卫生的《传染病防治法》等。各地方根据这些法

律、法规，又颁布了适用于本行政区域的地方立法。但是从总体上来看，体系尚不完整。一是仅仅针对不同类型的突发事件分别立法，相对分散、不够统一，一旦紧急状态产生的原因复杂，就很难有统一的紧急状态下的指挥机制，难免出现法律规范之间的冲突；二是有关紧急状态法对政府可以采取的紧急措施规定得不够清晰，特别是一些必要的行政程序缺乏，很容易为政府随意扩大行政权力或不作为留下法律上的漏洞；三是各部门都针对自己所负责的事项立法，"各扫门前雪"，缺乏沟通和协作，同时，受地方保护主义的影响，一些地方立法"以邻为壑"，大大削弱了处理突发事件的协作与合力。

（三）缺乏健全的公共危机组织体系

第一，缺乏健全的预警组织体系。目前，我国一些政府机构，如消防部门、卫生部门、水利部门、气象部门和农业部门等已建立了相应的公共危机事件的预警组织系统，但是，与西方发达国家相比，我国家在公共危机事件的预警组织体系方面还比较落后，大量的有可能引发危机的日常生活领域还没有建立相应的预警组织体系，而且已建立公共危机事件的预警组织系统的各个部门之间缺乏经常的联动。同时，存在信息收集分析、预警指标选择不完善、预警网络不完备、危机预报不及时等问题。

第二，危机处置组织体系的不完善。我国一般规定不同的部门管理该领域的危机事件。林业系统管理林业方面的危机，能源系统管理各地矿山发生的危机，交通系统管理交通危机等，但往往危机事件的发生不只是对某一领域具有破坏性，而是涉及到多方面的领域。通常情况下，我国是在危机爆发后临时组建一个应急小组，而没有危机处置的专门组织管理机构。因此，在处置过程中，各个部门缺乏主动性，并且各自为政部门之间缺乏沟通、合作。

(四) 缺乏信息沟通机制

首先，缺乏健全的信息管理系统。信息管理系统对公共危机事件的处理起着非常重要的作用。一则为决策者提供及时和准确的信息；二则为民众传递适当的信息，避免民众情绪失控，促进民众沟通。目前，我国发生灾害及各类公共危机事件时，都是以部门为单位逐级汇报，缺乏快捷、有效的沟通渠道。信息量并不是不够大，也不一定不及时，最大的问题在于信息分散和部门垄断，无法在危难时刻统一调集，迅速汇总。

其次，信息的透明度不高。当发生公共危机事件时，无论是媒体还是公众，都对危机事件十分关注。而往往有些地方政府官员出于种种考虑，如影响政绩，往往对危机事件进行封锁，不准记者采访、报道等，甚至出现编造谎言欺上瞒下、谎报虚报等情况，其结果在全社会范围内，使客观、公正的报道不能见诸公众，阻断了百姓的知情权，导致谣言、小道消息兴风作浪，引起社会恐慌。从而给危机扩大化提供了一个温床，使得人民利益的损失人为地扩大化了，政府的危机处理也陷入更为困难的不利局面，而且也降低了政府的公信力。如在应对"非典"危机初期，正是由于信息不透明以及危机管理措施失当，导致"非典"危机迅速扩散蔓延。

(五) 人员队伍和物质资源保障不足

首先，缺少专业的人才队伍。在国外，往往有专业化的社会危机管理人才队伍，他们为专门的公共危机管理组织机构服务，如，日本建立的专门化公共危机预警机构中，具有在公共危机预警领域中某一方面的技术或专长的工作人员，他们在公共危机预警中发挥其专业优势，指导公共危机管理的有效进行。而在我国，我国政府危机管理部门多是沿袭过去纵向行政体系的结构，分部门管理，地方政府大多没有统一的危机管理机构来综合应对灾害和事故，更不用说专业的公共危机管理人才。另外，在处理危机过程中，需要训练有素的专业技术人才进行除害排灾，但是，我国政府危机管理部门这方面的人才却奇缺，并且越是在基层就越缺乏专业人才。

其次，物质资源缺乏。由于物质资源的缺乏，救援装备普遍存在数量不足、技术落后等问题，救灾物资储备网络还没有建立起来，储备物资的储备总量和品种还不能满足需求，从而导致抢险手段原始、落后，很难有效发挥应急救援能力。

（六）善后工作不到位

公共危机事件发生后，往往不仅对人们的生命财产造成了损害，同时，也会给人们的心理造成危机。一般情况下，政府会对公共危机给人们造成的经济损失进行补偿，但是，对人们的心理影响却关注不够。如政府对"6·26"事件十分重视，但是，在后来的善后工作中，没有对人们的心理影响进行跟踪和重视，因此，三股势力的煽动也就容易使得不明真相的民众参与7月5日下午的游行，最终导致7·5事件的发生。

另外，事后进行反思和总结，分析造成危机的原因，评估管理危机的措施是否有效，是一项重要的工作。但是，政府官员往往是处理了事件就完事，对事件的总结却是走走过场，实质性的总结不足。

（七）缺乏系统化、制度化的教育与训练

国外发达国家都非常重视对民众危机意识和安全文化素质的培养和训练，甚至不惜花费巨资对民众进行经常性的国民公共危机意识教育和危机应对技能的培训。还注重广泛应用各种现代化的手段和设施，来提高教育和培训的质量。如日本社会的各行各业，经常会举行各种形式的防震防火演习，像东京都内的小学，每个月都要举行这类演习，以便小学生在真正遭遇地震等灾难时，不但不会慌乱，而且还知道如何规避和救助。在我国，长期以来，经济保持持续稳定的发展势头，各级政府都注重经济的发展，而忽略了对危机意识的教育和培养。

四、怎样提升管理公共危机的能力

（一）加强宣传与教育，培养公共危机意识和危机应对能力

危机意识的强弱直接关系到政府危机管理的效果。危机意识，不仅是说我们要有危机这根弦，同时要有敏锐的观察力，能观察发现危机前兆，分析预计危机情境。许多国家不仅注重强化公共管理者的危机管理意识，而且不惜花费巨资对国民进行经常性的危机意识教育和培养。

对于我国来说，首先，应该加强对党政官员进行危机意识培训教育，提高危机管理意识。一是灌输正确的危机观念，让其认识到我国已经进入到公共危机高发期，我们将面对多种潜在的公共危机，树立防范公共危机的意识，也要树立公共危机随时可能发生的观念；二是危机教育和道德教化，让其意识到他们的权力来自于人民，对公共危机治理是其责任和义务所在；三是开展公共危机的训练和演习，让其在实践中直接感受到公共危机的破坏力和治理公共危机的重大意义，促使其提高危机管理意识。

其次，运用各种手段进行宣传教育，培养公众的危机意识和危机应对能力。要通过报纸、互联网、电视等进行宣传，利用学校、培训机构等进行教育，帮助公众树立危机意识，在危机发生时能临危不惧；要通过教育、演练等，帮助公众掌握一些简单的

提升维护稳定的能力

应急办法,以至于在危机发生时,能够做到自救或互救,减少危机带来的损失。

(二)完善公共危机管理的法律体系,明确各个主体的法律责任

完备的法律法规体系是公共危机管理的保障,有了法律和相关预案,就能使各部门在应对危机上的责任关系更加明确和规范。危机管理的法律体系应符合两个标准:其一是法律体系的内涵。它囊括国家安全、经济、交通运输、福利保障、新闻舆论等宏观领域的危机立法以及具体管理环节的微观领域的实施细则。其二是法律体系的协调统一。在全方位体系建设的基础上,宪法、部门法、地方性法规等法律条文不得相互矛盾和冲突,发生问题能及时纠错和补救。因此,需根据我国危机管理法律建设的实践,对宪法进行修改,确立紧急状态及其宣告法律制度,在此基础上制定全国紧急状态法,对国家实行紧急状态的条件和程序、紧急状态时权力的行使、对公民和法人及其他组织在紧急状态期间享有的权利和义务及其受到不法侵害时的救济途径等都应做出明确规定。此外,针对危机发生的地域、种类、行业的不同,还需根据紧急状态法的一般法律原则出台一些补充性、技术性规范等具有法律效力的规范性文件,形成一个以《紧急状态法》为基础、各领域各行业的专业性、技术性应急法规为补充的紧急状态法律、法规体系。

(三)健全公共危机管理组织体系,提高危机预警防范、处置和善后的有效性

针对我国的公共危机管理组织体系分散,以至于对危机预警防范、处置和善后都不能做到完全有效这一弱点,国家应成立高级别的专项应急指挥部,组建一个权威、高效、协调的中枢指

挥系统。各地各部门组建熟悉危机管理的高效管理团队和救援团队，提高战略决策效能和危机处置能力。建立一个中央和地方良性互动、多部门和跨地区的联动协调的危机管理组织体系。该体系以整体治理能力为基础，通过法制化的手段，将全面的危机预警网络、完备的危机应对计划、高效的核心协调机构、成熟的社会应对能力和有效的善后工作包容在里面。谁收集危机信息、谁发布预警消息，谁制定应对计划，谁采取救援，部门之间如何协调等，都有章可循。

（四）加强信息透明度，保证媒体报道的真实性和社会民众的知情权

危机因其破坏性，容易成为公众关注的焦点，激起公众的兴奋情绪。在危机管理中，公众的兴奋情绪是一道汹涌的波涛，引导得好，会向着危机管理的有利方面发展；引导不好，则不利于危机事件的处理。媒体往往扮演着政府"危机信息代言人"的重要角色，是公众情绪的"风向标"，更是公众情绪的"催化剂"、"导航员"。因此，危机的处理部门要想取得公众的信任必须采取真诚坦率的态度，采取公开、迅速、统一的信息发布方式。首先，政府要制定规范的信息发布制度，及时获得有关危机情况真实的信息、统计危机处置方式和存在的困难等信息，通过政府官员或者新闻发言人，利用电视、网络等方式，适时向公众发布。另外开设网上对话、开通热线电话等回答民众提出的问题。这样，既提高了信息发布的时效性、准确性，又能及时消除公众疑虑，安抚人心。同时，公众也会明确自己要担负的职责，为政府的公共危机管理争取到了社会的支持。其次，政府要加强与媒体的沟通，让媒体能够深入危机的发生地，获取第一手资料，了解真实情况，以防止媒体的

猜疑而导致信息的失真。

（五）加大资金投入，建立专业人才队伍和确保物质资源保障

公共危机管理的目的是提供公共产品，服务社会大众。因而，政府承担资金的主体责任，扩大财政在公共危机管理方面的投入，当然，还可建立社会动员机制，鼓励社会团体和个人进行捐款，以确保充足的资金，从而建立专业人才队伍和确保危机发生时所需物质资源。

首先，加强专业人才队伍建设。一方面，建立专业的危机管理人员队伍，负责危机预警、应急、救治、善后等工作管理和协调。另一方面，培养技术过硬的救援队伍。救援队伍主要以公安、消防、医救、民防队伍等专业队伍为主体、群众性队伍为辅助的应急抢险救援队伍。要根据各地灾害事故紧急处置工作的需要，进一步加大消防等骨干队伍建设力度。定期组织跨部门、跨行业的综合性减灾事故排除演练，以加强组织协同和各专业保障，提高队伍快速反应和协同作战能力，确保队伍遂行抢险救援任务。

其次，确保物质资源保障。一方面，要合理部署和配置各类抢险救援队伍，配备先进的各类救援装备、器材和通信、交通工具等物质。另一方面，要加快建立健全救灾物资储存、调拨和紧急配送系统，积极培育和发展经济动员能力，确保救灾所需的物资器材和生活用品的应急供应。

第二节　改善民生是稳定的基础

国以民为本，改善民生，不仅关系到广大民众的根本利益，

而且影响到整个社会的安全运行和健康发展。有学者指出,所谓民生,主要是指民众的基本生存和生活状态,以及民众的基本发展机会、基本发展能力和基本权益保护的状况,等等。改革开放以来,我国在发展经济、改善人民生活方面取得了举世瞩目的成就。然而,随着改革不断深化,改善民生遇到了种种体制性、机制性障碍,难以在根本上取得突破。

一、改善民生必须坚持以人为本

以人为本的理念强调发展生产与改善民生的均衡、大多数人与少数人的均衡、人与人之间的均衡,标志着我国由非均衡发展向均衡发展转变。有学者指出:以人为本的理念实际上有三层基本的涵义,即:发展应当是以人为本的发展,而不应当是以物或以经济为本的发展;发展应当是以绝大多数人为本的发展,而不应当是以少数人为本的发展;发展应当是以无数个具有平等权利的个体人(公民)为本的发展,而不应当是以缺少个体人平等权利边界的、笼统的社会整体为本的发展。而当前,改革与发展常常忽视以人为本的理念依据,盲目追求GDP、少数人成为改革的受益者,这些不利因素妨碍到民生的改善。

(一)盲目追求GDP的发展模式偏离了发展的目的

雄厚的物质基础是改善民生的重要条件,发展经济是改善民生的重要前提。改革开放三十年来,我国以经济建设为中心,大力发展生产,经济实力显著增强。但长期以来粗放型的经济发展方式使得生态环境恶化,不仅抵消了经济发展成果,而且危及到民众的生命安全。据统计,2003年,中国由于环境问题而造成的损失占国民收入的比例高达3.12%,远远高于世界0.81%的平均

提升维护稳定的能力

水平。①中国第一份有关环境污染经济核算的国家报告《中国绿色国民经济核算研究报告2004》显示,2004年,全国因环境污染造成的经济损失为5118亿元,占GDP的比例为3.05%。全国因大气污染共造成近35.8万人死亡,约64万呼吸和循环系统病人住院,约25.6万新发慢性病支气管炎病人。②可见,这种发展模式不仅没有真正实现经济的快速发展,还使得民众的生命安全受到侵害,不仅没有大幅度地改善民生,还产生了新的民生问题。

(二)收入差距悬殊有悖于全体人民共建共享

发展应以绝大多数人的利益为本,发展的成果应该由全体人民共享。改善民生,需要缩小收入差距,提高中低收入者比重,改善弱势群体生活状况,保障其基本生活水平,进而拥有发展的机会和能力。这不仅关系到扩大内需、保持经济持续增长、维护社会稳定,还关系到我们党执政的合法性。邓小平当年提出两个战略构想的时候就已经发出警告:"社会主义的目的就是要全国人民共同富裕,不是两极分化。如果我们的政策导致两极分化,我们就失败了。"尽管对于中国目前是否出现两极分化学界还有争论,收入差距正越来越大却是公认的事实。当前的收入差距是一种制度性的、体制性的差距,是改善民生的巨大障碍。

据世界银行测算,2004年,我国的基尼系数的基尼系数已达0.469,收入最高的20%的人拥有全部收入的51.9%,而收入最低

---

① 中国现代化战略研究课题组、中国科学院中国现代化研究中心:《中国现代化报告2007——生态现代化研究》,北京大学出版社2007年版,第166页。转引自吴忠民:《走向公正的中国社会》,山东人民出版社2008年版,第55页。

② 国家环境保护总局、国家统计局:《中国绿色国民经济核算研究报告2004(公众版)》,国家环境保护总局网站,2006年9月8日。转引自吴忠民:《走向公正的中国社会》,山东人民出版社2008年版,第55页。

的20%的人只拥有4.3%。①2007年，我国城乡居民人均收入比已达3.33∶1，如果考虑农村居民收入中的生产性支出、各种费用支出和城镇居民收入中的隐性收入、各种福利等因素，城乡居民人均实际收入比将高达5∶1甚至6∶1。②另外，我国行业间工资水平差距已超过4.88倍，并呈现出进一步拉大的趋势，而国际上公认的合理水平在3倍左右。据劳动和社会保障部统计，目前，电力、电信、金融、保险、烟草等行业职工的平均工资是其他行业职工平均工资的2～3倍，如果再加上工资外收入和职工福利待遇上的差异，实际收入差距可能在5～10倍之间。③

二、改善民生必须依据社会公正原则加强制度建设

（一）改善民生必须弥补制度缺失，强化制度功能

温总理在十届全国人大五次会议答记者问时说："解决民生问题，要有制度的保障……有了制度，就不会轻易改变，就不会因为政府的更替和领导人的变化而发生变化。"④制度缺失或者制度功能弱化，常常使得改善民生流于形式，成为基层政府的应急行为，缺乏通盘的、长远的考虑，不能将改善民生纳入制度化、常态化的轨道。因此，合理的制度安排是改善民生的基础，只有建立健全相应的制度体系，才能更加规范地、全面地、有步骤地、长远地改善和保障民生。

当前，民生领域的制度建设取得不少成就，但制度缺失和制度不完善的问题依然存在。一方面，合理的财政支出制度仍然没

---

① 世界银行：《2007年世界发展指标》，中国财政经济出版社2008年版，第66页。
② 迟福林：《以基本公共服务均等化统筹城乡发展》，《经济参考报》2008年12月12日。
③ 《收入差距大 都怕入错行》，《人民日报》2007年12月10日。
④ 温家宝：《政府工作报告 2007年3月5日在第十届全国人民代表大会第五次会议上》，人民出版社2007年版，第63页。

提升维护稳定的能力

有建立起来,教育、医疗、失业、养老、最低生活保障等社会公共事业应该投入多少,占GDP多大比例,个人、社会和政府应负担的比例,如何保障经费落实到位,这些关键事项都没有相应的制度作保障,使得民生投入缺乏约束力,挪用公共事业经费的现象屡见不鲜。另一方面,现有的制度安排还有待完善。如把城市和农村临时性的特困救助转变为经常性的低保制度;把农村义务教育阶段的"两免一补"政策扩大为免除城乡义务教育阶段的学杂费,并以法律的形式固定下来;将试点中的新型农村社会养老保险推广至全国,并与城市养老保障体系结合起来;不断健全和完善新型农村合作医疗制度,等等。

(二)制度安排必须以社会公正理念为依据

有文章指出,正义是社会制度的首要价值,制度安排需要有明确的、贯彻始终的理念依据。教育、就业、分配、社保、医疗等民生领域的制度建设,应当以社会公正为基本理念依据。以社会公正为基本理念依据的现代社会制度符合"共享"的基本价值取向,能被广大民众广泛认可并自觉遵循,能够增进社会的团结与合作。只有以社会公正为基本理念依据,社会制度才能有效、公平、可行。

当前,一些民生领域的制度安排明显违背了社会公正的基本理念依据。以社会保障制度为例,维护社会公正,是社会保障制度的出发点和落脚点,建立全民参与的社会保障体系,既保障了民众的基本生存条件,又缩小了社会成员之间的贫富差距,有利于维护社会公平。但我国的社会保障制度从建立之初就以城市为中心,把大部分农民排斥在社会保障体系之外,农村地区的社会保障严重滞后。研究表明,1991~2001年,城市人均社会保障支出占人均GDP的比重平均为15%,已经达到某些发达国家20世纪

70年代的社会保障水平,而农村只有0.18%,城市人均享受的社会保障费用支出是农村的90倍之多。①同是一国的国民,都为国家的发展作出贡献,却因为户籍的差异而享受到两种不同的待遇,这严重违背了社会公正的保证规则、机会平等规则、按贡献分配规则和社会调剂规则。这样的制度安排不仅不利于改善民生,反而会进一步恶化民生问题。

三、改善民生必须加强政府公共服务职能

（一）加强政府提供公共服务的职能

改善民生是政府义不容辞的责任。转变政府职能,由全能型、经济管制型政府向公共服务型政府转变,这是改善民生的关键,是促进社会公平正义的重要举措。改革开放30年来,我国社会急剧转型,公社制和单位制相继解体,计划经济向市场经济转变。为适应我国社会转型的需要,政府职能转变已经在党政分开、政企分开、下放审批权、加强社会建设方面取得了很大进步,但是政府提供公务服务的责任意识和供给能力还亟待改进。公共服务供给滞后导致了很多社会问题,如贫困问题、三农问题、医疗卫生问题、教育问题、收入差距问题、腐败问题,等等。这些问题的根源就在于政府职能没有从根本上转变,政府职能与权力运作模式不适应市场经济体制。②

（二）调整公共投入的优先次序

一种观点认为,民生问题具有层次性,民众的基本生存、发展机会、生活质量三个层面由低到高,呈一种递进状态。因此改

---

① 杨翠迎:《中国社会保障制度的城乡差异及统筹改革思路》,《浙江大学学报(人文社会科学版)》2004年第3期。
② 郑广永:《改革不会动摇 关键是改什么》,《学习时报》2006年3月6日。

善民生也应该由低到高，前一层面内容的基本实现是后一层面内容实施的前提条件，当前一层面内容基本实现之后，应当顺理成章地开始后一层面内容的努力，这个顺序千万不能倒过来。民生的层次性反映到公共投入的优先次序上，就应该按照先生存、后发展的原则进行安排。

然而，目前我国的公共投入不仅占GDP的比重较小，而且公共投入的优先次序出现了严重颠倒的情形。社会保障、义务教育、公共卫生等方面的公共投入比例较小，而国家财政在一般公务方面的支出比重较大。① 这使得我国的社会保障严重滞后，民众的基本生活得不到有效保障，也无法进一步获得发展的能力。

（三）实现基本公共服务均等化

基本公共服务均等化是指全体公民机会平等地享有大致相等的基本公共服务，同时尊重某些社会成员的自由选择权。② 长期以来，我国在提供公共服务方面违背了机会平等的公正原则，城乡之间、地区之间、各社会群体之间实行非均衡的公共服务体制，由此产生了很多问题。

以医疗卫生支出为例，我国医疗卫生体制上存在"重医疗、轻预防；重城市、轻农村；重大型医院、轻社区卫生"的倾向，实际上走了一条"高水平、低覆盖"的路，医疗资源分布不够合理。研究发现，从1997年到2002年，国家和各级政府的卫生投入80%集中在城市，城市的卫生投入80%集中在城市的大医院。③ 2006年，我国卫生总费用为9843.34亿元，占当年GDP的4.67%。

---

① 吴忠民：《公共投入的优先顺序不宜颠倒》，《科学决策》2005年第2期。
② 常修泽：《我国现阶段的基本公共服务均等化》，载中国海南改革发展研究院编：《民生之路 惠及13亿人的基本公共服务》，中国经济出版社2008年版，第17页。
③ 上海财经大学公共政策研究中心：《2005中国财政发展报告：公共财政的信息、决策与职责》，上海财经大学出版社2005年版，第80页。

其中城市卫生总费用为6581.31亿元，占卫生总费用的67%，而农村卫生总费用为3262.02亿元，占卫生总费用的33%。① 占人口大多数的农村人口、城市低收入人群仅仅享受到少量卫生资源，群众看病难、看病贵问题十分突出。因此，改善民众就医环境，提高人民健康水平，迫切需要政府转变职能，强化医疗事业的公益性，提供均等化的公共卫生服务。

四、改善民生必须破解城乡二元结构

新中国成立以后，我国实行重工业优先的赶超型工业化战略、高度集中的计划经济体制，加之人口基数庞大、增长迅速，限制了城市就业机会的创造和农村人口的转移。为此，我国于1958年颁布了《户口登记条例》，严格限制城乡之间的人口流动，将农民堵在城门外，捆在土地上。随后，以户籍为依据，我国在农村实行人民公社制度、在城市实行单位制度，并且在城市实行由国家统一安排的就业制度、商品粮供应制度以及其他有关人们生活的衣食住行、生老病死等方面的一系列制度，这就形成了城乡二元社会结构。

城乡二元社会结构曾经为我国工业发展的原始积累、为维护社会秩序稳定做出了重要贡献。"据统计，从1952～1986年，国家通过价格'剪刀差'从农业中隐蔽地抽走了5823.74亿元的巨额资金，加上收缴的农业税1044.38亿元，34年间国家共从农业抽走了6868.12亿元的资金。"② 在1979年～1994年的16年间，政府通过工农产品"剪刀差"从农民那里占有了大约15000亿元的收

---

① 《2008中国卫生统计年鉴》，卫生部网站，2008年9月10日。
② 汝信等主编：《2001年中国社会形势分析与预测》，社会科学文献出版社2001年版，第201页。

入，同期农业税收总额1755亿元，各项支农支出3769亿元，政府通过农村税费制度提取农业剩余约12986亿元，农民平均每年的总负担高达811亿元，是改革前155亿元的5.2倍。①长期以来城乡之间的非均衡发展，使得农村经济和社会事业严重滞后，民生问题异常严峻。因此，"保障和改善民生，重点难点在农民。"②

城乡二元结构人为地阻碍我国的城市化进程，使得我国城乡差距不断拉大。"建国初期，中国城市与农村的差距大约是3倍，今天最高与最低的差距已经拉大到10倍。"③过多的资金流失以及国家长期重城市轻农村的政策，使得农村发展滞后，农民生活贫困。按2008年农村贫困标准1196元测算，2008年末农村贫困人口为4007万人。④如果实施国务院扶贫办草拟的新扶贫标准调整办法，以人均年收入1300元作为贫困线标准，中国的贫困人口将有8000万。⑤

农村的民生问题不仅体现在城乡差距过大，农村贫困人口多，还体现在医疗、教育、就业等层面。长期以来，国家在城市与农村实行不同的教育、医疗和就业政策，优先发展城市，农村的社会事业严重滞后。由于严格的城乡户籍制度、教育制度、社会保障制度等原因，农民工很难脱离农民的身份，真正融入城市，享受市民应该享有的各种待遇。这使得农村剩余劳动力转移比较困难，农民增收面临体制性障碍。因此，如何打破城乡二元

---

① 迟福林：《中国改革进入新阶段》，中国经济出版社2003年版，第183页。
② 《中共中央国务院关于2009年促进农业稳定发展农民持续增收的若干意见》，《人民日报》2009年2月2日。
③ 汝信等主编：《2001年中国社会形势分析与预测》，社会科学文献出版社2001年版，第201～202页。
④ 国家统计局：《中华人民共和国2008年国民经济和社会发展统计公报》，国家统计局网站，2009年2月26日。
⑤ 《中国拟重划贫困线：年收入1300元 纳入近4000万人》，新华网，2008年4月12日。

劳动力市场，推动劳动力向城市转移，是二元社会结构下改善民生的重点工作。

第三节 协调利益关系，促进社会和谐

学习落实科学发展观，维护社会稳定，十分重要的方面是要协调好利益关系。我们知道，改革开放三十年来一个越来越集中的话题是利益。大家谈得越来越多的是利益，各种关系中最难协调的是利益，各级政府最伤脑筋的是利益。以群体性事件为代表的利益问题已经成为最突出的社会问题，利益关系已经成为市场经济条件下最需要处理好的关系（见图4-1）。能否统筹协调好我国现阶段复杂的利益关系，是对我们执政理念、执政水平的一个重要考验。

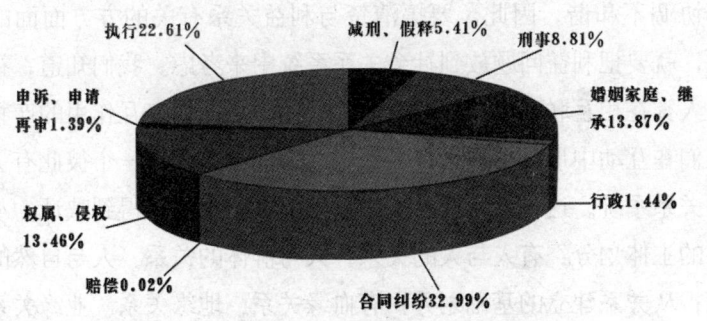

图4-1 2008年全国法院审结各类案件情况

一、利益关系是最重要的关系

（一）人们奋斗的一切都同他们的利益有关

快速发展的中国正处在打破原有系统平衡、各种问题全面暴发的时代，要解决好各方面的矛盾和冲突，要从关系入手，特别要从利益关系入手，这是要害。马克思指出："追求利益是人一切活动的动因，人们奋斗所争取的一切都同他们的利益

提升维护稳定的能力

有关"。

改革,改到深处是配套,越往深处利益越凸显。利益问题是一个涉及人类社会生活的根本问题。对于一个从封闭走向开放、从计划走向市场、从单一走向多元的社会,利益问题更加是一个敏感、复杂和关键的问题。人类社会发展的历史告诉我们,如果社会利益格局严重失衡,分配方式严重不公平,社会贫富差距过于悬殊,社会利益关系严重扭曲,社会阶层之间就会非常紧张,当利益矛盾不可调和时,就会引发动乱,社会平衡就会被破坏,社会发展的正常进程就可能中断,是退是进,很大程度上取决于我们协调主要利益关系的能力。

(二)利益问题是一个关系问题

利益问题是一个关系问题,主要表现为利益主体之间关系的不协调不和谐。因此,要搞清楚与利益关系有关的方方面面的问题,就要把利益问题放到社会关系系统中来考虑。我们知道,社会是人类在相互联系中结成的生活共同体,是人们交互作用的产物。人们在互动中形成关系,在关系中成为一体,成为一个彼此有关联的关系系统。这一点从社会关系系统的类型中可以得到映证。从关系的主体划分:有人与人的关系、人与群体的关系、人与自然的关系;从关系建立的基础划分:有血缘关系、地缘关系、业缘关系和趣缘关系;从交往的密切程度划分有初级关系与次级关系;从关系的规范程度划分有正式的关系与非正式的关系;从关系的存在形态看有静态关系与动态关系;从利益的一致性程度划分:有对抗性的关系与非对抗性的关系、协调性的关系与非协调性的关系;从具体内容上看有生产关系、政治关系、法律关系、道德关系、宗教关系、艺术关系、政党关系和阶层关系等。

可以肯定,社会是一个关系系统,一个复杂的关系系统。而在所有的关系中，生产关系是一切关系特别是社会关系的基础，利益关系是所有关系的核心。处理好利益关系就抓住了问题的关键，就能取到纲举目张的作用。因此，我们要在关系中寻找联系，协调各方；要在协调好利益关系中找到解决问题的钥匙。

（三）和谐社会首先要有利益关系的和谐

和谐社会应该是一个各方面关系十分融洽的社会。没有关系的和谐，就没有社会的和谐。因为事物是相对应而存在、相伴而产生的。如父与子、师与生、医与患、劳与资、贪与廉、上级与下级、干部与群众、东部与西部、城市与农村、贫穷与富有……这就要求我们把和谐放到关系中去讲。

中国的几代领导集体特别重视对关系的研究，他们从中找到了中国革命和中国发展的道路。例如，毛主席1925年12月撰写的《中国社会各阶级的分析》，1937年8月撰写的《矛盾论》，建国以后发表的《论十大关系》等光辉文献；邓小平关于两个大局、先富与后富、市场与计划、姓资与姓社之关系的重要思想；江泽民于1995年9月28发表的关于《正确处理社会主义现代化建设中的若干重大关系》的重要讲话；胡锦涛关于四大建设、总体布局、五个统筹、全面协调可持续发展的思想，都充分反映了党和国家领导人对关系问题的高度重视。而围绕这些关系的核心和主线是要处理好各方面的利益问题，革命战争年代是这样，和平建设年代也是这样。所有问题都是围绕利益而展开的，只是表现形式不同而已。

因此，统筹协调好利益关系是全面建设小康社会的需要，是构建和谐社会的需要，是全面落实科学发展观的需要，是建立富强、民主、文明、和谐的现代化社会的需要，意义十分重大。

利益问题是人类社会的永恒主题。中国的利益时代到来了。

二、现阶段我国利益矛盾的主要表现和基本特点

(一) 现阶段我国利益矛盾的主要表现

我国已进入改革发展的关键时期,经济体制深刻变革,社会结构深刻变动,利益格局深刻调整,思想观念深刻变化,这四个"深刻"所带来的空前的社会变革,给我国发展进步带来了巨大活力,也带来了这样那样的矛盾和问题。目前我国社会总体上是稳定的,但是也存在许多不和谐的因素,主要是城乡、区域、经济社会发展很不平衡,人口资源环境压力加大;就业、社会保障、收入分配、教育、医疗、住房、安全生产、社会治安等方面关系群众切身利益的问题比较突出;体制机制尚不完善,民主法制还不健全;一些社会成员诚信缺失、道德失范,一些领导干部的素质、能力和作风与新形势新任务的要求还不适应;一些领域的腐败现象仍然比较严重;敌对势力的渗透破坏活动危及国家安全和社会稳定。这是中央对目前我国社会运行状况的基本判断。从社会各阶层的角度来分析,利益矛盾主要表现为以下四种:

一是农民与市民的矛盾。这主要是城乡二元体制造成的城乡差距带来的,而且这种差距还在继续扩大,矛盾还在激化。据卫生部统计,我国医疗卫生资源80%集中在城市。2008年末居民储蓄存款余额21.8万亿元,其中约80%为城镇居民存款。农民与市民的矛盾还特别体现在本地人与外地人的矛盾上。一亿多农民工进城打工谋生,还有不少老板到外地投资,由于文化差异、社会歧视、待遇不公、政策不当等原因,主要围绕利益问题,本地人与外地人之间常有冲突发生。

二是先富阶层与贫困阶层的矛盾。早在2000年,我国居民收入的基尼系数为0.41,已超过国际公认的0.40的警戒线。中国8.6%的最富有户占有60.47%的金融资产,而拉丁美洲的10%的

最富有户也只占有50%的国民收入的比重。2008年5月18日，国内首份关于"新富阶层"的研究报告在京发布。报告将税后年收入在30万元以上的人士定义为"新富阶层"，并指出这部分人群是个人收入逐步增加而产生的社会阶层。他们具备目光敏锐、能承受常人不能承受的压力及执行力较强等特征。报告调查结果显示，中国的新富阶层占据了社会总人口数量的5%。其中税后年收入在30万～100万之间的人口数量约5000万，税后年收入在100万元以上的约有500万人。新富阶层以房产为投资首选，或多或少地也拥有一些股票等金融资产。国家统计局发布的数据显示，2008年我国全年城镇居民人均可支配收入15781元，农村居民人均纯收入4761元。这样的收入水平与"新富阶层"相比是一种怎样的差距？

收入差距悬殊化会产生许多严重后果，如仇富的心理、革命的心理、反叛的心理、敌视的心理、对政府不信任的心理，等等。这些来自社会内部各个阶层之间的隔阂、不信任，以及由此引起的失衡、抵触和冲突，将会冲击社会稳定，影响改革发展进程。

三是雇主与雇工的矛盾。2006年底全国有私营企业498.1万户，有私营企业主1271.7万人；从业人员5314.6万人。全国总工会在广东的调查显示，农民工对广东经济发展的贡献率高达25%，然而广东省最发达的珠三角地区外来工的工资十几年来一直在低位徘徊。GDP的高速增长、雇主的高收入高利润与雇工的待遇形成了鲜明的反差。不仅如此，雇工不能像本地居民一样享受最低生活保障。更有甚者，一些企业经营者还拖欠工人工资，甚至不给和少给工人工资，这就必然要加剧劳资关系的紧张。用工荒只是其中的一种反抗方式而已。因此，构建和谐社会的关键和重点是要协调好不同阶层、不同群体之间的利益关系，使其各尽所能、各得其所而又和谐相处。上述在根本上反映为强势群体和弱势群体之间的利益均衡问题。

四是干群之间党群之间的矛盾。当前，干群关系的主流是好的，干群矛盾总体上趋于和缓，主要体现在改革开放的成果惠及广大人民群众，这是构成干群关系和谐的稳固基础；党的一系列亲民利民政策，成为了实现干群关系和谐的根本保证；改革使大量社会矛盾得到化解，为促进干群关系和谐创造了有利条件。但现阶段干群关系不和谐、不稳定的因素仍然很多，改善干群关系的任务依然十分艰巨。因为权力寻租、党风不正、形式主义、错误的政绩观等原因，干群关系、党群关系比较紧张。中央党校学员的一份研究报告指出，干群间的矛盾突出地表现为以下四种矛盾，其中首要的是利益需求与分配的矛盾。表现为一是社会分配不公，拉开了干部群众之间的距离。在现实生活中，群众最关心的就是自己的切身利益。利益需求与分配的矛盾是干群关系中最为突出的矛盾。二是群众利益得不到应有维护，损害群众利益的事情时有发生。三是干部、群众所代表的不同利益存在着一定程度的冲突。四是由于社会生产力还不够发达，物质资源有限，有时难以满足所有社会成员的利益要求。这些问题的存在，为干群矛盾埋下了伏笔，有时还导致干群矛盾激化。

现阶段的利益矛盾还突出表现为局部利益与整体利益、短期利益与长远利益、经济利益与社会效益以及生态平衡之间的矛盾。

在国家利益层面，放眼世界，1919年，当时的美国还没有完全摆脱工业革命时代保守主义思想的影响。作为第一次世界大战的战胜国，作为工业革命的新强国，当时的美国政府面临这样三个新问题：如何在外交政策中，有效反映国内各阶层的多元利益；如何在制定国内政策时，充分考虑国家间相互制约的各项因素；如何确保国内、尤其是对外政策能够得到长期稳定、始终如一地执行，从而确保长期的国家利益。这是一个国家在统筹协调利益关系问题上面临的更大问题。中国正处在这样一个关键时期。

（二）现阶段我国利益关系的新特点

当前我国利益关系的新特点主要表现在以下几个方面：①

(1) 利益主体多元化。

(2) 利益差距扩大化。

(3) 利益矛盾激烈化。

(4) 利益诉求复杂化。

在利益诉求内容上，由主要表达物质利益诉求，向物质利益、政治利益和权利诉求交织转变，呈现出多样化复杂化的趋势。非法的、过激的诉求行为方式有明显增多的势头。在信访渠道上的反映是，信"上"不信"下"、信"访"不信"法"、信"闹"不信"理"的上访行为。近十年来，我国的群体性事件大幅攀升，群体性事件最突出的表现形式主要有群体性越级上访、闹事、斗殴和冲突，对社会秩序稳定和政治安全的破坏性影响较大。直接针对各级政府的诉求引起矛盾转化成为关注的焦点。由于我国社会发育不充分，政府职能无限放大，公众的利益诉求除了向政府表达以外没有别的渠道。实际上政府又不具备"包打天下"的职能，这就形成了一个尖锐的矛盾：有限的政府难以应对无限的公众利益诉求，难免出现处置不当、不及时的情况，从而

---

① 参见《理论热点面对面2007》，人民出版社。

提升维护稳定的能力

引起矛盾激化和转化。在一些地方，经常出现一般的社会矛盾冲突转化为部分公众与政府相对立的现象，政府直接成为矛盾冲突的一方，丧失了进退的自如。尤其是有的干部出于"政绩"、私利等考虑，隐瞒下情、掩盖矛盾、堵塞言路、压制民意，群众的呼声不能及时反映，极易导致矛盾激化和转化。

（5）利益实现多样化、利益收入分层化。

概括起来讲，我国新时期社会利益矛盾的特点主要是范围更广泛了，层次更深刻了，状态更复杂了，方式更尖锐了，对象更具有群体性了。使得协调兼顾各方面利益的难度增大。在这种情况下，尤其需要我们高度重视统筹协调各种利益关系，妥善处理各种利益矛盾，既保护人们追求利益的积极性，又有效整合各种社会关系，促进各种社会力量良性互动。这就是我们面临的挑战。

三、我国现阶段利益关系不协调的主要原因

造成我国现阶段利益关系不协调的原因是多方面的，其中主要的有三个：

一是市场经济力量的根本性推动。中国的改革是从经济领域开始的，进而带动了整个社会的变革，特别是利益关系的大调整。由于分配制度改革跟不上等原因，利益差距被越来越强大的市场经济力量所扩大。

二是宏观调控的原因。社会是可以管理、可以控制的，关键是用什么样的思路和方式去管理。应当承认，我们对计划经济式的管理比较熟悉，对以市场经济为基础的整个社会的宏观调控还不适应。于是在经济发展速度与社会管理水平之间形成了较大反差，调整利益差距成为了广大社会成员越来越强烈的呼声。从利益差异到利益差距，从利益矛盾到利益冲突，利益问题随着改革

开放的深入变得日益复杂。

三是结构性原因。结构性问题越来越成为影响中国经济社会协调发展的主要障碍。目前，无论是事关全局的宏观性结构，还是具体细小的微观结构，都无一例外地进入了调整范围，诸如经济结构、城乡结构、区域结构、产业结构、产品结构、消费结构、分配结构、制度结构、决策结构、所有制结构、组织结构、家庭结构、人口结构、就业结构、阶级阶层结构、对外关系结构等方面。与此同时，结构失调、结构失衡、结构偏差、结构扭曲、结构冲突、结构恶化等概念出现的频率也愈来愈高，涉及面越来越广。毫无疑问，今后相当长一个时期，与结构有关的各种结构性问题将成为国民经济与社会发展的主要障碍，是中国改革开放和现代化建设向前推进必须要攻破的难点，只有闯过"结构"关，才能实现两个根本性转变，才能搞好"五个统筹"，才能为中国赢得21世纪打下坚实基础，全面小康社会的实现才有希望。中央对结构问题越来越重视，五年召开一次的党的全国代表大会，其报告内容最能反映中国的发展走向和发展重点。

笔者对改革开放伊始至2007年党的历次代表大会报告中使用"结构"一词的情况作了详细的统计和分析，发现有四个特点：

一是从无到有，从少到多。改革开放前夕召开的党的十一大的政治报告中未使用"结构"一词。从十二大至十六大，使用"结构"一词次数依次为5次（十二大）、26次（十三大）、13次（十四大）、22次（十五大）和21次（十六大）。其中十三大报告中使用"结构"一词的次数最多，十五、十六大均在20次以上。

二是使用范围越来越广，涉及方面越来越多。十二大对"结构"一词的使用主要在经济领域；十三大虽然提到的次数最多，达26次，但涉及产业结构的只有9次；1997年召开的十五大22处提到"结构"二字，主要侧重在经济结构（9次）和所有制结构（4次）上，只有10种提法；进入新世纪后召开的党的十六大，在描述和解决结构问题的提法上达到了创记录的18种，以前最多的也只有12种。这表明，随着改革的深入，结构性问题正越来越多的表现出来。

三是修饰"结构"一词的分量越来越重，从十二大的"调整"、十三大的"改善"到十七大报告中大量使用要"优化"、"升级"，要求在不断提高，认识在不断深化。

四是越来越多地把"结构"放到一些重要关系中使用。十二大报告中是单一的使用"结构"一词，如调整工业结构、企业组织结构要合理化，十三大、十四大报告也大致如此。到了十五大、十六大、十七大，则是把结构与一些重要的关系连结起来使用，例如，"要注意速度和结构、质量的关系"，要"调整国有经济的布局和结构"，要"把深化改革同调整结构和促进发展结合起来"，等等。这表明，随着改革的深入，许多重大的关系问题越来越以结构的形式反映出来，或直接与结构问题缠在一起。

中央对"结构"问题的重视，从中央每年召开一次的重要经济工作会议中也可以充分反映出来。以下为1996年～2008年中央经济会议工作重点回顾（与"结构"有关的工作重点）：

中央经济工作会议回顾1996～2008

1996年：加大经济结构调整力度，逐步解决"大而全、小而全"和低水平重复建设问题。

1997年：加速实现国民经济合理化布局，提高国民经济整体素质和效益。必须着眼全局，突出重点：在提高质量、效益、优化结构的基础上，保持较快的经济增长速度，保持投资、出口、消费的合理增长，保持宏观经济总量的基本平衡，避免经济发展出现较大的波动。

1998年：要把握好四个重大问题：首先是在保持经济适度快速增长的同时，把工作的着力点放在优化结构，提高经济增长的质量和效益上来。

1999年：大力调整经济结构，促进产业优化升级。要继续调整产业结构。加强第一产业，提高第二产业，发展第三产业，是今后一个时期调整产业结构的基本思路，促进区域经济、城乡经济协调发展。

2000年：加快体制改革和科技进步，推进经济结构的战略性调整。

2001年：调整农业结构，深化农村改革，努力增加农民收入；进一步着力抓好企业技术改造；不断深化经济体制改革，为加快发展和扩大开放创造良好的体制环境。

2002年：要向结构调整倾斜，促进技术进步和企业技术改造，增强经济发展的后劲；加快结构调整，提高经济增长的质量和效益。

2003年：紧紧抓住结构调整这条主线。

2004年：会议提出了2005年经济工作的主要任务：促进经济增长方式转变。当前和今后一个时期，要抓住影响结构优化和协调发展的重要环节，加大结构调整的力度。第一，提高自主创新能力是推进结构调整的中心环节。第二，节约能源、资源是优化结构的重要目标。第三，推进城镇化健康发展是结构调整的重要内容。第四，促进区域经济协调发展是结构调整的重大任务。

2005年：提出要坚持把推进结构调整和转变增长方式实现总量平衡作为搞好宏观调控、促进科学发展的重要着力点。

提升维护稳定的能力

2006年：会议提出了2007年经济工作的八项主要任务：其中包括坚持加强和改善宏观调控，保持和扩大经济发展的良好势头。当前工作的着力点，就是要合理控制投资增长，努力优化投资结构。坚持以增加居民消费尤其是农民消费为重点，加快调整国民收入分配格局，努力提高农民和城镇低收入者收入水平和消费能力；要坚持统筹城乡经济社会发展，实行工业反哺农业、城市支持农村和多予少取放活的方针，坚持以节约能源资源和保护生态环境为切入点，积极促进产业结构优化升级。坚持落实区域发展总体战略，推进城镇化健康发展。要健全全国统一市场，完善区域互动机制，在更大范围内实现资源优化配置；以完善金融企业法人治理结构和优化金融结构为重点深化金融体制改革；以优化进出口商品结构为重点，加快转变外贸增长方式。人民日报专门发表了题为"在结构优化中促进总量平衡"的社论。

2007年：2008年宏观调控的主要任务是"控总量、稳物价、调结构、促平衡"。

2008年：中央经济工作会议确定09年经济发展基调:把保持经济平稳较快发展作为09年经济工作的首要任务，把保增长、扩内需、调结构作为实现可持续发展的根本出路，不断解放思想、创新体制机制，着力改善民生、促进和谐安定。

以上连续十多年来每年召开的中央经济工作会议都是把积极调整和优化结构问题作为来年的工作重点之一，而且强调得越来越厉害。上述情况也使我们不难理解，为什么"十五"时期中央提出要"以结构调整为主线"，"十一五"规划为什么强调首先要在"优化结构"的基础上去实现目标。中国已进入到结构性改革时代，结构性阻力已经成为统筹协调好利益关系的主要障碍。

四、统筹协调好现阶段利益关系的基本思路

（一）化解利益矛盾已经进入"深水区"

要正确认识利益差距与利益关系，我认为有四个呈递进关系的概念要区分清楚，即收入差别、贫富悬殊、两极分化与新的有产(资产)阶级。收入差别→贫富悬殊→两极分化→新生资产阶级之间虽不是绝对的派生关系，但确是一条联系紧密的因果链。即收入差别并不必然带来贫富悬殊，有可能是同一层次上的共同富裕，只是程度不同，然而当这种差别在量和质上达到一定限度时，就会造成贫富悬殊。同样，适度范围内的贫富悬殊也不会造成两极分化，但当这种悬殊达到一定程度，两极分化就会出现。两极分化情况、特别是当拥有巨额资产的富有者一极只是分散于不同阶层和群体中，不能形成一个在行为、心理、利益表达和组织形式上统一的压力集团或利益集团时，也难以产生出一个新的资产阶级。我认为中国目前的收入差距太大太悬殊，利益关系太复杂太紧张。

早在1997年，某省进行了第三次万人问卷调查，有占被访者49.49%的党员、48.63%的干部、50.90%的工人、50.21%的科技人员和42.02%的农民认为"问题严重、存在两极分化"。现在的情况如何呢？究竟怎样来判断、理解这个日益为人们所关注的重要问题，我认为首先要深化对以下关系的认识。

(1) 同步富裕与共同富裕的关系。

(2) 先富的前提条件与实际执行中的误差问题。

(3) 目标与过程、与手段的关系。

(4) 利益关系紧张与政府宏观调控能力问题。

(5) 关于公平与效率的关系问题。

美国著名经济学家库兹涅茨通过对许多国家发展历史的深入

提升维护稳定的能力

分析,认为一个国家的工业化尚未完成前,人们的收入差距必然呈现扩大趋势,随着工业化的完成,国家经济社会发展水平的进一步提高,这种差距将逐步缩小,这就是库兹涅茨的著名的倒U型理论。尽管有人对他的这种理论提出了质疑,但其中的合理成分是显而易见的。

（二）统筹协调好现阶段利益关系的三个原则

统筹就是统一筹划,就是讲全局、讲兼顾、讲整体;协调就是要协同一致,就是讲均衡、讲关系、讲配合、讲并进。要把协调好利益关系放到加强社会建设和构建和谐社会的层面去认识,放到中国特色社会主义事业的总体布局中去对待,要理清思路,把握大局。

协调好利益关系的目的是要把人民的利益协调好、维护好、实现好,要把人民的积极性引导好、保护好、发挥好,不断满足人民日益增长的物质文化需要,做到发展为了人民、发展依靠人民、发展成果由人民共享,促进人的全面发展,始终把最广大人民的根本利益作为党和国家一切工作的出发点和落脚点,始终坚持以人为本,从而增强全社会的创造活力。

要统筹协调好现阶段利益关系,应当坚持以下基本原则：

(1) 坚持各尽其能、共同建设原则。

(2) 坚持各得其所、共同享有原则。

(3) 坚持政府主导、人民主体原则。

要十分明确政府是协调利益关系的主导者。利益关系能否协调好,利益矛盾能否解决好,政府是关键;各利益群体成员是利益关系协调的主体,是积极参与者。政府的主导作用应当主要体现在规则的制定和搞好服务上。为此,政府要切实转变职能,尽快实现从管理型政府向服务型政府转变,做到善管善治。

(三)统筹协调好现阶段利益关系的主线与重点

1. 主线：调结构，保发展

不同的结构具有不同的功能。结构是事物发生根本性转变的最后一道防线，也是改革必须最后攻破的一道屏障。大变革时代，整个社会系统结构转换的任务不完成，改革就不能算是成功的。经济学家说，改革正在过大关；社会学家们说，我们正处在社会转型时期，这是一场整体性的社会结构大变迁，是从传统社会向现代社会的变迁。在这里，任何新要素的生长，新机制的形成，新功能的输出，都离不开结构的支持。所以，为了取得改革的全面胜利，必须以新的思路和战略寻找优化利益关系结构的最佳途径。为此，要协调好城乡之间、区域之间、行业之间、各阶层之间的利益关系；要统筹兼顾好局部利益与整体利益、短期利益与长远利益的关系；要统筹协调好四大建设之间的利益关系。

2. 重中之重：切实改善党群关系干群关系

结构性改革特别强调整体性、互补性、联动性和配套性。但任何改革都是有步骤、有重点的。例如，前些年欧盟内部提出的结构性改革，其重点放在自由化、劳动力的流动和政府财政预算等三个方面。现阶段中国为统筹协调利益关系而进行的结构性改革，可以把以下几个方面作为其改革的重点：反垄断（包括行政性、行业性、地区性垄断）；加强对弱势群体（农民、农民工、流动儿童、下岗困难职工、残疾人、贫困家庭等）的保护与支持；严防特殊利益集团左右公共政策；调整过高的收入差距；要把改善党群关系、干群关系作为协调利益关系的重中之重。

3. 根本：搞好制度创新与制度统筹

要形成科学有效的利益协调机制、诉求表达机制、矛盾调处机制、权益保障机制，要把群众利益诉求纳入制度化、规范化、

提升维护稳定的能力

法制化的轨道。健全社会舆情汇集和分析机制,完善矛盾纠纷排查调处工作制度,建立党和政府主导的维护群众权益机制,实现人民调解、行政调解、司法调解的有机结合,更多采用调解方法,综合运用法律、政策、经济、行政等手段和教育、协商、疏导等办法,把矛盾化解在基层、解决在萌芽状态。要群策群力,搭建多种形式的沟通平台,拓宽社情民意表达渠道,建立全国信访信息系统。

人民群众是协调利益关系的主体,他们必须拥有知情权、参与权、表达权和监督权。

要健全社会保障体系,努力促进社会公正。为此,要区别不同阶层,制定具体政策。要坚持把改善人民生活作为正确处理改革发展稳定关系的结合点,要正确把握最广大人民的根本利益、现阶段群众的共同利益和不同群体的特殊利益的关系,要统筹兼顾各方面群众的关切。为此,要制定不同的政策,把不同群体、不同阶层的利益诉求通过政策确定下来。要坚持从社会主义初级阶段的实际出发,在利益协调上既尽力而为,又量力而行;既高度重视,又不超越阶段,充分考虑各阶层和群体对利益协调的承受能力,不要好心办坏事。

4.具体方法:把握好三个环节

(1)说话要注意,事态要稳住。

(2)难点要找准,心结要解开。

要着力解决重点难点问题,包括土地征收征用、城市建设拆迁、环境保护、企业重组改制和破产、涉法涉诉中群众反映强烈的问题,坚决纠正损害群众利益的行为。要从源头上积极预防各种群体性事件,妥善处置各种群体性事件,要完善应急管理体制机制,有效应对各种风险。

(3) 行动要到位，尽力又量力。

就利益关系调整后形成的社会阶层结构而言，目标是要建立一个橄榄型的社会阶层利益结构。建立这样一种结构，对中国的现代化建设极为重要。

和谐社会与普通社会是有差异的。利益差别是任何一个社会发展所不可避免的，不存在没有利益差别的社会。但是，一个利益悬殊很大的社会也是不正常的。利益失衡必然导致心理失衡，心理失衡就会引发社会动荡和社会危机，尤其是在当前面临世界金融危机、经济发展环境十分不利的情况下，更加需要在科学发展观的引领下，处理好各阶层各群体间的利益关系。一个社会不断发展的真谛在于：能够建立一套不断解决利益矛盾、妥善化解利益冲突、有效促进社会进步的利益调节机制。这也是对我们为政理念、执政水平、践行能力的重要检验。

第四节 深入研究社会问题，维护社会稳定

一、当前我国社会问题的表现与成因

（一）当前我国社会问题的主要表现

深刻的社会变迁，巨大的社会进步，必然伴随着空前的社会问题，这已成为人类文明发展的一条规律。当前中国面临的主要社会问题有：人口问题、失业问题、贫困问题、犯罪问题、腐败问题、无序流动问题、收入分配问题、环境污染问题、劳资关系问题、地区差距问题、社会保障问题、留守儿童问题、流动儿童问题、社会心理问题、社会风气问题、道德困境问题、阶层矛盾问题……各种隐性的问题与显性的问题，各种历史遗留问题与新产生的问题应有尽有。从不同的角度能够对社会问题作出不同的

分类。

可以肯定，中国已进入一个社会问题时代，中国已经成为全世界最大的社会发展的实验室。这是一个巨大的挑战。

（二）当前我国社会问题产生的背景与成因

当前我国正处于向现代化社会全面推进的加速转型时期，全面建设小康社会是当前的主要任务。社会转型是指整个社会系统由一种结构状态向另一种结构状态的过渡，是社会整体的结构性变化，它以结构转换为核心，同时带动利益、观念或要素、机制、功能等各方面的变化。社会转型不是社会系统某个部分的变化和发展。从大的方面来讲，主要指中国社会从农业社会向工业社会、从农村社会向城市社会、从计划经济向市场经济、从礼俗社会向法理社会、从封闭半封闭社会向开放社会、从以物为本向以人为本、从传统社会向现代化社会的全面转变。这个转型期至少要与整个社会主义初级阶段相伴随。

上述情况表明，中国的深刻变革带来了社会结构的急剧分化与重组；带来了利益分配、组织形式、就业方式、价值观念、行为方式的多元化；带来了社会运行机制的新要求，也带来了新旧观念的碰撞和冲突；带来了社会认知、判断标准的模糊化。社会转型、经济转轨、企业转制、边缘化、管理真空、规则调整、双轨运行、多元文化、参照标准、收入差距、文明冲突、新旧矛盾……所有这一切，使人们心理上感到有些茫然，行为选择有些无所适从。由上述方面带来的社会失序、失范与失衡必然催生出各种各样的困难和问题。

我国社会问题产生的大背景是社会转型、体制转轨和企业转制。成因很复杂，但有一点是肯定的，社会政策制定、执行与评估中的失当、失策、失误等是一个非常重要的因素。

（三）当前我国社会问题的特点

中国社会转型时期的社会问题，表现出了不同于其他发展或变迁时期（如常规变迁、低速发展、反向变迁等）的一些新特点，主要有：

一是社会问题的集中性。社会问题在一段时间内集中地暴发出来。

二是社会问题的突发性。社会问题以一种难以预知的方式产生出来，使社会处于高风险期。

三是社会问题的频繁性。各种社会问题的产生让人们有应接不暇和难以招架之感。

四是社会问题的结构性。结构性表现为一种联动性和整体性，社会系统中的社会问题相伴而生，相互缠绕，或一果多因，或一因多果，或多因多果，使我们对问题的认识和解决变得很困难。

五是社会问题的积极性。社会问题固然具有破坏性，但许多问题都是发展中的问题，是问题、是矛盾推动了社会的前进。我们要小心地分辨社会问题的积极性和消极性，化消极因素为积极因素，化不利因素为有利因素。这本身也是一个难题和挑战。

二、关于社会问题的几个主要方面

（一）研究社会问题的重要意义

社会问题是一种普遍存在的社会现象，是社会学研究的一个基本问题。在某种意义上，社会学就是从研究社会问题中成长、发展起来的。当社会问题大量产生的时候，往往是社会学大显身手、繁荣发展的时候，此时社会就像一个巨大的实验场，吸引着包括社会学工作者在内的广大的社会问题研究者投身到对社会问题的研究中去。社会问题作为社会系统的一部分,如果没有对社会问题的分析、研究和解决,就很难想象有社会系统的健康发展。在笔者看来,推动社会发展有两种基本的方式:一是赞美肯定的方式,二是批判检讨的方式,对社会问题的研究属于后一种方式。社会就是在不断发现问题、研究问题、解决问题中前进的。具体来说,研究社会问题的重要意义有以下几点:

(1) 及时发现社会问题。

(2) 正确诊断社会问题。

(3) 客观描述社会问题。

(4) 科学解释社会问题。

(5) 有效解决社会问题。

(6) 正确对待社会问题。

(7) 科学预测社会问题。

可以说,不研究问题的理论不能成为真正的理论,不研究问题的人不能成为真正的学者,不研究问题的学科不能成为真正的学科,不研究问题的社会就不会有真正的进步。因此,我们要培养强烈的问题意识。关注社会问题、研究社会问题,绝不是刻意寻找社会的阴暗面,绝不是要将自己推向社会的对立面,更不是以社会问题的存在去否定一些社会规范、社会制度甚至某种社会形态,而是一种责任感、使命感、紧迫感使然。理解了这一点,几乎就理解了问题的全部,研究者就可以放心地去接触问题、探索真理。

(二) 社会问题是一个熟悉又陌生的概念

社会问题是什么?这是一个我们既熟悉又陌生的概念,说"熟悉",是因为我们每天都会有意或无意的碰到它,不管你愿意不愿意,而且我们多多少少能对社会问题发表些议论;说"陌生",是因为我们对社会问题的方方面面知之不多,包括对社会问题的含义,而这一点是所有研究社会问题的人首先要面对的。

到底什么是社会问题,存在着各种不同的看法:美国著名社会学家米尔斯在其代表作《社会学的想象力》一书中认为:社会问题也即公众的问题,是社会中许多人遇到的公共麻烦,不是个人困扰。米尔斯强调社会问题的"社会性",认为只有那些对社会上相当一部分人的生活产生了不良影响的问题,才是社会问题。他明确将个人困扰与公共问题区别开来,而且认为社会的公众问题常常包含着制度上、结构上的危机。

笔者认为,正确把握社会问题的内涵,以下几点是必须考虑的:

第一,社会问题里的"问题"主要是指"事故或麻烦",而非"要求回答或解释的题目"、"须要研究讨论并加以解决的矛盾与疑难"或"关键、重要之点"(见《现代汉语词典》),这就明确了社会问题的对象;

第二,社会问题是"社会性"的问题,而不是个别人的烦恼与困惑,这就明确了社会问题的属性;

第三,社会问题应当是一种客观事实,是一种现实的存在,而非假设和臆想,这就明确了社会问题的真假问题;

第四,社会问题是一种公众认定,是引起公众广泛关注并希望加以改变或解决的社会现象,只有被相当多的人感知和确认,才能成为社会问题。社会问题最严重,若不被广泛关注,不被舆论注意,不被政府重视,也不会成为一个社会问题,如改革开放前的人口问题。这就明确了社会问题在作为一种客观事实存在的同时所隐含的主观性问题;

第五，社会问题是需要解决的问题，要采取强有力的行动，要借取体制的和社会的力量加以解决。这就明确了我们对待社会问题的态度，以及解决社会问题的途径问题。

依上所述，笔者认为社会问题是指社会发展的正常秩序、社会全体成员或部分成员的正常生活发生障碍，从而引起人们的广泛关注，需要动员社会和体制的力量加以解决的社会现象。

为什么对社会问题的理解不统一，除了社会问题本身的复杂性外，还有许多因素的影响：第一，研究者研究视角、知识结构的差异。有的侧重宏观，有的侧重微观，有的注意内部，有的关注环境……；第二，不同国家、不同地区的体制与文化差异，使某些现象在一国是社会问题，而在其他国家或地区则是正常现象。正如在我国摇头不算点头算，而在有些国家则正相反；第三，与一个国家或地区的发展水平有关，表现为某些社会问题的出现只有当生产力发展到一定水平后才可能，不同发展水平的国家或地区的社会问题会有所不同，甚至有很大不同。如人均GDP1000美元的中国的社会问题与发达国家的社会问题，在问题属性、类型、成因、处理方式上都会有很大不同，如果两国的社会学工作者在一起对话，对社会问题的理解肯定会有差异；第四，社会观念的发展变化会直接影响到社会问题的评判标准。如封建社会的男女不平等问题和今天的同性恋问题。

笔者认为，一种社会现象是不是一个真正的社会问题，主要看三点：一是它的真实性、客观性；二是它的社会性，它表明社会问题不是经济问题，而是属于社会方面的问题；社会性的问题具有一定的影响面，而不是个人或几个人的问题；三是它的破坏性。有些社会问题可能有它的积极作用，但任何一个社会问题必定具有破坏性功能；四是认定社会问题的人是否价值中立，是否超越了个人或所在群体的利益。

（三）社会问题的一般特征

特征是指作为事物特点的征象、标志等，凭借这些征象、标志可以将此事物与彼事物区别开来。社会问题的特征有很多，可以从不同角度作出不同的概括，综合各个方面的看法，笔者认为，社会问题本身是一个复杂的矛盾的统一体，各种因素交织在一起，其特征可以概括为以下9个方面：

(1) 破坏性与建设性。
(2) 独立性与连带性。
(3) 普遍性与差异性。
(4) 客观性与主观性。
(5) 长期性与阶段性。
(6) 周期性与突发性。
(7) 潜伏性与外显性。
(8) 时间性与空间性。
(9) 历史性与现实性。

上述特征中，最典型最突出的是社会问题的破坏性。

三、社会问题的主要理论解释

对社会问题的研究可以多层面多角度展开，其中对社会问题产生原因的研究是任何一个分析社会问题的人不能不涉及和重点考虑的。在某种意义上，弄清了社会问题形成的原因，就意味着找到了解决社会问题的思路和办法。下面简要介绍几种主要的解释社会问题形成原因的理论和方法。

（一）社会整合理论

社会整合是指将社会不同的要素结合成一个统一的社会整

体的过程,亦称社会一体化过程。最先提出社会整合思想并致力于这一问题研究的是法国社会学家迪尔凯姆。美国社会学家帕森斯、默顿等人进一步发展了这一思想,帕森斯将社会整合纳入了自己的结构功能主义体系。结构功能主义认为,健康的社会就像一个健康的生命有机体一样,应该是一个结构整合、功能协调的社会。社会问题往往就出现在结构整合失效、功能失调以及由此导致的社会关系失衡、社会行为失范等方面。社会学所讲的整合主要有规范整合、制度整合、结构整合、功能整合和文化整合等。

迪尔凯姆认为社会整合有两种基本类型,一是机械团结,它是"同质"的传统社会的整合方式;二是有机团结,它是基于发达分工基础上的"异质"的现代社会的整合方式。有机团结的现代社会的整合难度要永远高于传统社会。他运用整合理论对自杀现象进行了精辟分析,认为社会整合程度过高或过低都容易引起自杀,适度的整合才是可取的。总的结论是:社会问题的产生与社会整合程度的高低有十分密切的关系。这是对社会问题的一种宏观结构分析。

(二)文化失调理论

文化失调理论也可称为文化滞后理论、文化堕距理论,它是美国社会学家奥格本在研究社会变迁时提出的,其主要观点体现在他1922年出版的《社会变迁:关于文化和先天的本质》一书中。他认为,社会变迁是一种文化现象,在变迁过程中,作为文化各组成部分的变化速度是不相同的,有的变化得快一些,有的变化得慢一些,一般来讲,其变化顺序依次是:文化中的物质部分,文化中的精神部分,文化中的风俗、习惯部分。这种现象称为"文化滞后"或"文化堕距"。同一系统中不同部分变化速度的一不致，将使系统的各部分处于失调状态。文化失调理论认为，现代社会的许多问题均是因为我们的观念、道德与物质、技术层面不相适应引起的。

（三）社会病态理论

社会病态论有时也称作社会病理学，它把社会比作一个生物有机体，认为社会问题之所以发生，是因为社会中的一些人或群体不能保持自身的健康状态，从而影响与社会的和谐关系。该理论把社会问题发生的责任归咎于个人或群体，即他们所谓的"闹事者"。

20世纪60年代，在早期的社会病态论基础上发展出了一种现代病态论，它让人耳目一新的观点是：人之所以处于病态，是因为社会本身处于病态。它提出了一个非常刺激的口号："不道德的社会制造了不道德的人"。批判理论也认为："病态的社会才是问题的根源"。社会病态理论在1905~1918年的美国占主导地位。

（四）标签理论

标签理论亦称标示论。该理论认为，社会问题或越轨行为是人们的主观认定，是一种社会反应，某些现象之所以成为社会问题与偏差行为，是因为人们给它贴上了"标签"，或好、或坏、或其他。社会的强势者可以利用自己的地位给弱势者贴上某种标签，以便控制、治理他们。由此推论，社会生活中很多标签是不客观、不公正和有害的。因此，标签理论关心的是"何人、何状况将被定义为偏差角色、偏差行为？由社会中的何人来进行定义？为什么由这些人来定义和为什么他们有权力来定义？越轨角色、越轨行为被定义后将产生什么结果？假若有些人具有偏差行为可否和如何避免被他人定义？等等"。而对这些问题的研究和回答就产生了标签理论。

当一些人被贴上越轨行为的标签后,往往会按照标签所指示的行为去做,结果发展出了更多的越轨行为,其原因:一是越轨者有意无意地接受了这一标签;二是他人对被标示者作出的行为定型反应。与此相反的思考是,应当利用贴标签的方法,来帮助越轨行为者来改变自己的心态和行为。当人们对某些社会现象、社会行为贴上了"良好的"、"正当的"、"合法的"标签后,就会有力地生成积极因素,消除负面影响,让越轨者尽快以健康者的姿态回到社会生活当中来。标签理论的主要代表是贝克尔,其主要观点体现在他于1963年写的《局外人》一书中。该理论自1954年创立以来至今仍有较大影响。

20世纪创造了无比丰富的物质财富,创造了人类历史上的经济发展奇迹,但同时出现了许多触目惊心的问题:环保问题、人口问题、就业问题、资源消耗问题、社会保障问题、收入分配问题、社会秩序问题、可持续发展问题……而这些问题通过经济自身又不能得到有效的解决。于是经济社会协调发展、人与自然和谐发展、可持续发展等重大问题就提出来了。产生上述种种问题的原因有很多方面,其中政策导向、经济发展与社会发展未能统筹兼顾协调是两个重要的因素。这两个因素集中到一点,就是一个社会政策的问题。因此有人说,21世纪是经济学的世纪,21世纪是社会学的世纪。此话很有道理。进入21世纪以后,无论是先发国家,还是后发国家,都面临一个如何认识、调整本国、本地区的社会政策的大问题。始于战后欧洲福利国家的社会政策研究,经过半个多世纪的发展,已经发生了很大的甚至是根本性的变化。在此过程中社会政策研究方法也得到了不断发展,从一个方面的分析到系统的分析,从感觉判断到理性思考,从个人努力到共同行动,从一国探索到多国研究,从借鉴到创新,从理论探讨到方法的实际应用,从一个学科到跨学科的协同研究,社会政策研究的内容和方法在不断拓展和充实。

社会问题的时代性很强,不同时期面临的问题很不相同,这样一来也不断地激发起了社会工作者探究的热情,事实上也创立了很多有影响的理论。每一种理论基本上是各领风骚几十年,有的甚至只有几年、十几年。尽管它们如流星,但同样美丽,同样充满了智慧。有学者这样概括:"20世纪50年代前往往是结构功能论占主导地位,强调社会秩序问题的重要性;六七十年代世界范围内社会动荡,社会冲突论和批判论成为主流的理论范式;80年代开始,社会秩序重组,社会行动论和建构论显示了很强的理论解释力。上世纪末本世纪初,西方进入后工业社会,后现代主义理论在解释当今社会问题方面独领风骚","对社会问题研究,由过去偏重于对社会问题现象宏观、结构、状态、事实的描述,深入到对社会问题微观、行动、过程、发生机制等因素方面的探究。社会行动论、社会建构论和当今后现代主义理论,一改传统理论研究路向,为社会问题研究提供了崭新的视角"。笔者认为,在一个越来越走向社会政策的时代,社会政策对社会问题的解释力将会越来越强,两者的关系将会越来越密切。

四、解决我国转型期社会问题的基本思路

(一)解决我国转型期社会问题的基本要求

目　标:实现由传统社会向现代化社会的转变。

原　则:符合社会发展规律,维护公众利益,实现社会稳定,促进社会进步(效率、效益)。

理　念:科学发展观(以人为本,全面协调可持续发展)。

统筹兼顾,处理好重大关系。

主 线:结构调整。

重 点:要特别注意经济发展速度与社会发展速度的关系。不同的发展观的形成与此有关。

解决社会问题的途径:从问题本身(问题的客观事实)与行为主体(主观的认知判断)两个方面展开。客观方面:主要通过转制、转轨解决社会运行过程中的政策、制度与体制上的弊端;主观方面,主要通过公正、公平理念调整行为主体的认知、心理、态度和思路;主客观联结点上:要特别注意联结主观与客观的利益问题。利益始终是引发各种社会问题的核心和关键所在。树立正确的利益观,培养公正、合理的价值理念是有效解决问题的一个重要前提。

(二)解决社会问题的社会政策考虑

第一,社会政策是社会发展的主要基石,必须积极开展社会政策研究。解决社会问题需要社会政策的大力支持。社会政策是指具有社会性的政策,为德国政府首创,它通过制定社会政策提供社会保障服务,它以增进社会整合、促进社会进步为目标,内容包括医疗卫生、社会保险、社会救助、住宅政策、教育政策、老人、青少年、妇女儿童的福利、社区建设与非营利组织发展等等。社会政策越来越成为各个国家和地区稳定社会、调节分配、发展经济、提供社会服务、缓解贫困、促进就业、解决市场失灵、促进人权、反对社会排斥、保护生态与环境、创新社会管理体制的重要手段,一种有效的集体干预。

有研究指出,欧盟建立之初及其以后相当长的时间内,大多数欧盟政策的制定者认为,欧盟的社会发展是经济发展的结果,社会政策并非重要的事务,所以在很长一段时期,欧盟都忽视社会政策。不少人还认为社会政策是一种支出，不能带来财富的增值。直到70年代，当时负责社会事务的总负责人M·山克斯还就社会政策讲到："欧盟有没有责任在各成员国之上建立社会政策。"到了90年代，人们对社会政策意义的认识发生了极大变化。1996年和1998年，欧盟接连举办了两届"欧盟社会政策论坛"，在第一届论坛上，P·弗林针对那些认为社会政策是花费和奢侈的观点讲到："经济政策决定如何生产和如何获取最大利润；社会政策则是决定在何种条件下进行生产，如何在利润被使用时获取更多的益处。所以，从本质上讲，社会政策不是花费或奢侈，而是必不可少的生产性因素。因为，竞争成功或失败的最终标准是所有人民能够得到的生活质量"。在第二届论坛上，他进一步强调："社会政策是欧盟的一个基石"。欧盟社会NGO政纲主席薇金森女士断言："只有社会政策应当占统治地位，社会层面不应当依赖于经济层面——事实上，经济层面应当依赖于社会层面。一个具有很好社会整合的社会才能是经济水平上很好的社会。"

欧盟发展社会政策的历程和特点可概括为：第一阶段：社会政策的规定基本无法律效力，欧共体无权干涉成员国社会事务；第二阶段：社会政策进入欧共体法律框架，对成员国具有约束力；第三阶段：建立社会政策的发展框架，系统化和制度化，就业成为社会政策的核心；第四阶段：社会政策成为欧盟主要基石之一，也是欧盟发展的最终目标。

中国的社会政策研究起步较晚，现在迫切需要迎头赶上。要赶上中国全面建设小康社会、和谐社会的步伐，赶上中国改革开放的进程，赶上世界发展的潮流，使社会政策理论研究的科学成果能够很好地指导中国社会政策的实践。

提升维护稳定的能力

中国的全面发展需要社会政策,中国很多问题的解决需要社会政策,中国与世界的对话需要社会政策。2003年以来,社会政策热点问题持续升温,教育、医疗、就业、住房、收入分配等一系列问题引起社会各界的热烈讨论,也引起了党和政府的极大关注。从提出全面建设小康社会,到提出科学发展观,再到提出构建和谐社会,中央的目标和思路已经非常明确。2005年以来我国社会政策界呈现出前所未有的活跃局面,社会政策研究越来越成为一项十分重要的内容。这是时代所迫,是形势使然。

第二,要深入分析我国社会政策中存在的主要问题。

第三,要形成科学的制定社会政策的基本原则和要求。一是关联性原则(确定性与不确定性、定性与定量、宏观与微观;"十大关系"、"五个统筹")。二是事实原则(尊重事实,以客观情况为依据。从研究对象的整体出发,不从个别事实出发,更不能将一种极端的情形作为政策分析的典型和基础)。三是公正原则(没有政策制定时起点的公正,过程的公正和结果的公正就无从谈起)。四是差异性原则(使政策更具针对性、可行性。也要警惕积极差别对待政策的陷阱)。五是满意性原则(任何最优方案都是比较而言的,实际上只存在最为满意的方案。如果过分地追求十全十美的最优方案,就可能在久拖不决中丧失时机,方案形成的机会成本就会大大提高)。六是要满足效率的要求。

在上述原则和要求中,尊重客观实际、客观规律的事实原则是最为关键的,没有这一点作基础,社会政策的研究、设计和落实就会走偏,就会出大问题。

第五节　创新社会管理体制，实现维稳体制支撑

社会稳定与社会管理工作密切关联，领导干部承担着社会管理的重要任务。如果社会管理体制是科学的，社会管理工作是卓有成效的，那么社会稳定就有了很大的保障。

一、当前创新社会管理体制的三个方面

创新社会管理体制有很多的工作要做，每个阶段的任务也不一样。当前改革创新社会管理体制的重点应当是在以下三个方面。

（一）要深化认识，形成共识

2004年9月，党的十六届四中全会提出要"加强社会建设和管理，推进社会管理体制创新"以来，从中央到地方，在这方面的认识和实践都取得了很大进展。但由于社会管理体制的特殊性和实践经验不足等原因，对社会建设、社会管理体制的内涵和外延、特点和规律，对创新社会管理体制的重要性与紧迫性，对其改革推进的时序和重点等方面仍然需要进一步加强研究，深化认识，形成共识，从而提高我们加强社会建设和管理，创新社会管理体制的自觉性和科学性。

加强社会建设与管理，推进社会管理体制创新，是构建社会主义和谐社会的内在要求。和谐社会是一个民主法治的社会，一个公平正义的社会，一个诚信友爱的社会，一个充满活力的社会，一个安定有序的社会，一个人与自然和谐相处的社会。为了建设这一美好的社会，实现我们孜孜以求的社会理想，必须动员社会力量、整合社会资源、协调利益关系、增强创造活力、发展

社会事业、搞好社区建设、完善社会服务、健全社会保障、建立新的体制机制,形成全体人民各尽其能、各得其所又和谐相处的社会,这就需要大力加强社会建设,建立社会管理体制的新格局。因此,创新社会管理体制是构建我国和谐社会的一个重要内容,是实现和谐社会的一个重要保障。而构建社会主义和谐社会这个重大战略任务又是中国特色社会主义建设事业总体布局上的一个重要方面。和谐社会的提出,表明中国发展的总体布局已经由发展社会主义经济建设、政治建设、文化建设的三位一体,扩大为包括社会建设在内的四位一体。这是我们党在中国特色社会主义建设事业总体布局上的一个重大进步和发展,充分体现了我们党解放思想、实事求是、与时俱进的作风和品质。构建社会主义和谐社会同社会主义物质文明、政治文明、精神文明建设是有机统一的,社会文明应当成为这一文明系统中的一个不可缺少的重要组成部分。经济建设、政治建设、文化建设、社会建设所形成的积极成果自然会凝聚成各自对应的物质文明、政治文明、精神文明和社会文明。我们要通过发展社会主义生产力、民主政治和先进文化来为和谐社会建设提供物质基础、政治保障和精神支持,同时又通过和谐社会建设来为社会主义物质文明、政治文明、精神文明建设创造有利的社会条件。

创新社会管理体制,构建和谐社会,同全面建设小康社会是有机统一的。"经济更加发展、民主更加健康、科技更加进步、文化更加繁荣、社会更加和谐、人民生活更加殷实",是全面建设小康社会的要求,同时也内在地包含了和谐社会的内容,不过构建社会主义和谐社会比全面建设小康社会的要求更高、时间更长、任务更艰巨。因此,构建和谐社会,既是全面建设小康社会的重要内容,也是实现全面小康目标的重要条件。

加强社会建设,创新社会管理体制,是树立和落实科学发展观的内在要求,是与它有机统一的。以人为本,全面、协调、可持续发展的科学发展观,毫无疑问地包含了社会建设的内容。科学发展观的树立和落实,能够为创新社会管理体制,构建和谐社会提供思想、方法上的重要保障。科学发展观是从发展理念、发展思路、发展方法等方面促进社会治理和社会进步;社会建设、社会管理体制的创新是从另一个重要方面为科学发展观的落实提供条件。

加强社会建设,创新社会管理体制,是解决我们当前面临的一系列相关问题的内在要求。我国的经济社会发展已进入一个关键阶段:进入到一个工业化、城镇化加速发展的阶段,进入到一个以城促乡、工业反哺农业的阶段,进入到一个全面建设小康社会的阶段,进入到一个人均国内生产总值突破1000美元的阶段,改革正在过大关,等等。一些国家和地区的发展历程表明,在我国经过二十多年的改革开放以后,随着我国社会经济成分、组织形式、就业方式、生活方式、利益关系和分配方式的日益多样化,随着社会结构变革的加快,在当前和今后相当长一段时间内,我国经济社会发展面临的矛盾和问题将会更加复杂、更加集中、更加突出。在此情况下,党如何更好地代表全体人民的根本利益和不同社会群体的具体利益,如何有效整合社会关系,化解社会矛盾,促进各种社会力量健康成长,如何清楚地认识和正确把握新形势下人民内部矛盾的特点和规律,如何实现社会公平和正义,保障全体社会成员共享改革发展成果,如何建立健全同全面建设小康社会、同构建和谐社会、同建设现代化社会相适应的社会条件,如何充分发挥基层党组织、城乡基层自治组织、社团和行业组织以及社会中介组织的作用等等,都与切实加强社会建设,创新社会管理体制息息相关。

加强社会建设,创新社会管理体制,是体制改革的一项重要任务。体制改革是一项巨大的、复杂的系统工程。看一个系统是否良好,一个重要的方面是看其要素是否齐全。经济体制改革、政治体制改革、文化体制改革固然重要,但社会体制的改革同样不可缺少,它是这个大系统中的重要子系统。体制改革又是一项各方面需要协调、均衡的配套工程。经济体制改革的深入、政治体制改革的继续、文化体制改革的展开,都需要有社会体制改革的配合,否则,各要素改革的畸轻畸重将导致整个改革系统的失衡、改革进程的受阻、改革成果的难以巩固。在社会主义市场经济体制已经初步确立的今天,在十六大提出"发展要有新思路,改革要有新突破,开放要有新局面,各项工作要有新举措"已经过去两年多的今天,必须把改革社会管理体制当作整个体制改革的一个重要组成部分,尽快进入实质性操作阶段。为此,需要形成全社会的广泛共识,需要多作宣传发动,深化思想认识,加强对相关领域重大问题、重要关系的研究,增强我们对改革创新社会管理体制的紧迫性、自觉性,减少盲目性、片面性。

因此,在社会管理的任务日益加重、社会管理的难度不断加大、社会服务的社会化程度亟待提高和中国的发展进入重要战略机遇期的时候,我们要从全局和战略的高度,深刻理解和把握加强社会建设与管理、创新社会管理体制对于构建社会主义和谐社会的重要性,对于树立和落实科学发展观的重要性,对于全面建设小康社会的重要性,对于解决相关领域主要问题的重要性,对于整个体制改革成败的重要性。同时,它对于提高党的执政能力、改革党的领导方式以及巩固党的执政基础、扩大党的群众基础也具有十分重要的意义。所以,中央高屋建瓴，从维护人民群众的根本利益，从确保国家长治久安的角度，提出了"加强社会建设与管理，推进社会管理体制创新"的要求。我们一定要认真细致地做好思想认识上的准备，防止出现经济体制改革重要，社会体制改革不太重要、甚至不重要的错误认识。正如胡锦涛总书记指出的："只有建立起与社会主义经济、政治、文化体制相适应的社会体制，才能形成与社会主义经济、政治、文化秩序相协调的社会秩序。"只有这样才能建立起和谐社会。这就是创新社会管理体制的重要性和紧迫性所在。这一点务必要成为全党、全社会的共识。

（二）深入研究，推动创新

研究问题是解决问题的基础，从一定意义上说，社会就是在不断研究和解决问题中前进的。刚刚全面启动的社会管理体制改革，迫切需要我们从理论和实践的层面进行总结、梳理与创新社会管理体制有关的一系列重要问题。包括：要加强对马克思列宁主义、毛泽东思想、邓小平理论和"三个代表"重要思想中关于社会主义社会建设理论的研究，从而深化我们对共产党执政规律、社会主义建设规律的认识；要加强对我国历史上有关社会建设理论的研究；要加强对国外关于社会建设理论的研究，吸取和借鉴世界各国社会管理的有益经验。如20世纪70年代末以来"新公共管理"运动提出的一些新理念：由划桨政府向掌舵政府转变，由权力政府向责任政府转变，由指挥型政府向协调型政府转变，由无限责任政府向有限责任政府转变，等等；要加强对国家与社会的关系研究，深化对人类社会发展规律的认识。从无国家的原始社会，发展到有国家的阶级社会，再到更高发展阶段的无阶级无国家的社会，这是人类社会发展的一般规律。处在社会主义初级阶段的中国，如何处理好国家与社会的关系呢：要加

提升维护稳定的能力

强对社会结构发展变化的研究,深入认识我国社会发展的特点和规律;要加强对社会利益关系发展变化的研究,以利于健全社会利益协调机制;要加强对维护社会稳定工作的研究,正确处理好改革发展稳定之间的关系,处理好发展的速度、改革的力度与社会的承受程度之间的关系,健全维护社会稳定的有效机制,保证社会安宁有序;要加强对解决矛盾和化解冲突的机制的研究,包括怎样建立起顺畅的社会流动机制、合理的利益协调机制、安全的社会保障机制、有效的矛盾疏导机制、公平的权利平等与社会平等机制,等等;要重视对社会管理体制环境的研究,为改革社会管理体制创造良好的氛围;要加强对社会管理格局的研究。现在"建立健全党委领导、政府负责、社会协同、公众参与的社会管理格局"的思路已经提出来了,但如何落实,实践中如何协调好彼此间的关系,做到分工明确、各司其职、又相互配合,需要很好地研究并加以落实;要加强城乡基层自治组织在协调利益关系、化解矛盾、排忧解难中的作用机制、运行机制的研究,真正在基层形成一个横向到边、纵向到底的社会管理体系;要加强对各类社会组织(主要是社会团体、基金会、民办非企业单位)在怎样切实提供服务、反映诉求和规范行为方面的作用机制的研究。截至2004年底,全国共有民间组织28.3万个,其中社会团体14.9万个,基金会902个,民办非企业单位13.3万个。随着改革开放的不断深入,能否管理好、引导好民间组织,这是对我们社会管理体制运行情况的一个检验,也是对我们党执政能力的一个考验;要加强对社会保障体系的研究。社会保障水平的高低、范围的大小、体系的完备状况等方面是衡量一个国家发展水平、文明程度、社会公平、分配机制是否科学的一个重要方面。如何做到尽力而为、又量力而行,如何做到增富减贫、又促富济贫,如何在政策导向上积极扩大中等收入者比重,如何使全体人民共享改革发展成果,如何逐步解决地区之间、社会成员之间收入差距过大的问题,调整好国民收入分配格局,都要进行认真深入的研究;要加强对社会建设、社会管理的内涵、外延、特点和规律的研究;要加强对完善社会管理体系和政策法规的研究,构建社会管理科学化、规范化、高效化的制度条件,这是创新社会管理体制的一项最为艰巨的任务,也是一项最为重要的任务;要加强社会管理与其他管理、社会管理体制与其他管理体制的关系研究,找准自己的位置,努力做到不"越位",更不"缺位"。由于越来越多的"单位人"游离于单位体制之外,转为"社会人",以及由此带来的一系列问题,使社会管理中的"缺位"现象越来越多,要尽可能消除社会管理的空白点和薄弱环节,等等。

对上述问题能否展开系统而深入的研究,能否在理论上进行突破,直接关系到社会管理体制在实践中改革创新的成败,关系到能否建立起合乎中国国情的社会建设理论和社会管理体系。

(三)理清思路,有序推进

加强社会建设与管理,创新社会管理体制,需要做的工作很多。如何尽快建立健全与发展社会主义市场经济、建设社会主义民主政治和先进文化相适应的新型社会管理体系,既不能操之过急,又不可等待观望,要理清思路、明确重点、搞好配套、有序推进。为此,需要在以下几个方面做好工作:

一是要有较为充分的理论准备。要搞清楚什么是社会,什么是社会管理,什么是社会管理体制,什么是中国特色的社会管理体制,什么是中国社会主义初级阶段的社会管理体制,对这些问题的认识关系到社会管理与其他管理的关系问题;要搞清楚社会管理到底"管"什么,谁来管、怎样管?这关系到社会管理的目标和定位问题;要搞清楚我们以往在社会建设与管理、社会管理体制上有哪些经验和教训,存在哪些主要问题,这关系到创新社会管理体制有没有针对性的问题;要搞清楚发达国家和地区在社会管理体制建设中有哪些经验可以借鉴,有哪些教训可以吸取,这关系到我们能否少走弯路,发挥好后发优势,以较快的速度和有效的方式建立起中国特色的社会管理体制;要搞清楚政府、企业、社会之间的关系,明确自己的定位和方向;要搞清楚社会管理的特点和规律,而且要把这一特点和规律有机结合到对共产党执政规律、社会主义建设规律和人类社会发展规律认识中去把握。上述问题,需要我们认真地去思考探索,拿出我们的真知灼见来。

二是要理清思路。我们的目标是建立一种能够促进社会系统协调运转,对社会系统的组成部分、社会生活的不同领域以及社会发展的各个环节进行组织、协调、服务、监督和控制的新型社会管理体制。建立健全党委领导、政府负责、社会协同、公众参与的社会管理格局。为了实现这一目标,我们需要更新管理理念、创新管理方式、拓宽服务领域;需要健全社会保障体系;需要加强和改革对各类社会组织的管理和监督,等等。这些都是理清思路的题中应有之义。

三是要明确重点。现阶段加强社会建设和管理的关键和重点是推进社会管理体制创新,而创新社会管理体制的重点是要依据科学执政、民主执政、依法执政的要求,搞好制度建设,完善社会管理的政策法规,建立与构建和谐社会相适应的社会管理新格局。一句话,重点是搞好体制机制建设。创新社会管理体制就是要在关系全局、影响长远的社会管理体系和制度建设上下大功夫。

四是要突出社会性。社会建设和管理的重心在社会、在基层，要充分发挥好城乡基层自治组织、人民团体、社会团体、行业组织、中介组织的职能作用，形成社会管理和社会服务的合力。要充分运用好社会协调机制、社会自治功能和社会调节的力量，要使植根于民间的民间社会组织真正起到沟通政府、企业和社会的桥梁、纽带作用，这一切又都离不开社会管理体制的改革和创新。

二、努力探索构建城市基层社会新型管理体制

（一）城市基层传统管理体制的解体与新型管理体制的构建

1.中国城市基层社会传统管理体制的特征与解体

计划经济时期，中国城市基层社会管理体制是"单位体制"，亦即通过工作单位来全面动员和控制社会成员，实施社会管理。这种体制的主要特征有：（1）通过各种类型的工作单位来编织城市居民组织网络。（2）通过就业制度发挥社会管理的基础作用。（3）通过单位政治工作发挥思想政治管理功能。（4）通过单位保障和单位福利控制和管理广大干部、工人及其家属。（5）通过单位隶属关系发挥宏观管理作用。

但是，伴随市场经济发展和社会转型，单位管理体制开始解体，单位管理不再是城市基层社会管理的主体模式。

2.构建城市基层社会新型管理体制的紧迫性分析

（1）单位管理体制弱化导致了一定程度的社会管理失控，急需构建城市基层社会新型管理体制。

（2）社会管理客体的构成日趋复杂，单一公有制单位人口分化为多元单位人口以及无单位归属人口，单一温饱型市民群体分化为贫富不同的收入阶层，下岗失业人群、老年人群和流动人

口规模化,急需构建城市基层社会新型管理体制。

(3)市民素质的提升和政治民主化、法制化趋势,要求构建城市基层社会新型管理体制。

(二)城市基层社会新型管理体制的基本框架和主要特征

根据已经显露的端倪和经济社会发展的基本走向,笔者认为,我国城市基层社会新型管理体制应该是以社区管理为基础,以构建社会主义和谐社会为目标,以党和政府为主导的多元化社会管理体制。其基本特征主要有:

(1)新型社会管理的最基本载体是街道居委会辖区等基层法定社区。经济转轨、社会转型以及居民利益社区化趋势,使基层法定社区越来越成为社会管理的最基本载体。

(2)新型社会管理的根本功能是服务于构建社会主义和谐社会。

(3)新型社会管理主体是以党和政府为主导的多元力量的有机统一。其中,中共党组织是领导核心,政府组织是主导力量,基层群众性自治组织和民间组织是重要力量,公众参与是重要基础。

(4)新型社会管理客体是多元利益群体或多元社会阶层。

(5)新型社会管理手段具有多元性。行政手段无疑是社会管理的重要手段,但是,法律规范逐渐成为社会管理的最基本手段。利益协调的重要性十分突出,社会保障和公共服务在多元管理手段系统中具有重要作用,道德的社会管理功能不断增强。

(三)构建城市基层社会新型管理体制的基本原则

坚持"以人为本"。把不断满足人民群众日益增长的物质文化需要作为出发点和归宿;把促进城市社会成员全面发展作为重要目标;把维护和增进最广大人民群众的根本利益作为衡量社会整合的最高标准；把切实尊重和保障人权作为重要原则；把"依靠人民"作为构建新型社会管理体制的根本途径。

坚持效率与公平双赢。效率和公平是对立统一关系。效率是公平的基础，公平的最大化要以效率的极大提高为前提。而公平也会促进效率，从一定意义上说，公平是效率增长的条件。把效率与公平双赢原则贯穿于构建我国城市新型社会管理体制的全过程，一是需要极大地促进经济社会效率的提高，为不断增进社会公平奠定基础；二是更加注重社会公平，以公平促进效率；三是着力解决既损害效率又损伤公平的突出问题。

坚持党的领导、基层政治民主和依法治区有机统一。党的领导、基层政治民主和依法治区是一个相互依存、不可分割的整体。党的领导是基层政治民主和依法治区的根本保证，基层政治民主是党的领导和依法治区的基础和目标。依法治区是党的领导和基层政治民主的重要途径和手段。在构建我国城市基层社会新型管理体制的过程中，坚持党的领导、基层政治民主和依法治区相统一的原则，应该做到以下几点：一是坚持党的领导，改革和完善党的领导方式和执政方式；二是推进基层民主制度化、规范化和程序化；三是依法治理基层社会。

坚持法治与德治并举。坚持这一原则的必要性和可能性在于：第一，法治和德治在功能上是相辅相成的。第二，法律和道德在内容上是相互吸收、相互融合的。第三，法治和德治的有机结合是完善社会主义市场经济体制的迫切需要。第四，法治和德治的有机结合是全面建设小康社会，努力构建和谐社会的内在要求。坚持法治与德治相结合的原则，关键在于寻找法治和德治相结合的具体途径。

坚持管理和服务有机结合，寓管理于服务之中。管理和服务相结合的必要性在于：第一，社会管理和公共服务是相辅相成的。第二，社会管理和公共服务的有机结合，是构建我国新型社会管理体制应该着力解决的一个重大现实问题。因为，目前我国公共服务不足明显制约着社会管理的效果。

（四）重点任务和对策思路

下面主要结合新疆克拉玛依区的实践经验，简要阐述建设服务型政府、推进居民自治、发展社区服务、培育民间组织、加强街道社区党建这样几项重点任务和对策思路。

1.建设服务型政府，强化社会管理和公共服务职能

基于政府组织是新型社会管理主体中的主导力量，建设服务型政府，强化社会管理和公共服务职能，无疑是构建基层社会新型管理体制的重点。在这方面，笔者认为，应该抓好以下几个关键环节：

（1）牢固树立服务意识，努力打造惠及全体居民群众的基本公共服务体系，不断满足广大群众日益增长的物质文化需要。早在1997年，克拉玛依区委、区政府就清楚地认识到市场经济条件下基层政府的工作重点并非一而再、再而三地给区属亏损企业"输血"，而是大力发展公共服务事业，这对于加强社会管理具有十分重要的意义。于是，克拉玛依区从广大居民群众的迫切需要出发，开始组织实施"五个一工程"，即：建成一批社区服务中心（站），建成集休闲、观赏、文化娱乐为一体的"文化一条街"，建成一批封闭式文明示范小区，建成一批专业化市场，建成一个功能完善的畜禽养殖基地。"十五"期间，以"五个一"工程和老城区环境改造为重点加大公共服务体系建设，建成了总建筑面积近2万平方米，集多功能、系统化的区、街道社区服务中心和40多个总面积达9000余平方米的社区服务站，已成为

党和政府密切联系人民群众的纽带和克拉玛依形象的窗口；建成了集休闲、娱乐、观赏为一体的文化街，得到了广大群众的交口称赞，并且荣获中国市政工程协会授予的全国"市政金杯示范工程"金奖；建成了克拉玛依河中心景区，为进一步提高广大群众的生活质量创造了条件；建成了花鸟鱼宠物交易市场、阳光购物广场、红星商业街等一批专业化市场，不仅成为拉动区域经济增长的新动力，而且大大改善了广大群众的购物环境；建成了畜禽养殖基地和现代化牲畜屠宰场，不仅带动了相关产业的发展，而且扩大了就业，基本保证了居民群众能够吃上放心的畜禽和肉类食品；特别是历时4年，耗资3.7亿元完成了52个居民小区的环境改造工程，极大地改善了人居环境和居民生活质量。这些惠及全体居民的公共服务工程的顺利实施，提升了党和政府的形象和威望，促进了社会和谐。

（2）推进城市管理体制改革，重心下移，理顺条块关系。建立市场经济以来，由于城市社会管理对象日趋复杂，管理总量成倍上升，以往采取的"属条管理"为主即"条条管理"为主，和"倒金字塔"的管理模式也就是权力集中在市、区两级特别是集中在市一级的管理模式，越来越不能适应城市社会管理的客观需要，致使"看得见的管不了，管得着的看不见"成为我国城市社会管理中的突出问题。有鉴于此，重心下移、强化基层，从"属条管理"为主向"属地管理"为主过渡，势必成为行政管理体制改革的重要内容。在这方面，克拉玛依区从自身实际出发，借鉴上海等地的经验，积极推进城市管理体制改革。将区政府相关职能部门的城市管理行政执法、市容环卫、园林绿化、计划生育、安全生产、司法行政等管理职能下移至街道办事处，使街道办事处成为基层社会管理的一个重要层次。与此同时，区政府民

提升维护稳定的能力

政、计生、环卫、劳动就业等9个部门进驻区社区服务中心,实行"一门式"、"一站式"办公。这些做法有效地推进了服务型政府的建设进程。

(3)发展区域经济,为建设服务型政府,强化社会管理和公共服务职能奠定坚实的经济基础。建设服务型政府需要一定的经济基础,而发展区域经济是市场经济条件下基层政府增加财力的基本途径。在这方面,克拉玛依区通过招商引资、鼓励和扶持非公有制经济蓬勃发展、加大为企业服务力度、优化产业结构等途径,保证了综合经济实力不断增强。2000~2005年,全区生产总值由64.3亿元增至120.88亿元,按可比口径计算年均递增7.4%,人均生产总值达到了68682元;地方财政收入由2.05亿元增至4.33亿元,年均递增16.1%。从而为社会管理和公共服务的发展提供了有力保障。

2.推进社区居民自治,构筑城市基层社会新型管理的基础环节

中国城市社区居民自治是指在党组织的领导下和在政府组织的指导下,在国家法律、法规和政策范围内,通过居民委员会这一组织载体运用民主选举、民主决策、民主管理、民主监督的方式,办理与自身利益相关的社区公共事务,实现自我管理、自我教育、自我服务、自我监督。它是我国城市基层政治民主的一种重要形式,是城市基层社会新型管理体系的基础环节。因此,推进社区居民自治是构建我国城市基层社会新型管理体制的一项重要任务。从克拉玛依区的实际情况来看,现阶段推进社区居民自治,应着力抓好以下几方面工作:

(1)推进"四个民主"。民主选举、民主决策、民主管理、民主监督是社区居民自治的基本内容。其中民主选举是居民

自治的首要环节。为了扩大基层民主,要积极实行有选举权的全体居民或户代表选举居委会成员,保障居民群众依法行使选举权利。在民主选举的基础上,要采取有效措施积极推进民主决策、民主管理、民主监督。凡涉及全体居民利益的重要事项,例如居民自治章程或居民公约的制定或修改、居民委员会的工作计划、工作报告和财务收支报告、居民委员会成员的依法罢免和补选、居民委员会资产的管理和使用、政府委托任务的实施方案、本社区办理公益事业所需经费的筹集方案、本社区重大群众性活动的举办方案、社区服务的发展方案、社区工作人员的聘用方案等等都必须提请居民会议讨论决定,而不能由居委会少数干部擅自决定。凡居民会议讨论决定的事项及其实施情况、国家计划生育政策的落实方案、城市居民最低生活保障、救灾款物、捐赠款物的接收和发放情况等等,都要实行居务公开制度,及时向居民公布并且保证公布内容的真实性,接受居民的查询和监督。

(2) 依法加强居委会组织队伍建设,提高社区工作者的素质和水平。居民委员会是我国城市居民自治的法定组织形式,居委会成员及其工作队伍是推进社区居民自治的骨干力量,也是中国特色社会工作队伍的重要组成部分。依法加强居委会组织队伍建设,提高社区工作者的素质和水平,是构建城市基层社会新型管理体制与构建和谐社会的迫切需要。在这方面,一是要积极探索社区党组织、社区居委会成员选拔任用新机制,坚持社区党组织与社区居委会选举同步进行,提倡社区党组织成员从社区居委会成员中产生,使社区党组织成员的选举直接接受社区居民的评议和监督;提倡社区党组织领导班子成员与居委会成员中的党员交叉任职,把党的路线方针政策直接融入到社区管理和服务工作之中。二是要加强对社区工作者的业务培训。20世纪90年代末期以来，克拉玛依区为了解决大多数居委会成员缺乏社区工作专业知识的问题，成功地实施了"社区工作者专业培训工程"，邀请有关专家学者系统讲授社区工作专业课程，选派社区工作者赴北京、乌鲁木齐等地高等院校学习心理咨询、健康教育等专业课程，取得了良好成效。三是要通过公开招聘等方法，面向社会招聘一批专职社区工作者，以应对越来越繁重的社区工作任务，满足居民群众日益增长的专业化服务需求。要根据岗位职责要求，对专职社区工作者实行劳动合同制，建立科学规范的教育培训和考核评价制度，不断提高工资福利待遇。

（3）逐步理顺政府组织与社区居委会、社区居委会与物业管理机构之间的关系。按照《居委会组织法》规定，基层政府组织指导、支持和帮助居民委员会工作，居民委员会协助基层政府组织开展与居民利益直接相关的工作。但是，目前存在的突出问题是：有些政府职能部门将自己应该完成的工作"一股脑"地推给了居民委员会，使其不堪重负；有些政府组织将那些与居民利益不大相关的工作交由居委会完成，使其偏离了居民自治的基本宗旨；有些政府组织委托居委会开展工作时，不按"费随事转"的原则提供必要的经费条件，致使居委会面临严重的经费困难；有些政府组织采取强迫命令的方式让居委会协助开展工作，不符合《居民委员会组织法》规定的"指导"原则。特别是某些政府组织官僚主义、形式主义严重，给居委会造成了沉重负担。因此，逐步理顺政府组织与居委会的关系，切实减轻居委会的不合理负担，是进一步推进居民自治，强化居民委员会为民服务功能的一项重要措施。在这方面，一是要根据相关法律和政策规定，结合本地的实际情况，明确居委会的工作职责。二是要逐步改变各职能部门直接向居委会布置工作的状况，凡政府职能部门需要居委会协助完成的工作,都应当经市、市辖区的人民政府或者街道办事处同意并统一安排。基层政府或街道办事处向居委会布置工作任务时,应将交叉、重合的工作综合起来交由居委会协助完成。三是改革完善居委会考评制度,由街道党工委和街道办事处代表党政各部门对居委会进行综合考评,区政府各职能部门一般不再单独考核居委会工作。同时把居民会议的考评结果作为衡量居委会工作的最基本依据。四是以政府购买服务的方式,培育社会中介组织承担一部分政府布置的社区工作,减轻居委会的行政工作负担。五是改进工作作风,提倡"一揽子会议"、"一揽子报表"、"一揽子台账"、"一揽子报告",使居委会工作人员从"文山会海"中解脱出来,从而逐步实现政府行政管理和社区自我管理的有效衔接、政府依法行政和居民依法自治良性互动。

与此同时,要逐步理顺社区居委会与物业管理之间的关系。明确居民委员会指导、支持、监督业主大会、业主委员会,并进而指导、支持和监督社区物业管理机构。提倡社区居委会成员和业主委员会成员高度交叉任职,鼓励具有业主资格的社区居委会成员积极竞选业主委员会成员,通过"两委"(居民委员会、业主委员会)成员高度交叉任职,增强社区居委会对业主大会、业主委员会的指导、监督力度,进而增强社区居委会对物业管理企业的指导、监督力度。居民委员会要不断改进工作方式,动员和组织广大居民群众支持和配合物业管理机构做好本社区的物业管理工作。

3. 大力发展社区服务,在服务中实施管理,在管理中体现服务

中国特色的社区服务主要是指在党和政府的主导下,依托社区组织,动员各方面力量,利用各方面资源,直接为社区广大

提升维护稳定的能力

成员提供福利性、公益性服务和便民利民的生活服务，以不断满足社区成员日益增长的物质文化需要的过程。大力发展社区服务是构建新型社会管理体制与和谐社会的客观需要。这不仅因为社区是社会的构成单元，社会和谐要以社区和谐为前提，而且是因为社区服务是构建民主法治、公平正义、诚信友爱、充满活力、安定有序、人与自然和谐相处的和谐社会的基础性工作。例如，社区服务尤其是社区福利性、公益性服务具有妥善协调各方面利益关系，缓解人民内部矛盾和其他社会矛盾的功能，有助于实现社会公平正义；社区服务的过程就是社区成员互帮互助、诚实守信，居民群众平等友爱、融洽相处的过程，实际上也就是弘扬诚信友爱的社会风尚的过程；社区服务尤其是社区公共安全服务对于完善社会管理、创造良好的社会秩序、保证居民群众安居乐业具有重要作用。特别是中央关于"在服务中实施管理，在管理中体现服务"的要求，深刻地揭示了发展社区服务对于构建基层社会新型管理体制的重要性。

克拉玛依区的社区服务工作开始于1997年前后，逐步形成了"四六三十"服务体系。即：四大服务主体运用六种服务方式为三类服务对象提供十大系列服务。其中，"四大服务主体"是指政府有关机构、社区居民委员会、群众性社会团体尤其是志愿者协会和企事业单位；"六种服务方式"包括不收费用的无偿服务、只收取成本费的低偿服务、微利经营的有偿服务、上门入户服务、设立网点开展服务、大型集中服务；"三类服务对象"是指民政对象尤其是弱势人群（包括老年人、残疾人、贫困户、下岗失业职工和各类优抚对象等）、普通居民群众和辖区内企事业单位；"十大系列服务"包括社会救助和保障服务、助残优抚服务、婚姻殡葬服务、敬老助老服务、医疗保健服务、民事调解服务、家政服务、信息中介服务、文化教育服务和劳动就业服务等等。"四六三十"服务体系的形成,解决了谁来提供服务,以什么方式服务,为谁服务和提供什么服务等社区服务的基本问题,走出了一条具有克拉玛依特色的社区服务之路,在社会管理过程中显示了重要作用。

新世纪新阶段发展社区服务,一是要进一步面向各类弱势群体和优抚对象开展福利服务。特别要构建和完善以最低生活保障制度、城市医疗救助、特殊困难未成年人教育救助和最低收入家庭廉租住房救助为主要内容的基层社会救助体系;发展社区残疾人事业;围绕老有所养、老有所医、老有所教、老有所学、老有所为、老有所乐的工作目标,发展社区为老服务,构建居家服务体系,做好企业退休人员的社区管理和服务工作;深化社区优抚工作。二是要进一步面向广大社区成员开展便民利民生活服务,包括社区卫生服务以及为辖区内单位提供某些后勤保障服务等等。三是进一步面向下岗失业人员开展就业再就业和社会保障服务。四是以相互关爱、服务社会为主题,深入开展社区志愿服务活动,建立与政府服务、市场服务相衔接的社区志愿服务体系。五是构建政府组织、社区居委会、民间组织、服务经营单位和社区成员积极参与相结合的服务主体新格局。通过社区服务加强基层社会管理。

4.培育发展基层民间组织,使之成为新型社会管理与服务的重要力量

民间组织具有提供服务、反映诉求、规范行为等方面的功能,是和谐社会建设与新型社会管理的重要力量。培育发展基层社会民间组织是构建基层社会新型管理体制的一项重要任务。在这方面,克拉玛依区先后成立了社区志愿者协会、老年人协会、

提升维护稳定的能力

文化艺术协会、慈善协会等民间组织,它们在基层社会管理和服务过程中发挥了一定作用,但还需要进一步培育和发展,使之发挥更大的作用。

(五)加强街道社区党建,保证党在城市基层社会管理中发挥领导核心作用

党的领导与基层党的建设是基层社会新型管理的政治保证。因此,加强街道社区党建是构建城市基层社会新型管理体制的关键。近几年来,克拉玛依区委以加强党的执政能力和先进性建设为重点,在街道社区扎实开展了保持共产党员先进性教育活动和"五个好"创建工作,实现了"一街道一工委、一社区一支部"的组织建设目标。并且从区直机关向社区委派党建工作指导员,为每个社区招聘了党群工作专干。街道社区党组织与辖区单位广泛开展共建活动,初步形成了以街道社区党组织为主导,辖区内企事业单位党组织互助共建的区域党建工作新格局。

今后一个时期,要以党的执政能力建设和先进性建设进一步推动和谐社会建设,进一步推动城市基层社会新型管理体制的构建。

1. 继续扩大党的工作在城市街道社区的覆盖面

一是做好新建住宅小区的社区党建工作,及时在新建住宅区建立社区党组织和居委会。二是继续在新经济组织和新社会组织中积极建立党组织,对暂不具备单独建立党组织条件的,可通过建立党员联络服务站、选派党建工作指导员、帮助建立群众组织等方式,为建立党组织创造条件,使党的工作横向拓展。

2. 积极探索党组织的主张通过法定程序和广大党员的先锋模范作用成为社区决策和行动的有效途径

笔者认为,应该提倡社区党组织书记和社区居委会主任"一

肩挑"、"两委"（社区党委、总支、支委和社区居委会）高度交叉任职。提倡把社区党组织负责人按照法定程序推选为社区居委会成员候选人，通过选举兼任居委会成员；提倡拟推荐的社区党组织书记人选先参加居委会的选举，获得居民承认以后，再推荐为社区党组织书记人选，如果选不上居委会主任，就不再推荐为社区党组织书记人选；提倡居委会中的党员成员通过党内选举，兼任社区党组织领导成员。应该鼓励和支持社区居民中的共产党员积极竞选本社区的居民代表和居民小组长（楼栋长），努力使党员代表占居民代表总数的半数以上，努力使多数居民小组长都由居民中的党员担任，从而奠定党组织的主张通过居民代表会议和党员的先锋模范作用成为社区决策和行动的组织条件。及时在社区群众性团体和民间组织中建立党支部，隶属于社区党组织领导，并且鼓励、支持这些党支部的领导成员竞选本社区居委会委员，同时提倡社区群众性团体和民间组织的负责人与该团体（组织）的党支部负责人"一肩挑"。

3. 进一步做好流动党员和在职党员的管理服务工作

要按照"公平对待、合理引导、完善管理、搞好服务"和"以现居住地为主，现居住地和户籍所在地互相配合"的原则，对流动人口中的党员实行与户籍人口中的党员同宣传、同服务、同管理，为他们的生活与就业创造良好的环境和条件。可以在流动党员较为集中的集贸摊群市场和建筑工地建立流动党员党支部或活动站，使他们务工离家不离党，继续接受党组织的教育管理。对居民中的在职党员要通过建立在职党员活动手册或联系卡等制度，适时、适宜、适度地组织他们参加街道社区党建和社区建设活动，并及时将在职党员参加社区活动的情况定期向所在单位进行反馈，开创街道社区党的建设的新局面。

第六节 创新理念突出重点，全面推进社会建设

社会建设是与广大人民群众的切身利益紧密相连的各项社会事业、制度设计与社会管理活动。中央要求各级党委和政府必须把社会建设摆在更加突出的位置抓紧抓好。党的十七大是我国改革发展处于关键时期召开的一次重要会议，十七大报告中提出了许多新的观点、新的论断，为未来五年和今后更长时期的发展指明了方向。就社会建设来讲，2006年召开的十六届六中全会是我们党第一次专门为加强社会建设而召开的一次重要会议，它对社会建设作出了重大战略部署，在社会建设史上具有划时代的意义。此后，我们对社会建设又有了更加深入的理解，它集中体现在党的十七大报告中，这些新提法、思路、观点和举措，反映了我们党对社会建设规律的新认识，对领导干部开展社会建设的新要求。

一、中国社会建设的新要求

中国社会建设的新思路新要求，主要表现在近年来党和国家的有关重要文献中，特别是体现在党的十七大报告里，主要有以下几个方面：

一是把"平等"的思想理念切实贯彻到社会建设的工作部署中。如果说经济建设是以市场化为改革取向，那么社会建设的改革取向就是平等化。十七大报告中14次使用"平等"概念，这在以前的党的相关文件中是不多见的。例如：党的十六届六中全会提出要"保障农民工子女接受义务教育"，十七大报告则强调要

"保障经济困难家庭、进城务工人员子女平等接受义务教育"。虽然只有二字之差,但含义十分深刻;着重指出教育公平是社会公平的重要基础,要优化教育结构,促进义务教育均衡发展。要"坚持教育公益性质,加大财政对教育投入,规范教育收费,扶持贫困地区、民族地区教育。"在谈到就业问题时,党的十六届六中全会提出要"逐步形成城乡统一的人才市场和劳动力市场。" 十七大报告从城乡统筹、城乡一体出发,强调要"建立统一规范的人力资源市场,形成城乡劳动者平等就业的制度。"这是一个重要的发展理念的改变,具有鲜明的时代意义。十七大报告为此给人以特别深刻的印象。此外,还有坚持平等保护物权,形成各种所有制经济平等竞争、相互促进新格局;坚持各民族一律平等,保证民族自治地方依法行使自治权;加强公民意识教育,树立社会主义民主法治、自由平等、公平正义理念; 坚持公民在法律面前一律平等,维护社会公平正义;尊重和保障人权,依法保证全体社会成员平等参与、平等发展的权利;巩固和发展平等、团结、互助、和谐的社会主义民族关系;形成男女平等、尊老爱幼、互爱互助、见义勇为的社会风尚;坚持国家不分大小、强弱、贫富一律平等……千百年来,平等一直是人类社会的美好追求,消除歧视、统筹城乡、协调发展、共同繁荣,首先要树立起平等的思想,并将它落实到具体的政策中,否则任何良好的愿望都是一句空话。

二是强调社会建设是全面的建设,对社会事业要进行系统的建设。社会事业建设的内容非常广泛,十六届六中全会的《决定》中就讲到了七个方面,包括新农村建设、区域协调、就业、教育、医疗卫生、文化、环境治理保护活动等社会服务,这些都是与百姓的生活生计、安居乐业息息相关的。社会建设内容的广

提升维护稳定的能力

泛性从十七大报告的一些标题和具体内容中可以看出来,报告的第一部分在谈到过去五年所取得的成就时指出:"社会建设全面展开。各级各类教育迅速发展,农村免费义务教育全面实现。就业规模日益扩大。社会保障体系建设进一步加强。抗击非典取得重大胜利,公共卫生体系和基本医疗服务不断健全。社会管理逐步完善。"报告的第四部分,在提出实现全面建设小康社会奋斗目标的新要求时指出:"加快发展社会事业,全面改善人民生活。"过去我们讲社会建设的重要性多,很少讲社会建设的全面性系统性,这次强调社会建设的全面性,是认识上的一个突破,对实践有非常重要的指导意义。要全面地而不是片面地进行社会建设,要系统地而不是零碎地进行社会建设。社会建设不仅仅是社会的一个组成部分,也是一个相对独立的有自己内在运行规律的系统。

三是不搞冒进,实事求是,反映国情,工作思路更加务实,提出了六个"基本"。社会建设更多的是搞公益事业,提供的是公共服务。搞好社会建设需要有雄厚的经济基础,而我们还处在社会主义初级阶段,应当从实际出发,社会建设的速度要与经济发展水平相适应。十七大报告在确定我国到2020年全面建设小康社会的目标时,对加快发展社会事业提出了六个"基本":要基本形成终身教育体系,更加完善现代国民教育体系,要使全民受教育程度和创新人才培养水平明显提高。社会就业更加充分。要基本建立覆盖城乡居民的社会保障体系,人人要享有基本生活保障。要基本形成合理有序的收入分配格局,中等收入者占多数,要基本消除绝对贫困现象。要人人享有基本医疗卫生服务。社会管理体系要更加健全。这是党的实事求是之思想路线的充分体现。速度是必要的,但发展的质量、夯实发展的基础更重要。如果我们用十多年的时间把社会建设的基本、基础这篇文章做好了,社会建设事业就能上几个台阶,人民群众的生活就会有一个很大的改观,经济建设与社会建设不相适应的情况就会有一个大的改变。

提出了完善社会保障体系的新思路。社会保障是社会建设的重头戏,内容非常庞杂,涉及到的方面很多,与经济建设的联动性很强,迫切需要把思路理清楚。十七大报告不仅把社会保障的对象和内容说得很周全很有层次感(促进企业、机关、事业单位基本养老保险制度改革,探索建立农村养老保险制度。全面推进城镇职工基本医疗保险、城镇居民基本医疗保险、新型农村合作医疗制度建设。完善城乡居民最低生活保障制度,逐步提高保障水平。发扬人道主义精神,发展残疾人事业。加强老龄工作。强化防灾减灾工作。健全廉租住房制度,加快解决城市低收入家庭住房困难),而且第一次在党的重要文献中提出了三个基础、三个重点和两个补充的关于社会保障体系建设的新思路,它们是:"要以社会保险、社会救助、社会福利为基础,以基本养老、基本医疗、最低生活保障制度为重点,以慈善事业、商业保险为补充,加快完善社会保障体系。"这样的思路厘清了政府和市场的分工,即政府的职责主要是搞好"基础"和"重点",要到位,不要错位、越位、缺位。

四是更加明确了社会建设的核心和重点。社会建设的内容很多,要有中心有重点,要十分明确社会建设的出发点和归宿点,十七大报告为此特别提出要加快推进以改善民生为重点的社会建设。指出"社会建设与人民幸福安康息息相关。必须在经济发展的基础上,更加注重社会建设,着力保障和改善民生,推进社会体制改革,扩大公共服务,完善社会管理,促进社会公平正义,努力使全体人民学有所教、劳有所得、病有所医、老有所养、住有所居,推动建设和谐社会。"在明确重点的同时,还细化了标准,提高了操作性。如果只有原则性而无操作性,目标和政策就会成为空中楼阁,中国的问题是抽象的东西太多,能转化为行动的可操作的东西太少。党的代表大会尽管是一次照应全局的大会,但一些提法在表达一种理念一种原则的同时,仍然具有很强的可操作性,十分明确具体。如十六届六中全会提出要"逐步提高社会保障标准",十七大报告则将此细化为要"逐步提高居民收入在国民收入分配中的比重",要"着力提高低收入者收入,逐步提高扶贫标准和最低工资标准",等等。在谈到教育时,第一次明确提出要"加快普及高中阶段教育,大力发展职业教育"。文件中具体的可操作的东西多了,并不会降低它的宏观指导性,相反会让人更加感觉到它的实在可信。我们需要理论,更需要行动。在当代中国,当中国特色社会主义理论体系成为我们的指路明灯时,实践好发展好中国特色社会主义就变得极为重要。

五是在改革收入分配制度上,亮点频闪,特别是对处理公平与效率的关系有了全新的认识与举措。我国的收入分配差距有逐步扩大的趋势,它已经成为各种矛盾的结点,能否逐步扭转收入分配差距扩大的趋势,已经成为考验我党驾驭社会主义市场经济能力的一个重要标尺。十七大报告在怎样深化收入分配制度改革、增加城乡居民收入上提出了三个重大举措,这就是在坚持和完善按劳分配为主体、多种分配方式并存的分配制度,在健全劳动、资本、技术、管理等生产要素按贡献参与分配的制度的同时,提出"合理的收入分配制度是社会公平的重要体现。"为此,初次分配和再分配都要处理好效率和公平的关系,再分配更加注重公平,要提高劳动报酬在初次分配中的比重;要创造条件让更多群众拥有财产性收入。这三个新举措,是对公平与效率认识的升华,是深化收入分配制度改革的需要,是解决各阶层利益矛盾、优化社会阶层结构的迫切需要,既有思路,又提供了相关的手段和途径,重点又十分突出。

六是在社会管理上有了新要求,提出了三个"最大限度"。社会建设离不开社会管理,它们是一个问题的两个方面。管理的目的是形成有序格局,把大家的积极性调动起来,将社会事业推向前进。十七大报告在重申要维护社会安定团结,加强社会稳定,要健全党委领导、政府负责、社会协同、公众参与的社会管理格局和基层社会管理体制的同时,提出了三个"最大限度"的新要求,即要最大限度激发社会创造活力,最大限度增加和谐因素,最大限度减少不和谐因素。这与和谐社会的构建要求是一致的,充分体现了中央的决心和信心。要调动各方面的积极性,凝聚所有的力量。要尊重劳动,尊重人才,尊重知识,尊重创造,营造干事干好事的良好氛围,使社会运转协调,使人民生活安宁和谐。

社会建设是社会系统的一个重要方面,更多地体现了以人为本的发展理念,对解决民生问题具有直接的根本的作用。社会建设思路、途径和方法的不断创新和完善,不仅能够丰富和深化对社会建设内涵的理解,有利于社会建设自身的健康发展,而且有利于整个社会系统质的提高。社会建设的理论和实践成果,对经济发展中出现的一些问题也具有很好的预防和矫正作用。十七大报告对加强社会建设一系列的新论述新举措,将有力推动社会建设快速健康的发展。

二、中国社会建设的思路与重点

在现阶段的中国,为什么提出来要更加注重社会建设,归纳起来主要有两个原因:一是注意不够,二是发展不力,这里面一个是认识问题,一个是行动问题。由于对社会建设的认识不深刻、不到位,严重影响了社会建设的健康发展。而社会建设的长期滞后,以及由此带来的一系列问题,又使我们很难有勇气去反思和批判自己,于是问题变得越来越棘手和麻烦。近几年来,我们对社会建设的认识有了一个根本性的转变,将此提到了一个前所未有的高度,这是压力所致,也是中国发展到一个新的阶段所需。在这样一个快速发展充满希望而又充满矛盾充满"两难"的时期,怎样展开中国的社会建设呢?目前迫切需要解决的有两个问题:即思路和重点。思路决定出路,首先要把框架设计好,就像城市建设首先要有规划和蓝图;"重点"是解决着力点问题,解决中心问题,解决瓶颈问题,它应当在整体思路中反映出来。我认为现阶段中国社会建设的思路应当是:以协调发展为理念,以改善民生为重点,以结构调整为主线,以社会平等化为目标,促进整个社会的繁荣与和谐。

(一)以协调发展为理念,实现社会均衡发展

为谁发展,发展什么,怎样发展,是任何一种发展观都要解决的三个基本问题。科学发展观是指导发展的世界观和方法论的集中体现,它主要是解决怎样发展的问题。在怎样发展这个问题上,人类进行了不懈的探索,特别是自18世纪英国工业革命以来,由工业化、城市化带来的种种"工业病"、"城市病",使人们越来越关注发展的方式、发展的思路问题,相继提出了许多不同的发展理论,如经济增长论、增长极限论、综合发展论和可持续发展论。从发展中国家如何发展来讲,20世纪50至60年代由

刘易斯、帕森斯、索普赛特等人提出了现代化理论;20世纪60年代由普雷维什、弗兰克等人提出了依附理论;在世界格局发生重大变化的情况下,20世纪70年代中后期由沃勒斯坦等人又提出了世界体系理论。所有这些理论都是当时特定历史条件下提出来的,都或多或少地推进了理论和实践的发展,都在历史上留下了烙印,但它们都有历史的局限性,都存在某种缺陷,特别是未能解决好协调发展的问题。科学发展观之所以是科学的,一个很重要的原因在于它在强调要实现以人为本的目标,必须首先要实现全面协调可持续发展,同时搞好五个统筹。在这里,实现协调发展是正确理解和落实科学发展观的关健。

能否做到协调发展关系到中国发展的成败。中国发展的目标是要建立一个富强、民主、文明、和谐的现代化强国,无论是经济上的富强,政治上的民主,还是社会的文明与和谐,它们之间都需要做到全面发展、协调发展。中国的现代化事业不可能是一方面的发展,一方面的胜利,那样的现代化是畸形的现代化,也不能称之为现代化。我们正在全面建设小康社会,按照中央对全面建设小康社会六个"更加"的要求,这六个方面也要一起发展,并且要协调发展,这样的小康社会才是全面的,才是克服了经济水平低、发展不全面、发展不平衡弱点的全面的小康社会。目前我们正在构建的社会主义和谐社会更加重视协调好各方面的关系,特别是各阶层、各群体之间的利益关系。构建和谐社会所要求的民主法治、公平正义、诚实友爱、充满活力、安定有序、人与自然和谐相处等六个方面的要求,这本身就是一个协调发展的统一体,缺一不可。从毛主席1956年发表《论十大关系》到1995年江泽民同志提出要《正确处理社会主义现代化建设中的若干重大关系》,再到2004年胡锦涛同志提出要搞好五个统筹,他们都在表达着同一个意思，那就是中国的发展必须是全面的协调的发展。

实现协调发展是我们解决当前社会建设面临的一系列问题的迫切需要。总体而言，建国以来特别是改革开放以来，中国的发展取得了举世瞩目的成就，但是我们当前也面临许多的困难和问题：增长方式未出现明显转变，高投入、低产出、高消耗、低效率、高速度、低效益、高污染、低循环的状况没有明显好转，支撑中国高速增长的能源资源和环境问题日益突出，新型工业化道路步履维艰；城乡二元结构还没有改善，地区差距、行业差距、居民收入差距扩大的趋势仍未扭转；粮食安全、金融安全、稀缺资源大量进口等带来的经济安全问题所提出的新的挑战；社会转型、体制转轨期的两难问题十分突出。就社会建设来说，党的十六届六中全会的《决定》指出：目前，我国社会总体上是和谐的。但是，也存在不少影响社会和谐的矛盾和问题，主要是城乡、区域、经济社会发展很不平衡，人口资源环境压力加大；就业、社会保障、收入分配、教育、医疗、住房、安全生产、社会治安等方面关系群众切身利益的问题比较突出；体制机制尚不完善，民主法制还不健全；一些社会成员诚信缺失、道德失范，一些领导干部的素质、能力和作风与新形势新任务的要求还不适应；一些领域的腐败现象仍然比较严重；敌对势力的渗透破坏活动危及国家安全和社会稳定。面对上述一系列问题，我们必须把握大局，看清主流，要抓住矛盾的主要方面，要善于协调各方面的利益关系。协调就是讲比例、讲关系、讲平衡、讲大局、讲统筹、讲衔接、讲相互促进、讲良性互动，所有的矛盾和冲突都是因为彼此间的关系不协调、不和谐引起的。因此，解决我国当前社会建设中所有问题的一个基本理念应当是协调。经济增长与社会建设的失衡迫切需要协调来匡正，发展的中国迫切需要协调来改变。全面的发展不一定是协调发展,但协调发展一定是全面的发展。

(二)以改善民生为重点,全面搞好社会建设

毫无疑问,社会建设应当是全面的建设。几年来我们更多的是讲社会建设的重要性,很少讲社会建设的全面性系统性,党的十七大报告强调社会建设的全面性,是认识上的一个突破,对实践有非常重要的指导意义。要全面地而不是片面地进行社会建设,要系统地而不是零碎地进行社会建设。社会建设也是一个相对独立的系统工程。例如,北京市2007年12月2日成立了社会建设工作办公室,将制定社会建设总体规划,其基本职能概括起来有六项:一是制定规划。按照中央方针和市委市政府要求,制定全市社会建设的发展规划,研究提出相关政策。二是协调工作。根据全市社会建设规划,统筹协调、宏观指导社会建设工作。三是负责社区党建和"两新"组织党建工作。就新经济组织、新社会组织而言,截至2006年底,北京市注册的"两新"组织共有109.5万个。其中,新经济组织106.7万个,包括非公有制企业31.7万家,个体工商户75万户,占整个市场主体的85.1%;新社会组织2.8万个,包括社会团体2831个,民办非企业单位2880个,基金会76个,市场中介机构2.26万个。"两新"组织共吸纳近420万人就业,其中,中共党员13.98万人,占全市党员总数的9%。四是负责社区建设总体规划、综合研究、宏观指导、统筹协调工作。五是负责社会组织建设、管理服务的协调工作。六是负责社会工作队伍建设和社会志愿者队伍建设的综合协调工作。在众多的工作内容中,着力点是什么呢?他们认为是五个,即要着力搭建宏观管理平台,研究制定首都社会建设的总体规划,统筹推动社会建设各项任务的分解落实和督促检查。着力加强基层

提升维护稳定的能力

基础工作,加强城市社区建设。着力扩大载体,积极培育各类社会组织。着力加强'两新'组织党的建设、加强社会志愿者队伍和社会工作者队伍建设。着力加强社会建设的薄弱环节,使社会建设进入全面推进、重点突破、有序建设的阶段。上述五个"着力"将是北京市下一步开展社会建设工作的指导方针。但不管是哪个方面的"着力",都要围绕老百姓的生命生活生计做文章。社会建设的内容很多,因此要有中心有重点,要十分明确社会建设的出发点和归宿点,十七大报告特别提出要加快推进以改善民生为重点的社会建设,指出社会建设与人民幸福安康息息相关,必须在经济发展的基础上,更加注重社会建设,着力保障和改善民生,推进社会体制改革,扩大公共服务,完善社会管理,促进社会公平正义,努力使全体人民学有所教、劳有所得、病有所医、老有所养、住有所居,推动建设和谐社会。当前要尽快解决和缓解两个问题,一是就业问题,二是不正常的收入差距扩大问题。就业是人民生活之根本,当务之急是要努力创造条件扩大就业,鼓励老百姓以创业带动就业,要特别解决好大学生、下岗失业人员和复退军人的就业、再就业问题。收入差距扩大引发的贫富悬殊问题已成为头号社会问题,已危及到社会稳定,要从制度机制上找根源,下决心解决好。人类社会发展的历史反复告诫我们,如果社会利益格局严重失衡,分配方式严重不公平,社会贫富差距过于悬殊,社会利益关系严重扭曲,社会阶层之间就会非常紧张,当利益矛盾不可调和时,就会引发动乱,社会平衡就会被破坏,社会发展的正常进程就可能中断。协调好利益关系的目的是要把人民的利益协调好、维护好、实现好,要把人民的积极性引导好、保护好、发挥好。

（三）以结构调整为主线，突破社会建设的瓶颈

结构性问题越来越成为影响中国经济社会协调发展的主要障碍。目前，无论是事关全局的宏观性结构，还是具体细小的微观结构，都无一例外地进入了调整范围。与社会建设关系密切的有城乡结构、分配结构、家庭结构、人口结构、就业结构、阶级阶层结构、组织结构、区域结构等。与此同时，结构失调、结构失衡、结构偏差、结构扭曲、结构冲突、结构恶化等概念出现的频率也愈来愈高，涉及面越来越广。具体来说，因片面追求经济增长导致的社会系统失衡，收入分配差距过大导致的利益矛盾突出，地区发展很不平衡导致的区域发展水平差距过大，贫困问题导致的贫富冲突，下岗失业人员增多导致的就业压力持续加大，教育、科技、文化、卫生、体育等社会事业发展相对滞后导致的经济与社会发展失调，愈演愈烈的腐败现象导致的干群矛盾，不断增加和扩大的群体性事件导致的社会不稳定，能源不足、资源短缺、污染严重、环境恶化和生态破坏等导致的可持续发展问题，等等。今后相当长一个时期，与结构有关的各种结构性问题是中国改革开放和现代化建设向前推进必须要攻破的难点，只有闯过"结构"关，才能突破制约社会建设的瓶颈。

结构调整的任务是：以功能分化为导向促进结构调整，形成开放多元的结构；以功能互补为基础，形成市场配置资源的格局；以功能最优为目标，以功能整合为中心，形成科学合理的比例关系。为此，特别要协调好城乡之间、区域之间、行业之间、各阶层之间的利益关系；要统筹兼顾好局部利益与整体利益、短期利益与长远利益的关系；要统筹协调好四大建设之间的利益关系。

(四)以社会平等化为目标,努力做到共建共享

千百年来,平等一直是人类社会的美好追求,消除歧视,统筹城乡,协调发展,共同繁荣,首先要树立起平等的思想。如果说经济体制改革的取向是以市场化,政治体制改革的取向是民主化,文化体制改革的取向是多样化,那么社会建设和社会体制改革的取向就是平等化。党的十七大报告把"平等"的思想理念切实贯彻到了社会建设的工作部署中,报告中14次使用"平等"概念,这在以前的党的相关文件中是不多见的。平等,首先是人的平等,是社会性的平等。例如:党的十六届六中全会提出要"保障农民工子女接受义务教育。"十七大报告则强调要"保障经济困难家庭、进城务工人员子女平等接受义务教育。"虽然只有二字之差,但含义十分深刻;着重指出教育公平是社会公平的重要基础,要优化教育结构,促进义务教育均衡发展。要"坚持教育公益性质,加大财政对教育投入,规范教育收费,扶持贫困地区、民族地区教育。"在谈到就业问题时,党的十六届六中全会提出要"逐步形成城乡统一的人才市场和劳动力市场。"十七大报告则从城乡统筹、城乡一体出发,强调要"建立统一规范的人力资源市场,形成城乡劳动者平等就业的制度。"这是一个重要的发展理念的改变,具有鲜明的时代意义,为此给人以特别深刻的印象。此外,还有坚持平等保护物权,形成各种所有制经济平等竞争、相互促进的新格局;坚持各民族一律平等,保证民族自治地方依法行使自治权;加强公民意识教育,树立社会主义民主法治、自由平等、公平正义理念;坚持公民在法律面前一律平等,维护社会公平正义;尊重和保障人权,依法保证全体社会成员平等参与、平等发展的权利;巩固和发展平等团结互助和谐的社会主义民族关系;形成男女平等、尊老爱幼、互爱互助、见义

勇为的社会风尚；坚持国家不分大小、强弱、贫富一律平等……当前要特别注重实现基本公共服务均等化，要围绕推进基本公共服务均等化和主体功能区建设，完善公共财政体系。平等不是平均，平等是社会意义上的要求，体现的是公正公平。平等要求共享发展成果，但必须是人人各尽所能条件下的共建式的共享。在发展的初级阶段，要共享更要共建。

社会建设头绪繁多，内容广泛，要围绕中心，突破瓶颈，找准矛盾，形成科学有效的思路，有步骤分阶段地把社会建设不断推向前进。从三大建设到四大建设，发展的格局变了，发展的要求也变了，领导干部必须适应新的发展任务的要求，在构建社会主义和谐社会能力上多下工夫。

附录 处理新疆"7·5"暴力犯罪事件的几点启示

"7·5"事件发生后,当地党政军各部门迅速作出反应,通过采取一系列及时有效的措施,尽快控制局势,平息事态,恢复社会秩序,表现了处置危机维护社会稳定的坚定决心和实践能力。通过对"7·5"事件的考察,可以获得一些有意义的经验和启示。

(一)坚持有中国特色的民族政策,促进民族地区经济社会发展,提高人民生活水平,是维持社会稳定的根本基础,也是根本目标。

新中国成立以来,中国政府一直致力于建立和实施具有中国特色的民族政策,中国的民族政策以民族平等为基石,以维护各民族的团结和国家统一、实行民族区域自治、发展少数民族的经济文化事业、培养少数民族干部和各类人才、尊重少数民族的宗教信仰和风俗习惯为基本内容,以实现各民族共同繁荣为出发点和归宿。六十年来,党和政府坚持民族平等团结互助,创造性地实施民族区域自治制度,采取各种措施发展少数民族地区经济文化事业,积极培养少数民族干部,尊重和保护少数民族宗教信仰自由……这些民族政策,可能依然需要不断完善、继续发展,但实践已经充分证明,方向完全正确,成效非常显著。坚持党的民族政策,加快少数民族和民族地区的发展,缩小差距,实现地区之间、民族之间的协调发展,实现各民族的共同富裕、共同繁荣,确保了我国各民族的大团结,确保了社会主义中国的大发展。

就新疆而言,新中国成立尤其是改革开放以来,新疆国民

提升维护稳定的能力

经济综合实力显著提高。1978~2008年,新疆生产总值年均增长10.3%。人均生产总值由1978年的313元增加到2008年的19893元。城镇居民人均可支配收入由1978年的319元增加到2008年的11432元;农民人均纯收入由1978年的119元提高到2008年的3505元,分别比1978年增长35倍和28倍。改革开放以来,特别是随着西部大开发战略的深入实施,新疆水利、交通等基础设施建设取得显著成效,截至2008年,新疆拥有公路里程14.7万公里,在全国排名第10位;民航机场15个,通航里程14.8万公里,是我国拥有机场最多、航线最长的省区。以改善民生为重点的社会事业全面发展。"普九"和农村寄宿制学校建设全面推进,率先对贫困地区中小学实施"两免一补"政策,对农村义务阶段中小学生免收学杂费。医疗卫生服务逐步改善,公共卫生服务体系进一步健全,社区卫生服务机构和新型农牧区合作医疗实现了全覆盖。大力实施"西新工程""村村通工程",一些地方实现了村村通柏油路。社会保障体系日趋完善,保障能力不断增强,城乡符合条件的困难群众基本实现了"应保尽保"。2008年至2012年,中央和自治区将投入12.73亿元,在全区范围内新建、扩建一批儿童福利机构、农村敬老院。到2012年基本实现全区失去父母的儿童、弃婴机构供养率达60%,农村五保老人集中供养率达50%。近年来,包括牧民定居工程、抗震安居工程等在内的多项民生措施惠及天山南北各族群众,一大批曾经"逐水草而居"的牧民告别了每年迁徙80余次的游牧生活,牧马放羊的同时开始种地收粮,收入渠道增加,过上了田园牧歌式的新生活。最近,中央政府再次加大对新疆地区的支持力度,投入40亿元改善南疆地区的民生工程。应当看到,富有中国特色的民族政策,以及在这种政策的指导下,各民族地区所取得的经济社会发展成就,是实现社会和谐稳定最坚实的基础和前提条件。没有这些政策制度为依据，没有这些成就为保障，没有人民生活的改善，社会的稳定和谐就只能是无源之水，无本之木。因此，不管暂时遇到怎样的困难，都需要坚定不移而又与时俱进的贯彻实施成功而有效的民族政策，促进经济社会良性发展，把改善民众物质文化生活作为实现社会稳定和谐的基本工作抓紧、抓好。

（二）建立快速反应，统筹协调，信息透明的危机处理机制是做好防暴处突维护稳定的关键所在

首先是快速反应，果断决策，及时到位。7月5日，事件发生之后，如果没有党和政府完备的应对策略和详细的部署，没有党政干部在紧急关头果敢决策、迅速行动，就不会在几个小时之内将事件平息。事发之时，新疆公安厅迅速调集武警、特警赶赴现场维护秩序，驱散人群，并对施暴者进行抓捕，消防武警、医院救护车也赶往现场救治受伤群众。事态基本平息后，新疆公安部门开始部署实施抓捕犯罪分子和后续防控工作。由公安机关对乌鲁木齐市部分区域实行交通管制。6日5时，新疆维吾尔自治区主席努尔·白克力就6月26日在广东韶关发生的新疆籍务工人员与当地员工发生群体性斗殴事件（简称"6·26"事件）及"7·5"事件发表电视讲话。"7·5"事件发生后，乌鲁木齐市6日就成立了善后处理工作领导小组和善后工作组办公室。组织了100余名工作人员，为受伤人员提供医疗、救护等服务工作；抽调了300余名工作人员接待安抚死者家属；对在医院进行治疗的1000多名伤员进行慰问。为了保证乌鲁木齐市各族市民日常生活所需，7日，乌鲁木齐市政府还从附近的昌吉市、呼图壁县、玛纳斯县和阜康市调运了25车皮的蔬菜，投放到全市的各大农贸市场和大型超市，保证市民蔬菜供应。从"7·5"事件的发生到

善后处理的过程看来,党和政府在全力抢救受害群众、抓捕犯罪嫌疑人员、信息通报、安抚民众、调动物质资源、伤亡人员的补偿安置等方面都做到了快速细致,以至于乌鲁木齐市能够在很短一段时间恢复正常的社会秩序。

第二,信息透明,发布迅速。一方面,政府主动及时披露信息。以往发生的一系列突发性事件和群体性事件告诉人们,没有什么事能逃得过公众的眼睛,封闭和躲藏只会引起猜疑和不信任,不仅不利于事件的处置,还可能造成事件的激化、恶化,形成新的社会不稳定因素。如与去年党和政府对发生在西藏的"3·14"骚动的信息披露相对照来说,当时,党和政府对"3·14"骚动信息没有尽快进行揭露,使得有些媒体对事件进行猜测和质疑,传闻甚至谣言掩盖了真相,同时,也影响党和政府在人民心目中的形象。对于"7·5"事件的事实真相等信息,党和政府在第一时间全面地进行了披露。骚乱发生数小时后,邀请外国记者正式访问骚乱发生地乌鲁木齐,"以进一步了解情况"。更重要的是,政府在乌鲁木齐市中心的一家酒店设立了新闻中心,而且邀请媒体进入乌鲁木齐,并尽可能为媒体采访提供便利,方便到访记者了解事件的最新进展。国新办官员不仅第一时间抵达乌鲁木齐迎接记者,向他们提供新闻发布的时间表,还表示不会限制他们的采访。7月7日,乌鲁木齐市政府举行新闻发布会,约60家境外媒体和80家国内媒体参加。当地政府密集召开新闻发布会,从事发原因、过程到伤亡数字,从被留置审查的犯罪嫌疑人情况到善后预算资金等,尽可能详尽地披露相关内容,满足了媒体的需求和公众的知情权。美联社评论指出,与过往不同:"(这次)媒体没有被阻挡,新疆保持对境外媒体开放"。乌市暴力事件发生后,首条消息在几小时内就发了出来,新华社第一时间发布了死亡人数及受伤人数,这些报道来自政府权威新闻机构,使得政府很快便抢占了新闻阵地,把握了报道方向。这样让媒体在第一时间接近事实,他们能够获得第一手资料,就能对媒体如实了解和报道骚乱真相,起到了积极的作用。比如在"7·5"事件的初期,很多情况都还没有明朗化,包括死者的人数和构成等等,回教大会组织只好在7月7日发表措辞谨慎的声明,指出"从平民死伤众多的情况看来,中国政府显然没有谨慎和适当地利用武力和武器",同时呼吁中国政府采取更全面的政策来处理境内回教徒的事务,从根源着手解决问题。可是,当中国政府公布"7·5"事件中的死者绝大多数是汉族,而且也有同样信仰回教的维族被维吾尔族极端分子打死后,回教大会组织就没有进一步指责中国政府了。这一公开、透明的做法,不仅表现了将信息公开、透明常态化的决心,而且使得党和政府取得了话语的主导权,阻止了一些不明真相或别有用心的媒体对事件的歪曲,并且体现了党和政府有能力处置这一严重暴力犯罪事件的自信和决心。从而,也增强了人们对党和政府的信任,提高了人民对党和政府及领导干部的形象,最终有利于社会秩序的恢复。

(三)坚持群众路线,把做好群众工作、动员社会力量作为维持社会稳定的根本工作方针

人民群众是社会发展的主体,也是维护经济社会发展环境的主体。党政领导干部只有坚持利用和发挥"群众路线"这一党的工作"法宝",和人民群众打成一片,真正做到知民情、解民忧、依民力,才能在维稳工作中立于不败之地。为此,首先是各级党政干部特别是领导干部要走出机关,深入到群众中去,问政于民、问需于民、问计于民,着力解决群众最迫切需要解决的问题。"7·5"事件之后,新疆党政部门迅速将有关力量部署到

事件前线，及时对受伤群众进行保护救治，对暴力犯罪分子进行打击，使得群众能够在第一时间见到党和政府力量的存在，为提高群众安全感、稳定群众情绪发挥了重要作用。在局势得到控制，事态基本平息之时，当地政府又及时调整工作重点和人员力量，展开对受害者的善后处理和对受事件影响的民众进行安抚，对"7·5"事件中死者家属和受伤群众的抚恤、救治和帮扶等善后工作稳步进行。7月16日，从新疆维吾尔自治区各厅局抽调的500名政治坚定、作风过硬、经验丰富、政策水平高的维吾尔族干部组成的工作组，赴乌鲁木齐市5个重点片区开展集中宣传教育和维护社会稳定工作。自治区、乌鲁木齐市及各区县已经选派了5730名机关干部，组成了665个工作队，深入到58个街道、502个社区开展群众工作。工作人员进家入户做群众工作，做到街不漏巷、巷不漏户、户不漏人，通过宣传教育，达到把好人保护起来、把坏人孤立起来、把敌对分子暴露出来的目的。

尤其值得一提的是在事件发生后，有关部门对相关人员开展专业心理干预工作。根据新疆自治区卫生厅有关负责人介绍，"7·5"事件发生以来，卫生厅动员和组织乌市各级医疗卫生单位全力以赴实施救治，最大限度地减少了死亡。同时，与乌市卫生局一起开始了对伤员的心理治疗干预工作，对伤员开展有针对性的心理干预和心理疏导，尽可能地帮助受伤群众克服恐惧和心理创伤。于事发次日组织各医疗救治医院对伤员、家属及参与救治的医护人员进行了心理干预治疗，指定乌市第四人民医院为心理干预治疗定点医院，并由该院组建了心理危机干预队，对没有设置心理科的医院提供专科心理医师服务。在此基础上还扩建了心理治疗队。在做好伤员及家属的心理干预和心理治疗工作的同时，还将心理干预、咨询工作扩大到社区，针对重点人群开展心理干预、咨询工作。卫生厅有关负责人说。由60名专科医生对死者家属和社区上报的心理障碍人员进行服务；40名心理咨询师深入社区针对老人、妇女、儿童等普通人群开展心理咨询；重点医院开通心理咨询专线，向社会提供专科医生服务，帮助广大群众克服心理障碍，建立安全感。

与此同时，通过有效动员社会各方力量，开展社会群体和组织之间的自救互助活动，充分发挥普通群众和社会组织在反对暴力犯罪活动，维护社会稳定安全中的主动性。"7·5"事件之后，新疆能够维持稳定局面，离不开社会团体、企业、民众的力量。事件发生后，各族群众踊跃献血，许多献血点门口排起了长队。不但缓解了用血紧张的状况，血液库存还超过了"7·5"事件发生前。到11日，预约登记的献血者还有1000多人；乌鲁木齐市的新闻媒体、社会团体等纷纷展开心理救助，设立心理援助热线；7月13日，志愿者招募报名开始的第一天就有超过三千人报名；新疆各界踊跃为乌鲁木齐"7·5"事件无辜死难者家属捐款，截至7月20日17时，"民族团结互助基金"累计收到捐款22683.36万元。

在总结"7·5"事件维稳经验的同时，我们也看到，在应对这种敌对势力策划的突发严重暴力事件时，我们的一些党政干部和部门机构还存在某些防暴处突能力的缺陷，需要在今后进一步予以改善和加强。

一是要在客观、全面认识当前我国经济社会发展面临的矛盾挑战基础上，进一步加强应对严重暴力事件的意识。新中国成立以来，尤其是改革开放以来，我国经济社会发展取得了世人瞩目的成就，人民政治文化生活水平得到前所未有的改善。但我国仍然处于社会主义初级阶段，当前的基本矛盾仍然是人民日益增长的物质文化需要同落后的生产力之间的矛盾。贯彻落实科学发展观，实现全面小康，实现中华民族的伟大复兴，是我们当前和今后一段时期内重要的历史使命。

与此同时，我们也要清醒认识到，中国发展的道路，不会没有障碍。目前，世界仍不太平，国际竞争日趋激烈，国际矛盾和冲突依然不断；在国内，我国经济社会发展中还存在诸多不足，既有历史遗留的老问题，也有发展中出现的新矛盾。在这种情势下，国际国内的反华势力和敌对势力，不会放弃他们的企图。从国际形势来看，一方面伴随中国融入国际政治经济生活的过程加快、程度加深、其在世界格局中的地位愈来愈高、作用越来越大、责任日重；另一方面，中国仍然处在发达国家在政治、经济、资源和文化等多重压力之下，一些新的矛盾和冲突将不断涌现，国际环境并不宽松。世界在承认中国发展成就和大国地位的同时，不能不说存在某种根深蒂固的敌对意识。他们一方面会和中国在很多方面开展实际的合作；一方面不会放弃对世界事务话语权的把持，自然会想办法遏制中国进一步强大。例如，近年来，国际反华事件不断增多，极端民族主义和分裂主义也有所抬头。他们也通过限制和控制先进技术对华输出，在人权、宗教、民族、劳工、环境问题上横加指责，再就是挑动国内外事端、扶持新的反华势力等打压中国。近些年来，国内外一些"藏独"分子和"疆独"分子在西藏和新疆等地蓄意制造事端，严重影响我国经济社会的发展。如2008年3月14日，"藏独"分子制造暴乱引发了一系列事件，造成18名无辜群众的生命被夺去，380多名无辜群众受伤，242名公安干警和武警官兵受到伤亡，直接经济损失近3亿元。2008年3月23日，在新疆和田市大巴扎的极少数"三股势力"分子企图煽动群众挑起事端。2008年8月4日，新疆

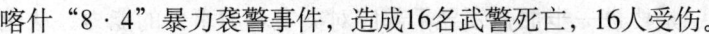

喀什"8·4"暴力袭警事件，造成16名武警死亡，16人受伤。

事实告诉我们，在正确认识和处理国家内部矛盾的同时，我们仍然需要提防以分裂主义、极端主义和恐怖主义为主的敌对势力对社会稳定、民族团结和经济社会发展的蓄意破坏。我们仍然需要对国内外的敌我矛盾保持自觉的意识和必要的警惕，做好应对其破坏挑战的准备，而不能有任何的麻痹和放松。作为领导干部应该时刻警惕国内外分裂势力在挑起事端、制造暴乱的意识和行动，并能及时快速地应对暴力事件。

在和平与发展为主题的当今世界，恐怖主义、极端主义和分裂主义三股势力同时也威胁着社会的稳定和发展。在我国，国内外的"藏独"分子和"疆独"分子勾结国外三股势力，打着民族问题、宗教问题的口号，试图将西藏和新疆分别从祖国的怀抱分裂出去。"7·5"暴力犯罪事件就是"疆独"分子企图制造事端，挑拨维汉两族团结，以便为自己捞取所谓"政治资本"，得到一张从国外获得资金支持的"饭票"，实现其不可告人的企图。正如新疆维吾尔自治区主席努尔·白克力在今年两会期间谈到2009年新疆形势时指出，新疆的分裂与反分裂斗争自清朝始，由来已久，尤其是进入新世纪后，各种反华势力不愿看到一个发展模式不同的社会主义国家在东方崛起，于是千方百计地培植、扶持敌对势力，因此"新疆分裂与反分裂斗争的严峻性和长期性不以我们的意志为转移"，估计形势更严峻，任务更繁重，斗争更激烈。但同时也指出，30年来新疆经济发展和社会进步的事实使各族人民对中国共产党和政府的向心力不断加强，人民安居乐业，为中央的惠民政策鼓掌、喝彩，"有党和政府的英明领导，有各族人民坚如磐石的团结，各种敌对势力对新疆的分裂活动必定失败，这也不以他们的意志为转移"。

二是要进一步加强领导干部应对突发暴力事件的能力。从应对"7·5"暴力犯罪事件来看，领导干部最主要的应该加强以下几方面的能力，从而能够更好的应对突发性的暴力事件，维护好社会的稳定。

其一，要努力提高预警预判能力。暴力事件正如其他突发事件一样，虽然具有突发性，并不全然是突如其来，其出现之初，总会有这样那样的迹象。对于"藏独"分子和"疆独"分子在国内进行暴动，以前也发生过，而且以后也可能会发生，虽然，对于暴力发生的时间、地点、方式等具有不确定性，但是，领导干部无论什么时候，都要提高警惕，特别是在国内有重大活动时，更要具有敏感性。其次，要有预警机制。要有效防范日益猖獗的敌对势力暴力犯罪活动，必须注重敌情预警，建立完善的预警体系。一方面，应该积极主动地收集、辨别分析和处理各种信息，并且对其做出准确及时的判断和评估，及时有效察觉潜伏的危机，敏锐洞察危机中隐藏的机遇，从而为暴力处理赢得主动权。

其二、要切实加强运用信息网络的能力。就预警机制的建立而言，信息的收集处理是最关键的因素和环节。信息技术的迅猛发展，传播手段的日益多元，使得分裂势力通过网络迅速传播谣言，煽动不明真相民众，对事件的发生和升级起到了推波助澜的作用。针对民族分裂分子利用网络进行反动宣传，进一步加强网络文化建设和管理，加大网上舆论监管力度，努力营造客观友善、于我有利的国际舆论环境，这对提升领导干部的能力提出了具体要求。首先，要加强对网络知识的学习。从网上查看新闻，了解国内外大事；从网上查看言论，了解民情民意。其次，提升判断网络信息的能力。网络就像一把"双刃剑"。信息网络化为各种思想文化的传播提供了更加便捷的渠道，大量的信息通过网络深入到社会的各个角落，成为当今文化传播的一个重要手段。但是，网络信息庞杂多样，泥沙俱下。如何区别网上哪些信息是真实的，哪些信息是被歪曲的？作为领导干部要高度重视网上斗争问题。辩证思考相关问题，不断提高政治鉴别力和政治敏感性。再次，掌握网络信息主动权。网民一般具有从众的心理。因而，领导干部要主动出击，唱响网上主旋律，以防网民听信传言而误入歧途。

其三，要进一步提高教育宣传的能力。我们党和政府历来都很重视宣传工作。从2008年在西藏发生的"3·14"事件和今年在新疆发生的"7·5"事件看来，在新的时期，面对试图分裂祖国的民族分裂分子等敌对势力，宣传思想工作面临的形势更加复杂，任务更加艰巨。作为领导干部，加强利用各种载体诸如报纸、网络、电视、广播、通讯等工具，广泛深入地宣传党的路线、方针、政策，引导民众增强对形势政策的了解和认识；同时，也要揭发对民族分裂分子等敌对势力的企图和真实面貌，让民众增强对敌势力了解和认识，增强防范意识。

首先是关于民族团结、共同发展的思想意识和价值观念教育。民族团结是实现各民族共同发展的福祉。"7·5"事件也给我们上了深刻一课，团结稳定是人民之福，分裂动乱是百姓之祸。"三股势力"一直图谋破坏民族团结、煽动民族仇恨、制造民族分裂，党和政府进一步加强民族团结教育是一项重要紧迫的任务。在加强民族之间的理解和互动，增进民族感情和相互认同，培育各民族共同利益关系和共同核心价值观念方面，还需要进一步解放思想，创新工作机制和工作方法，拓展工作内容，注意突出重点、把握工作对象、讲究工作方法、提高工作本领，真正把思想政治工作做到群众心里去，提高教育宣传的效果。

三是要培养民众互救自救能力。在这次严重暴力犯罪活动中，人民的生命财产安全受到严重损害，最突出的是近200人在事件中失去了生命。这一方面说明了这种突发性暴力事件的危害性之烈，同时也在一定程度上反映了民众在面对这种突如其来的危险和侵害时，缺乏必要和足够的自我救护意识和能力。因此，政府有关部门有必要在平时就要通过组织学习、演练等方式，培养社会民众公共危机的防范意识，以及自救、互助互救的能力，使之能在危机面前临危不乱、临危不惧、克服危机或尽量减少其对自我生命财产的危害。

目前，乌鲁木齐"7·5"事件的后续工作正在紧张有序的展开，百姓生活正在步入正轨。这是近日的几则报道：

——7月20日，新疆维吾尔自治区人民政府主席努尔·白克力接受新华社记者专访时表示，因社会各界捐款较多等因素，自治区政府决定对无辜死难者家属的抚恤补贴金额从先前公布的20万元提高到40万元人民币，其中20万元抚恤金由政府财政支出，20万元补贴来自于社会捐款；另外，还有1万元的丧葬补助金和1万元的慰问金。这样，每位无辜死难群众的家属可以得到42万元人民币抚恤补贴。努尔·白克力主席说，提高抚恤补贴金额也是全国各民族团结的表现。

——新疆维吾尔自治区十一届人大常委会第十二次会议审议通过了《关于依法严厉打击严重暴力犯罪，坚决维护民族团结和社会稳定的决议》。决议指出：对乌鲁木齐"7·5"事件的策划者、组织者及骨干分子，对严重暴力犯罪分子，要从重从快、依法严惩、除恶务尽。

——乌鲁木齐"7·5"事件心理干预将加大。新疆将加大乌鲁木齐"7·5"事件心理干预，在继续做好伤员及家属的心理干预和心理治疗的基础上,将把这项工作扩大到社区,针对乌鲁木齐"7·5"事件目击群众等重点人群开展心理干预和心理咨询。

——新疆《民族团结》教材正式出版。 新疆地区适用的《民族团结》(三至九年级)教材,已由新疆人民出版社正式出版。

——时尚婚礼发布会举行。7月25日,新疆维吾尔自治区团委在乌鲁木齐中和大酒店举行了2009年度下半年时尚婚礼发布会。该活动的目的是通过活动抚慰乌鲁木齐"7·5"事件对市民心灵的影响,唤醒市民对美好生活的向往。

——主麻日平静如常。24日是新疆乌鲁木齐"7·5"事件后第三个主麻日,乌鲁木齐各清真寺向教民正常开放聚礼。

我们相信,只要我们继续高举民族团结的伟大旗帜,高举法律的伟大旗帜,高举发展的伟大旗帜,进一步提高各级领导干部的发展水平和维稳能力,包括维吾尔民族在内的各民族一定会有一个更加美好的未来。

参考文献

[1] 陆学艺等主编：《中国社会形势分析与预测》，中国社科文献出版社2007年、2008年、2009年版。

[2] 杨宜勇等著：《失业冲击波》，今日中国出版社1997年版。

[3] 潘震环：新形势下大学生就业问题的解读，《丽水学院学报》，2007年第6期。

[4] 刘浩源等：大学生就业的"城市情结"，《科技广场》，2008年 06期。

[5] 李琼、常华：职业与创业关系的辩证思考——兼论高校毕业生就业和创业的策略选择，《浙江树人大学学报》，2008年第5期。

[6] 朱晓鹏：大学生就业能力及其培养，《南京工程学院学报》(社会科学版)，2009年第1期。

[7] 陈璟：在校大学生就业意识调研报告——以浙江科技学院为例，《中国大学生就业》，2008年第16期。